Zygmunt Bauman

Em Busca da Política

Tradução:
Marcus Penchel

Jorge Zahar Editor
Rio de Janeiro

Título original:
In Search of Politics

Tradução autorizada da primeira edição inglesa
publicada em 1999 por Polity Press,
de Cambridge, Inglaterra

Jorge Zahar Editor Ltda.
rua México 31 sobreloja
20031-144 Rio de Janeiro, RJ
tel.: (21) 240-0226/fax: (21) 262-5123
e-mail: jze@zahar.com.br
site: www.zahar.com.br

Capa: Carol Sá e Sérgio Campante

CIP-Brasil. Catalogação-na-fonte
Sindicato Nacional dos Editores de Livros, RJ.

Bauman, Zygmunt, 1925-

B341e Em busca da política/Zygmunt Bauman; tradução, Marcus Penchel. – Rio de Janeiro: Jorge Zahar Ed., 2000

Tradução de: In search of politics
ISBN 85-7110-553-7

1. Pós-modernismo. 2. Ciência política – Filosofia. 2. Ciências sociais – Filosofia. I. Título.

CDD 303.4
00-0572 CDU 301.175

Sumário

Agradecimentos

Desfruto há dez anos da infatigável, simpática e inteligente colaboração editorial de David Roberts. Não posso perder a oportunidade de agradecer-lhe tudo o que fez para facilitar a comunicação entre o autor e os leitores.

Autor e editor agradecem ao jornal londrino *The Guardian* a permissão de reproduzir trechos de artigos de Decca Aitkenhead publicados nas edições de 23 de janeiro e 24 de abril de 1998.

Introdução

As crenças não precisam ser coerentes para que se acredite nelas. E as que costumam ter crédito hoje – *nossas* crenças – não são exceção. Com efeito, achamos que a questão da liberdade, por exemplo, pelo menos na "nossa parte" do mundo, está concluída e (descontando correções menores aqui e acolá) resolvida da melhor maneira possível; de qualquer forma, não sentimos necessidade (de novo, salvo irritações menores e fortuitas) de ir para as ruas protestar e exigir maior liberdade do que já temos ou achamos ter. Mas, por outro lado, tendemos a crer com a mesma convicção que pouco podemos mudar – sozinhos, em grupo ou todos juntos – na maneira como as coisas ocorrem ou são produzidas no mundo; e acreditamos também que, se pudéssemos mudar alguma coisa, seria inútil e até irracional pensar num mundo diferente do que existe e aplicar os músculos em fazê-lo surgir por acharmos que é melhor do que este aqui. Como cultivar essas duas crenças ao mesmo tempo é um mistério para qualquer pessoa treinada no raciocínio lógico. Se a liberdade foi conquistada, como explicar que entre os louros da vitória não esteja a capacidade humana de imaginar um mundo melhor e de fazer algo para concretizá-lo? E que liberdade é essa que desestimula a imaginação e tolera a impotência das pessoas livres em questões que dizem respeito a todos?

As duas crenças não combinam, mas cultivar ambas não é sinal de inépcia lógica. Nem uma nem outra é, de forma alguma, fantasiosa. Nossa experiência comum tem mais do que o suficiente para sustentar cada uma delas. Somos bem realistas e racionais ao acreditar no que acreditamos. Por isso é importante saber por que o mundo em que vivemos continua a nos enviar esses sinais evidentemente contraditórios. E é importante saber também como podemos viver com essa contradição; e, sobretudo, por que a maior parte do tempo não a notamos e, quando o fazemos, não ficamos particularmente preocupados.

Por que é importante saber isso? Alguma coisa mudaria para melhor se tivéssemos esse conhecimento? Absolutamente não há certeza disso. Uma percepção do que faz as coisas serem o que são pode nos dispor a jogar a toalha ou nos instigar à ação. Saber como funcionam os complexos mecanismos sociais não imediatamente visíveis que moldam a nossa condição corta claramente nas duas direções. Vez e outra, isso nos permite dois usos distintos, que Pierre Bourdieu chamou apropriadamente de "cínico" e "clínico". O saber pode ser usado de forma "cínica": sendo o mundo o que é, pensemos numa estratégia que me permitirá utilizar as suas regras para tirar o máximo de vantagem; quer o mundo seja justo ou injusto, agradável ou não, isso não vem ao caso. Quando é usado "clinicamente", esse mesmo conhecimento do funcionamento da sociedade pode nos ajudar a combater o que vemos de impróprio, perigoso ou ofensivo à nossa moralidade. Por isso, o saber não determina a qual dos dois usos recorremos. Isso é, em última análise, uma questão de escolha. Mas sem esse conhecimento, para começo de conversa, não haveria sequer opção. Com conhecimento, os homens e mulheres livres têm pelo menos alguma chance de exercer sua liberdade.

Mas o que há para saber? É com essa questão que este livro tenta lidar. A resposta a que chega é, grosso modo, a de que o aumento da liberdade individual pode coincidir com o aumento da impotência coletiva na medida em que as pontes entre a vida pública e privada são destruídas ou, para começar, nem foram construídas; ou, colocando de outra forma, uma vez que não há uma maneira óbvia e fácil de traduzir preocupações pessoais em questões públicas e, inversamente, de discernir e apontar o que é público nos problemas privados. E que no nosso tipo de sociedade as pontes estão de modo geral ausentes e a arte da tradução raramente é praticada em público. À falta de pontes, a comunicação esporádica entre os lados privado e público é feita com a ajuda de balões que têm o hábito irritante de cair ou explodir assim que tocam o solo – e, o mais das vezes, antes de atingir o alvo. Enquanto a arte da tradução se encontra no atual e lamentável estágio, as únicas queixas ventiladas em público são um punhado de agonias e ansiedades pessoais que, no entanto, não se tornam questões públicas apenas por estarem em exibição pública.

À falta de pontes firmes e permanentes e com as habilidades de tradução não praticadas ou completamente esquecidas, os problemas e agruras pessoais não se transformam e dificilmente se condensam em causas comuns. O que, nessas circunstâncias, pode nos unir? A sociabilidade é, por assim dizer, flutuante, procura em vão terreno firme onde ancorar, um alvo visível a todos para mirar, companheiros com quem cerrar fileiras. Há um bocado desses elementos por aí – vagando, andando às tontas, fora de foco. Sem poder extravasar normalmente, nossa sociabilidade tende a se soltar em explosões espetaculares, concentradas – e breves, como todas as explosões.

Oportunidades de extravasão surgem por vezes em festivais de compaixão e caridade, às vezes em eclosões de agressão acumulada contra um inimigo público recém-descoberto (isto é, contra alguém que a maior parte do público identifica como inimigo pessoal), outras em um acontecimento no qual a maioria das pessoas se sente fortemente envolvida ao mesmo tempo e que portanto sincroniza sua alegria, como no caso da seleção nacional que ganha uma Copa do Mundo, ou sua tristeza, como no caso da morte trágica da princesa Diana. O problema com todas essas oportunidades, no entanto, é que elas perdem força rapidamente; assim que voltamos às questões rotineiras do nosso dia-a-dia, as coisas também retornam, inalteradas, ao ponto inicial. E quando o ofuscante lampejo de união se extingue, os solitários acordam tão solitários quanto antes, enquanto o mundo que partilhavam, tão iluminado um momento antes, parece quando nada ainda mais escuro do que era. E após a explosiva descarga sobra pouca energia para acender de novo os refletores.

A chance para mudar isso depende da ágora – esse espaço nem privado nem público, porém mais precisamente público e privado ao mesmo tempo. Espaço onde os problemas particulares se encontram de modo significativo – isto é, não apenas para extrair prazeres narcisísticos ou buscar alguma terapia através da exibição pública, mas para procurar coletivamente alavancas controladas e poderosas o bastante para tirar os indivíduos da miséria sofrida em particular; espaço em que as idéias podem nascer e tomar forma como "bem público", "sociedade justa" ou "valores partilhados". O problema, no entanto, é que restou hoje pouco dos espaços públicos/privados à moda antiga, ao passo que não se vêem em lugar algum novos espaços capazes de substituí-los. As velhas ágoras foram ocupadas por empreiteiras e recicladas como parques temáticos, enquanto poderosas forças conspiram com a apatia política para recusar alvarás de construção para novos espaços.

O aspecto mais notável da política contemporânea, disse Cornelius Castoriadis a Daniel Mermet em novembro de 1996, é sua *insignificância*: "Os políticos são impotentes... Já não têm programa, seu objetivo é manter-se no cargo." As mudanças de governo – até de "campo político" – não são um divisor de águas, mas no máximo uma ondulação na superfície de um rio a correr sem parar, monotonamente, com sombria determinação, em seu leito, levado por seu próprio ímpeto. Há um século, a fórmula política dominante de liberalismo era uma ideologia desafiadora e impudente de "grande salto à frente". Hoje em dia, não passa de uma auto-apologia da rendição: "Este não é o melhor dos mundos imagináveis, mas o único mundo real. Além disso, todas as alternativas são, devem ser e se revelarão piores se experimentadas na prática." O liberalismo reduz-se hoje ao mero credo de que "não há alternativa". Se quiser descobrir quais são as raízes da crescente apatia política, também não precisa procurar muito. Esta política louva e promove o conformismo. E o conformismo bem que podia ser um negócio auto-resolvível – será que a política é necessária para nos conformarmos? Por que nos preocuparmos com políticos que, seja qual for o matiz, só podem prometer sempre as mesmas coisas?

A arte da política, se for *democrática*, é a arte de desmontar os limites à liberdade dos cidadãos; mas é também a arte da autolimitação: a de libertar os indivíduos para capacitá-los a traçar, individual e coletivamente, seus próprios limites individuais e coletivos. Esta segunda característica foi praticamente perdida. Todos os limites estão fora dos limites. Qualquer tentativa de autolimitação é considerada o primeiro passo no caminho que leva direto ao gulag, como se não houvesse nada além da opção entre a ditadura do mercado e a do governo sobre as nossas necessidades – como se não houvesse lugar para a cidadania fora do consumismo. É nessa e só nessa forma que os mercados financeiro e mercantil toleram a cidadania. E é essa forma que os governos do dia promovem e cultivam. A única grande narrativa que restou nesse campo é (para citar de novo Castoriadis) a da acumulação de lixo e mais lixo. Para essa acumulação não deve haver limites (isto é, todos os limites são considerados anátemas e nenhum limite seria tolerado). Mas a autolimitação deve começar a partir dessa acumulação, isso se quiser começar.

A aversão à autolimitação, o conformismo generalizado e a resultante insignificância da política têm, no entanto, o seu preço – um preço, aliás, exorbitante. O preço é pago na moeda em que é pago geralmente o preço da má política – o do sofrimento humano. O sofrimento se dá de muitas maneiras, com diversificada coloração, mas tem uma única raiz. E é um sofrimento que tende a se perpetuar. É o tipo de sofrimento que decorre de malfeitos políticos e que constitui o supremo obstáculo à sanidade política.

O mais sinistro e doloroso dos problemas contemporâneos pode ser melhor entendido sob a rubrica *Unsicherheit*, termo alemão que funde experiências para as quais outras línguas podem exigir mais palavras – incerteza, insegurança e falta de garantia. O curioso é que a própria natureza desses problemas constitui poderoso impedimento aos remédios coletivos: pessoas que se sentem inseguras, preocupadas com o que lhes reserva o futuro e temendo pela própria incolumidade não podem realmente assumir os riscos que a ação coletiva exige. Falta-lhes a coragem de ousar e tempo para imaginar formas alternativas de convívio; e estão também preocupadas com tarefas em que não podem sequer pensar, quanto mais dedicar sua energia, tarefas que só podem ser empreendidas em comum.

As instituições políticas existentes, criadas para ajudá-las a combater a insegurança, são de pouca ajuda. Num mundo que se globaliza rapidamente, em que grande parte do poder – a parte mais importante – foi retirada da política, essas instituições não podem fazer muito para fornecer segurança ou garantias. O que podem fazer e o que fazem o mais das vezes é deslocar a ansiedade difusa e dispersa para um único elemento de *Unsicherheit* – o da segurança, único campo em que algo pode ser feito e visto. O problema, porém, é que se fazer algo efetivamente para curar ou ao menos mitigar a inquietude e incerteza exige ação unificada, a maioria das medidas empreendidas sob a bandeira da segurança são divisórias, semeiam a desconfiança mútua, separam as pessoas, dispondo-as a farejar inimigos e conspiradores por trás de toda discordância e divergência, tornando por fim ainda mais solitários os que se isolam. O pior de tudo: se tais medidas nem chegam perto da verdadeira fonte da ansiedade, desgastam toda a energia que essas fontes geram – energia que poderia ser utilizada de modo muito mais efetivo se canalizada para o esforço de trazer o poder de volta ao espaço público politicamente administrado.

Essa é uma das principais razões pelas quais há uma demanda tão escassa de espaços públicos/privados e por que os poucos que restam estão vazios a maior parte do tempo e, assim, também o alvo favorito a diminuir, ou melhor, a defasar. Outra razão para serem encolhidos é a gritante inconseqüência de tudo que possa ocorrer neles. Supondo por um momento que se desse um milagre e que o espaço público/privado fosse preenchido por cidadãos que quisessem debater seus valores e discutir as leis que estão lá para guiá-los – onde está a agência poderosa o bastante para levar a efeito suas resoluções? Os poderes mais poderosos fluem ou flutuam e as decisões mais decisivas são tomadas num espaço distante da ágora ou mesmo fora do espaço público politicamente institucionalizado; para as instituições políticas do dia elas estão realmente fora dos limites e fora de controle. E assim o mecanismo autopropulsor e autofortalecedor continuará a se propulsar e reforçar. As fontes de *Unsicherheit* não secarão, cuidando para que a ousadia e decisão de desafiá-las não sejam concebidas de forma imaculada; o verdadeiro poder ficará a distância segura da política e a política permanecerá impotente para fazer o que se espera da política: exigir de toda e qualquer forma de união humana que se justifique em termos de liberdade humana para pensar e agir – e pedir que deixe o palco caso se recuse a ou não consiga fazê-lo.

De fato um nó górdio – emaranhado e enrolado demais para ser desfeito e que, portanto, só pode ser cortado... A desregulamentação e privatização da insegurança, incerteza e falta de garantias parece manter o nó e ser assim o ponto certo para cortar, se quisermos que o resto do laço se solte.

Mais fácil falar do que fazer, para ser franco. Atacar a insegurança na fonte é uma tarefa assustadora, que requer nada menos que repensar e renegociar algumas das suposições mais fundamentais do tipo de sociedade atualmente existente – suposições que se arraigam tanto mais rápido por serem tácitas, invisíveis ou indizíveis, para além de qualquer discussão ou disputa. Como colocou o falecido Cornelius Castoriadis, o problema com a nossa civilização é que ela parou de se questionar. Nenhuma sociedade que esquece a arte de questionar ou deixa que essa arte caia em desuso pode esperar encontrar respostas para os problemas que a afligem – certamente não antes que seja tarde demais e quando as respostas, ainda que corretas, já se tornaram irrelevantes. Felizmente para todos nós, isso não precisa ocorrer – e estar ciente de que pode ocorrer é a garantia de que não ocorrerá. É aí que a sociologia entra em cena; ela tem um papel importante a desempenhar e não teria o direito de se desculpar se não assumisse essa responsabilidade.

O quadro em que se insere todo o argumento deste livro é a idéia de que *a liberdade individual só pode ser produto do trabalho coletivo* (só pode ser assegurada e garantida *coletivamente*). Caminhamos, porém, hoje, rumo à *privatização dos meios de garantir/assegurar/firmar a liberdade individual* – e se isso é uma terapia para os males atuais, é um tratamento fadado a produzir doenças iatrogênicas dos tipos mais sinistros e atrozes (destacando-se a pobreza em massa, a superfluidade social e o medo ambiente). Para tornar ainda mais complexas as agruras atuais e as perspectivas de solucioná-las, vivemos também uma época de privatização da utopia e dos modelos do bem (com os modelos de "boa vida" expulsos e eliminados do modelo de boa sociedade). A arte de reinventar os problemas pessoais sob a forma de questões de ordem pública tende a se definir de modo que torna excessivamente difícil "agrupá-los" e condensá-los numa força política. O argumento deste livro é uma luta (reconhecidamente inconclusiva) para tornar de novo possível a tradução.

O significado mutável de política é o tema do primeiro capítulo; os problemas que perturbam os instrumentos existentes de ação política e as razões de sua decrescente eficácia são discutidos no segundo; e as linhas gerais de uma visão que pode guiar a reforma supernecessária são traçadas no terceiro. As perspectivas da ideologia num mundo pós-ideológico, da tradição num mundo pós-tradicional e de valores comuns numa sociedade atormentada por "crises de valores" são abordadas em seções separadas.

Muito do que há neste livro é discutível e pretende sê-lo. As questões mais controvertidas, porém, são provavelmente as que discuto no capítulo final – e isso por duas razões.

As visões que nascem e flutuam numa sociedade autônoma ou que visa a se tornar autônoma são e devem ser muitas e diversas; assim, se quisermos evitar a controvérsia, devemos evitar pensar em alternativas ao presente – quanto mais em alternativas supostamente melhores que o presente. (O melhor amigo do mal, como sabemos, é a banalidade, ao passo que a banalidade tem a rotina como visão última.) Mas o que torna o capítulo mais controvertido ainda é que as visões, como tais, caíram atualmente em descrédito. "O final da história" é a nova onda e as questões mais controvertidas que assediaram nossos ancestrais são comumente tidas como resolvidas ou tratadas como tais por não se fazerem notar (pelo menos não notadas *como problemas*). Tendemos a nos orgulhar do que talvez devesse nos envergonhar: de viver numa época "pós-ideológica" ou "pós-utópica", de não nos preocuparmos com uma visão coerente de boa sociedade e de ter trocado a preocupação com o bem público pela liberdade de buscar satisfação pessoal. E no entanto, se pararmos para pensar por que essa busca de felicidade o mais das vezes não consegue produzir os resultados que esperamos e por que o sabor amargo da insegurança torna a bênção menos doce do que nos disseram que seria, não iremos longe sem trazer de volta do exílio idéias como a do bem público, da boa sociedade, da igualdade, da justiça e assim por diante – idéias que não fazem sentido senão cuidadas e cultivadas na companhia de outros. Nem é provável que consigamos tirar a mosca da insegurança do ungüento da liberdade individual sem recorrer à política, sem utilizar o veículo do instrumento político e estabelecer a direção em que deve seguir esse veículo.

Pontos certos de orientação parecem ser cruciais para planejar o itinerário. O terceiro capítulo focaliza três deles: o modelo republicano de Estado e cidadania, uma renda básica como intitulação universal e a extensão das instituições de uma sociedade autônoma o bastante para restaurar sua capacidade de habilitação – alcançando poderes que no momento são extraterritoriais. Os três pontos são discutidos de modo a provocar e fomentar a deliberação, não para oferecer soluções – que numa sociedade autônoma só podem ocorrer de qualquer forma ao cabo da ação política, nunca no começo.

Acontece que eu acredito que as perguntas dificilmente estão erradas; as respostas é que devem estar. Também acredito, no entanto, que evitar fazer perguntas, questionar, é a pior resposta de todas.

agosto de 1998

1 • Em busca do espaço público

Comentando os recentes acontecimentos amplamente divulgados, desencadeados em três cidades diferentes do West Country pela notícia de que o pedófilo Sidney Cooke foi libertado da prisão e voltou para casa, Decca Aitkenhead,[1] repórter do *Guardian* abençoada por um sexto sentido sociológico, de cuja rica colheita vamos nos valer aqui inúmeras vezes, observou:

> Se há uma coisa garantida para levar as pessoas às ruas hoje em dia, é o boato de que há um pedófilo por perto. A utilidade desses protestos é cada vez mais questionada. O que não perguntamos, no entanto, é se esses protestos têm efetivamente algo a ver com os pedófilos.

Aitkenhead focalizou uma dessas cidades, Yeovil, onde viu uma eclética multidão de avós, adolescentes e mulheres de negócio que raramente, se é que alguma vez, expressaram qualquer desejo de se engajar numa ação pública montando cerco à delegacia local, não tendo sequer certeza de que Cooke estava de fato lá. A ignorância que tinham dos fatos só perdia para sua determinação de fazer algo a respeito e serem vistos fazendo; e a determinação aumentava enormemente com a nebulosidade dos fatos. Pessoas que a vida toda ficaram longe dos protestos públicos vinham agora participar do assédio à delegacia e gritar "matem o bastardo", preparadas para a vigília pelo tempo que fosse. Por quê? Estavam atrás de alguma outra coisa além do confinamento seguro de um inimigo público a quem nunca viram e de cujo paradeiro não tinham certeza alguma? Aitkenhead tem uma resposta para essa desconcertante questão, uma resposta convincente.

> O que Cooke oferece, onde quer que esteja, é uma rara oportunidade de realmente odiar alguém, em voz alta, publicamente e com absoluta impunidade. É uma questão do bem contra o mal... e portanto um gesto contra Cooke define você como decente. As pessoas e grupos que ainda se podem respeitavelmente odiar são pouquíssimos. Os pedófilos encaixam-se como uma luva.

"Por fim encontrei a minha causa", disse a principal líder do protesto, ela mesma sem nenhuma experiência anterior de um papel público. "O que Debra provavelmente encontrou", comenta Aitkenhead, "não foi a 'sua causa', mas uma causa comum – a sensação da motivação comunitária."

> As manifestações têm toques de comícios políticos, de cerimônias religiosas e reuniões sindicais – todas essas experiências grupais que costumavam definir a noção de identidade das pessoas e de que já não mais dispõem. Por isso, agora, elas se organizam contra os pedófilos. Em poucos anos, a causa será outra.

Um gatuno ronda a casa

Aitkenhead está de novo com a razão: uma escassez de novas causas é perspectiva das mais improváveis e haverá sempre bastantes lotes vazios no cemitério das velhas causas. Mas por enquanto – por alguns dias, não durante anos, numa concessão à desnorteante velocidade usa-e-joga-fora dos medos públicos e pânicos morais – a causa é Sidney Cooke. De fato, é uma causa excelente para unir as pessoas que buscam uma válvula de escape para uma ansiedade longamente acumulada.

Primeiro, Cooke tem um nome, o que o torna um alvo palpável, fisgando-o em meio ao mingau de medos ambientes e lhe dá uma realidade corpórea que poucos outros medos possuem; mesmo sem ser visto, ele ainda pode ser construído como um objeto sólido que pode ser manuseado, amarrado, trancado, neutralizado, até destruído – ao contrário da maioria das ameaças, essa tende a ser desconcertantemente difusa, escorregadia, evasiva, derramando-se por todos os lugares, não identificável. Segundo, por feliz coincidência, Cooke foi colocado num lugar em que as preocupações privadas e as questões públicas se encontram; mais precisamente, seu caso é um cadinho alquímico no qual o amor pelos próprios filhos – experiência diária, rotineira, embora privada – pode ser miraculosamente transubstanciado num espetáculo público de solidariedade. Cooke tornou-se uma espécie de prancha de desembarque, ainda que frágil e provisória, para escapar à prisão da privacidade. Por fim mas não menos importante, a prancha é larga o bastante para que um grupo, talvez um grupo grande, possa escapar; é provável que a cada fugitivo solitário se reúna mais gente a fugir das próprias prisões particulares, criando-se assim uma comunidade apenas com o uso do mesmo caminho de fuga, comunidade que vai perdurar enquanto todos os pés estiverem sobre a prancha.

Os políticos, pessoas que se supõe operarem profissionalmente no espaço público (têm seus escritórios lá, ou melhor, chamam de "público" o espaço em que estão seus escritórios), raramente são bem preparados para se defenderem da invasão de intrusos; e no espaço público qualquer um sem o tipo certo de escritório e que apareça lá em qualquer ocasião não oficialmente roteirizada, arquivada, sem direção de palco e sem convite é, por definição, um intruso. Por esses padrões, os espancadores de Sidney Cooke foram, sem dúvida, intrusos. Sua presença no espaço público foi desde o início precária. Por isso quiseram que os legítimos habitantes do espaço público admitisse sua presença e endossasse sua legitimidade.

Willie Horton provavelmente fez Michael Dukakis perder a presidência dos Estados Unidos. Antes de concorrer à presidência, Dukakis governou o Massachusetts por dez anos. Foi um dos opositores mais veementes da pena de morte. Também achava que as prisões eram, na maioria, instituições educativas e de reabilitação. Queria que o sistema penal devolvesse aos criminosos sua humanidade perdida e confiscada, preparando os condenados para uma "volta à comunidade": no seu governo os internos das prisões estaduais tinham permissões para visitar suas casas. Willie Horton não voltou após uma dessas saídas. Em vez disso, estuprou uma mulher. É o que pode acontecer com todos nós quando os liberais de coração mole estão no poder, argumentou o adversário de Dukakis, um firme defensor da pena capital chamado George Bush. Os jornalistas pressionaram Dukakis: "Se Kitty, a sua esposa, fosse estuprada, você seria favorável à pena de morte?" Dukakis insistiu que não iria "glorificar a violência". Dava adeus à presidência.

O vitorioso Bush seria derrotado quatro anos mais tarde pelo governador do Arkansas, Bill Clinton. Quando governador, Clinton autorizou a execução de um retardado, Ricky Ray Rector. Alguns analistas acham que, da mesma forma que Horton fez Dukakis perder a eleição, Rector ganhou o pleito para Clinton. É provavelmente um exagero: Clinton fez outras coisas que também lhe angariaram a simpatia do "americano médio". Ele prometeu ser duro com a criminalidade, contratar mais policiais e colocar a polícia na linha, aumentar o número de crimes puníveis com a morte, construir mais prisões e prisões mais seguras. A contribuição de Rector para a vitória de Bill Clinton foi meramente a de servir como prova viva (quer dizer, morta) de que o futuro presidente falava sério; com esse penacho a enfeitar a figura de Clinton, o "americano médio" só podia confiar em suas palavras.

Os duelos do topo reproduziram-se mais embaixo. Três candidatos ao governo do Texas usaram seu tempo de discurso na convenção partidária tentando se superar uns aos outros no compromisso com a pena de morte. Mark White posou em frente às câmeras de TV cercado por fotos de todos os condenados executados na cadeira elétrica quando era governador. Para não ser sobrepujado, seu concorrente Jim Mattox lembrou os eleitores que ele pessoalmente havia supervisionado 33 execuções. Acontece que ambos foram passados para trás por uma mulher, Ann Richards, cuja vigorosa retórica a favor da pena de morte eles não podiam obviamente igualar, por melhores que fossem suas credenciais. Na Flórida, o governador Bob Martinez, que encerrava o mandato, fez um espetacular recuo após longo período de perda de popularidade nas pesquisas de opinião, lembrando aos eleitores que havia assinado 90 ordens de execução. Na Califórnia, que se orgulhava de não executar nenhum preso fazia um quarto de século, Dianne Feinstein disputava o governo declarando ser "a única democrata favorável à pena de morte". Em resposta, o outro concorrente, John Van de Kamp, apressou-se em dizer que, embora "filosoficamente" fosse contra a execução, que considera coisa "de bárbaros", poria sua filosofia de lado se eleito governador. Para provar isso, fez-se fotografar na entrada de uma câmara de gás de último tipo para futuras execuções e anunciou que, quando dirigia o Departamento de Justiça do estado, colocou 42 criminosos no "corredor da morte". No fim das contas, a promessa de trair suas convicções não o ajudou. Os eleitores, 75% a favor da pena de morte, preferiram um verdadeiro adepto – um carrasco convicto.

Faz mais de uma década que a promessa de ser duro com o crime e mandar mais criminosos para a morte figura no topo das agendas eleitorais, independente da coloração política do candidato. Para os políticos atuais e aspirantes, a extensão da pena de morte é o bilhete premiado na loteria da popularidade. A oposição à pena capital significa, ao contrário, um suicídio político.

Em Yeovil, a multidão vigilante exigiu um encontro com seu representante no Congresso, Paddy Ashdown, que lhes recusou a legitimação que buscavam. Sendo ele próprio de um espaço público incerto e com certeza não de administradores indicados ou eleitos, só podia abraçar a causa dos protestadores à custa de arriscar ainda mais suas próprias credenciais de espaço público. Decidiu falar aberta e francamente, fosse o que fosse que acreditasse ser a palavra verdadeira, comparando os perseguidores de Cooke a "turbas linchadoras" e resistindo a todas as pressões para endossar suas ações e para colocar o selo de "questão pública" nos seus agravos pessoais não muito claros.

O secretário do Interior, Jack Straw, não podia se permitir esse luxo. Como declarou um dos líderes do protesto, "o que gostaríamos de fazer agora é nos unirnos a outras campanhas, há muitas vozes miúdas espalhadas por várias partes do país e se conseguirmos uma voz grande as coisas vão andar um pouco mais rápido". Essas palavras pressagiam a intenção de se estabelecer em definitivo no espaço público; reivindicar voz permanente sobre a maneira como esse espaço é administrado. Deve ter soado agourento para qualquer político atualmente encarregado do espaço público, mas qualquer político experimentado saberia muito bem que "unir campanhas" e "conectar pequenas vozes" não é fácil de conseguir nem provável de acontecer; nem as pequenas vozes (privadas) nem as pequenas campanhas (locais, de um tema) podem se somar facilmente, e com segurança podemos afirmar que a intenção/esperança de fazê-lo, como tantas esperanças e intenções similares antes, logo seguiria o seu curso natural, que é encalhar, emborcar e ser abandonada, esquecida. O problema de Straw resumia-se a mostrar que os administradores do espaço público levam de fato a sério as pequenas vozes – isto é, que desejam tomar medidas que tornarão desnecessária a manifestação das pequenas vozes e que serão lembrados por demonstrar esse desejo. E assim Jack Straw, que com toda probabilidade nutria para consumo privado o que Paddy Ashdown expressava publicamente, nada disse exceto que "é vital que as pessoas não façam justiça com as próprias mãos" (lembrando-nos assim que a lei deve ser aplicada por mãos escolhidas) e então foi a público, declarando que talvez seriam tomadas medidas para "manter os marginais perigosos indefinidamente atrás das grades". Pode ser que Jack Straw esperasse ser lembrado como um administrador atento e participante do espaço público, um administrador capaz de ouvir. A líder do protesto citada anteriormente deu, afinal, seu veredito sobre o anticolaborador Paddy Ashdown: "Só espero que as pessoas não tenham memória curta quando chegar a hora da eleição."[2]

Talvez (um grande "talvez", dada a vigilância do Tribunal Europeu de Direitos Humanos) os marginais perigosos (quais sejam, todos os criminosos que conseguem atrair para si e concentrar os medos públicos do perigo) sejam mantidos "indefinidamente" atrás das grades; e no entanto tirá-los de circulação, das manchetes e do foco dos refletores não tornará menos indefinidos e nebulosos os medos que, para começo de conversa, fizeram deles os perigosos criminosos que são, enquanto as razões para ter medo persistirem e enquanto o terror que causam for sofrido na solidão. Solitários amedrontados e sem comunidade ficarão procurando uma comunidade sem medos e aqueles encarregados do espaço público inóspito continuarão a prometê-la. O problema, porém, é que as únicas comunidades que os solitários podem pensar em construir e os administradores do espaço público podem séria e responsavelmente oferecer são aquelas sobre o medo, a suspeita e o ódio. Em algum ponto do caminho, a amizade e a solidariedade, outrora importantes componentes da construção comunitária, tornaram-se inconsistentes demais, frágeis demais ou ralas demais para o objetivo.

As durezas e sofrimentos contemporâneos são fragmentados e dispersos; e assim também a dissensão que eles geram. A dispersão da dissensão, a dificuldade de condensá-la e ancorá-la numa causa comum e dirigi-la contra um réu comum só torna as dores mais amargas. O mundo contemporâneo é um recipiente cheio até a borda de medo e frustração à solta que buscam desesperadamente válvulas de escape. A vida está supersaturada de sombrias apreensões e sinistras premonições, tanto mais assustadoras por sua não especificidade, por seus contornos imprecisos e raízes ocultas. Como no caso de outras soluções supersaturadas, uma partícula de poeira – um Sidney Cooke, por exemplo – basta para detonar uma violenta condensação.

Vinte anos atrás (em *Double Business Bind* [*Laço duplo*], Baltimore University Press, 1978), René Girard imaginou o que teria hipoteticamente acontecido em tempos pré-sociais igualmente hipotéticos quando as divergências disseminavam-se por toda a população e disputas violentas na luta desesperada pela sobrevivência dilaceravam as comunidades ou impediam que se unissem. Tentando responder à questão, Girard apresenta uma descrição tímida e deliberadamente mitológica do "nascimento da união". O passo decisivo, cogitou, deve ter sido a seleção de uma vítima em cujo assassinato, ao contrário de outros, participariam *todos* os membros da comunidade, que "unidos pelo homicídio" se tornariam assim colaboradores, cúmplices ou coadjuvantes *a posteriori*. Esse ato espontâneo de ação coordenada tinha o potencial de sedimentar inimizades dispersas e a agressão difusa, numa clara divisão entre o que seria ou não adequado, entre a violência legítima e a ilegítima, entre a inocência e a culpa. Seria o laço entre os *solitários* (amedrontados) e a comunidade *solidária* (confiante).

A história imaginada por Girard é, repito, uma fábula, um mito etiológico, que não pretende ser a verdade histórica, mas apenas dar um sentido a "origens" desconhecidas. Como assinalou Cornelius Castoriadis, o indivíduo pré-social não é, ao contrário do que pensava Aristóteles, nem bom nem uma besta fera, mas pura fantasia da imaginação dos filósofos. Como outros mitos etiológicos, o de Girard não dá conta do que efetivamente aconteceu no passado remoto; é apenas uma tentativa de dar sentido à presença *atual* de um fenômeno bizarro e difícil de compreender, explicando seu contínuo ressurgimento. A verdadeira mensagem do mito de Girard é que, sempre que a discórdia está disseminada e difusa, sem alvo definido, quando grassam a desconfiança e hostilidade mútuas, o único avanço ou recuo possível rumo à solidariedade, a um habitat seguro – solidário – é escolher um inimigo comum e unir forças num ato de atrocidade comunitária contra um alvo comum. Somente a comunidade dos cúmplices é (enquanto dure) garantia contra a hipótese de que o crime seja definido como crime e punido de acordo. O que a comunidade portanto não tolerará facilmente é uma pessoa que se recuse a participar do clamor público e cuja recusa lance dúvidas sobre a correção e justeza do ato.

O caldeirão de *Unsicherheit*

Há exatamente 70 anos Sigmund Freud escreveu *Das Unbehagen in der Kultur* (*O mal-estar na civilização*), traduzido para o inglês com o título meio desastrado de *Civilization and its Discontents* (*A civilização e seus desgostos*). Nesse livro básico, Freud argumenta que a "civilização" (referia-se, claro, à nossa civilização *moderna* e ocidental – no final da década de 20 raramente o termo "civilização" era usado no plural e só o tipo ocidental de vida dava a si mesmo o nome de "civilização") é uma permuta: um valor acalentado é sacrificado a outro igualmente imperativo e querido. Lemos na tradução inglesa que a dádiva da civilização é a segurança – proteção contra os inúmeros perigos da natureza, contra o próprio corpo e contra outras pessoas. Ou seja, a civilização oferece libertação do medo ou, pelo menos, torna os medos menos assustadores e intensos do que de outra forma seriam. Em troca, no entanto, impõe suas restrições à liberdade individual – por vezes severas, em geral opressivas, sempre maçantes. Nem tudo o que o coração deseja é permitido aos seres humanos e quase nada pode ser completamente alcançado para a satisfação total dos desejos. Os instintos são controlados ou totalmente reprimidos – o que é uma infelicidade cheia de desconforto físico, neurose e revolta. Os desgostos, insatisfações e comportamentos desafiadores mais comuns decorrem, conclui Freud, do sacrifício de grande parte da liberdade individual ao que ganhamos coletiva e individualmente em termos de segurança, seja lá o que for.

Em *O mal-estar da pós-modernidade* (Jorge Zahar, 1998), argumento que se Freud estivesse escrevendo seu livro agora, 70 anos depois do que o fez, provavelmente teria que mudar o diagnóstico: os problemas e desgostos humanos mais comuns atualmente são, como antes, produto de trocas, mas agora é a segurança que se sacrifica diariamente no altar da liberdade individual em expansão. No caminho para o que quer que se suponha uma maior liberdade individual de escolha e expressão pessoal perdemos boa parte da segurança fornecida pela civilização moderna e mais ainda da segurança que prometia; pior, praticamente paramos de dar ouvidos a promessas de que a segurança voltará a ser garantida; em vez disso, ouvimos cada vez mais que a segurança vai contra a natureza da dignidade humana, de que é traiçoeira demais para se desejar e alimenta uma dependência excessiva, viciada e totalmente embaraçosa.

O que de fato nos dizem para não lamentar mas cuja falta sentimos e nos torna ansiosos, medrosos e irados? No original alemão, Freud fala de *Sicherheit*, conceito de fato bem mais inclusivo que o de "segurança" usado na tradução. No caso de *Sicherheit*, a língua alemã é atipicamente frugal: consegue estreitar num único termo fenômenos complexos para os quais outras línguas precisam pelo menos de três – segurança, certeza e garantia.

> *Segurança*. O que quer que tenhamos ganho e conquistado continuará em nosso poder; o que foi alcançado manterá seu valor como fonte de orgulho e respeito; o mundo é estável, confiável e, assim, os seus padrões do que é adequado, os hábitos adquiridos para a ação eficaz e as atitudes aprendidas para enfrentar os desafios da vida. *Certeza*. Saber a diferença entre o que é razoável ou tolo, digno de confiança ou traiçoeiro, útil ou inútil, próprio ou impróprio, lucrativo ou arriscado e todas as demais distinções que guiam as nossas opções diárias e nos ajudam a tomar decisões das quais – esperamos – não vamos nos arrepender; e conhecer os sintomas, presságios e sinais de alerta que nos permitem saber o que esperar e como distinguir um bom lance de um lance ruim. *Garantia*. Contanto que se aja da maneira correta, nenhum perigo mortal – nenhum perigo que não se possa enfrentar – ameaçará o corpo e as suas extensões – isto é, a propriedade, o lar e a vizinhança – nem o espaço em que se inscrevem todos esses elementos do "eu maior": a terra natal e o seu ambiente.

Os três ingredientes da *Sicherheit* são condições para a autoconfiança de que depende a capacidade de pensar e agir racionalmente. A ausência ou carência de um desses elementos tem basicamente o mesmo efeito: dissipação da autoconfiança, perda de confiança na própria capacidade e nas intenções dos outros, uma crescente incapacitação, ansiedade, esperteza e a tendência a buscar defeitos e apontá-los, a arranjar bodes expiatórios e a agredir. Todas essas tendências são sintomas de uma *corrosiva desesperança existencial*: a rotina diária agora rompida e não confiável – e que, se seguida de forma descarada, pouparia ao ator a agonia de ter que optar sem parar – força um exame apreensivo, revelando os riscos que implica; pior, continuamente as respostas e reações aprendidas, adquiridas, perdem validade rápido demais para se condensarem em hábitos e congelarem em comportamentos rotineiros. A probabilidade de conseqüências indesejáveis que emana de cada opção e a consciência de que essas conseqüências não podem ser calculadas com precisão produzem menos a ânsia de melhor controlar os resultados da própria ação (que se torna uma perspectiva nada realista) do que o desejo de se garantir contra os riscos envolvidos em todas as ações e de se livrar da responsabilidade pelos resultados.

Os efeitos da segurança, certeza e garantia enfraquecidas são notavelmente semelhantes, como as razões da incômoda experiência são raramente evidentes, embora notoriamente fáceis de deslocar. Com os sintomas virtualmente indiscerníveis, não fica claro se o medo ambiente deriva da segurança inadequada, da ausência de certeza ou de ameaças à proteção; a ansiedade é difusa e o medo resultante pode facilmente ser atribuído a causas erradas e levar a ações que evidentemente nada têm a ver com a verdadeira causa; sendo difícil identificar as verdadeiras razões da agitação e mais difícil ainda controlá-las caso descobertas, existe a poderosa tentação de construir e nomear supostos mas plausíveis culpados contra os quais desfechar uma nítida ação defensiva (ou, melhor ainda, ofensiva). Os esforços talvez fossem então baldados, mas pelo menos haveria um esforço e a pessoa não seria reprovada nem sentiria necessidade de se censurar por receber golpes de mãos arriadas.

Os três ingredientes da *Sicherheit* sofrem hoje em dia intensos e contínuos golpes e difunde-se a consciência de que, ao contrário das incertezas de outrora, a imprecisão dos sinais na estrada da vida e a indefinição dos pontos de orientação existencial já não podem mais ser vistas como uma amolação passageira provavelmente superável com mais informação e instrumentos mais eficazes; torna-se cada vez mais óbvio que as incertezas de hoje são, para usar a expressão de Anthony Giddens, *fabricadas* – de modo que viver na incerteza revela-se um estilo de vida, o único estilo da única vida disponível.

Segurança incerta

Um em cada três empregados nos Estados Unidos da América está há menos de um ano no seu emprego e empresa atuais. Dois em cada três estão há menos de cinco anos na ocupação que têm hoje.

Vinte anos atrás, 80% dos empregos na Grã-Bretanha eram – em princípio, senão de fato – do tipo "40/40" (isto é, de 40 horas de trabalho por semana durante 40 anos), gozando da proteção de uma rede de direitos sindicais, previdenciários e salariais. Hoje, não mais de 30% dos empregos estão nessa categoria e a proporção continua a diminuir velozmente.

Um renomado economista francês, Jean-Paul Fitoussi, observa que a quantidade global de trabalho disponível está encolhendo – problema que não é, porém, macroeconômico, mas *estrutural*, diretamente relacionado à transferência do controle sobre fatores econômicos cruciais de instituições representativas do governo para o jogo livre das forças do mercado. Pouco pode fazer, portanto, a estratégia expansionista ortodoxa do Estado para combatê-lo. Se os ministros da Fazenda, do Tesouro ou das Finanças ainda são um "mal necessário", os ministros da Economia são cada vez mais coisas do passado[3] – ou meramente uma devoção hipócrita à nostalgia de uma soberania estatal outrora firme e hoje em rápida extinção. No seu recente estudo sobre a emergente "sociedade informática", Manuel Castells observa que enquanto o capital flui livremente, a política continua irremediavelmente local. A rapidez de movimento torna o verdadeiro poder extraterritorial. Podemos dizer que, não conseguindo mais as instituições existentes reduzir a velocidade de movimentos do capital,[4] os políticos perdem poder cada vez mais – circunstância simultaneamente responsável por uma crescente apatia política, um progressivo desinteresse do eleitorado por tudo que tenha caráter "político", à exceção dos saborosos escândalos encenados pelas elites à luz dos refletores, e a queda da expectativa numa possível salvação gerada pelo governo, sejam quais forem seus atuais ou futuros ocupantes. O que é feito e pode ser feito nos escalões de governo influi cada vez menos na luta cotidiana dos indivíduos.

Hans Peter Martin e Harald Schumann, especialistas em economia da revista alemã *Der Spiegel*, calculam que se a tendência atual persistir irrefreada, 20% da força de trabalho global (potencial) bastará "para manter a economia funcionando" (o que quer que isso signifique), o que tornará *economicamente* supérfluos 80% da população mundial capacitada.[5] Pode-se pensar (e muitos o fazem) em maneiras de reverter, interromper ou pelo menos refrear essa tendência, mas a grande questão, hoje, já não é *o que deve ser feito*, mas *quem tem poder e decisão para fazer*. Por trás da insegurança crescente de milhões de pessoas que dependem da venda de sua força de trabalho está a ausência de um poderoso e eficiente agente que possa, com vontade e decisão, tornar menos insegura a situação em que vivem. Cinqüenta anos atrás, na era de Bretton Woods (hoje história antiga), quando pensavam nos assuntos globais, as pessoas bem informadas falavam de *regras universais* e da sua *imposição generalizada*, ou seja, de algo que deveríamos fazer e que acabaríamos fazendo; hoje, elas falam de *globalização*, algo que *está acontecendo conosco* por razões que podemos supor e até mesmo saber, mas dificilmente controlar.

A insegurança atual é semelhante à sensação que provavelmente teriam os passageiros de um avião ao descobrirem que a cabine de comando está vazia, que a voz amiga do piloto é apenas uma mensagem gravada.

A insegurança sobre como ganhar a vida, somada à ausência de um agente confiável capaz de tornar essa situação menos insegura ou que sirva pelo menos de canal para as reivindicações de uma segurança maior, é um duro golpe no coração mesmo da política de vida. O conselho de Jean-Paul Sartre para fazer e seguir um *projet* parece vazio, estúpido e sem graça. Não apenas o trabalho enfadonho de construção da identidade parece interminável, como deve agora implicar, como norma fundamental de construção, a capacidade de autodestruição do produto ou a dos construtores para reciclá-lo em algo diverso do que se pretendia originalmente. Com toda certeza, o trabalho de auto-identificação não é nem deve ser deliberadamente um processo cumulativo: parece antes uma série de novos começos guiada mais pela faculdade de esquecer que pela capacidade de aprender ou lembrar. O que quer que se tenha adquirido ou construído, é provisório, até segunda ordem. Não que exista uma escassez de regras e diretrizes em busca da nossa confiança (ao contrário, o mundo inseguro é palco de uma explosão de conselheiros, estufa em que vicejam cada vez mais especialistas em "como fazer" uma enorme variedade de coisas); é que investir uma confiança irrestrita em qualquer regra ou diretriz não parece mais racional – o mais provável é que isso logo se revele desastroso, dada a volatilidade aparentemente inerente a todas as regras e diretrizes em oferta no mercado.

"A constituição do local de trabalho está em fluxo contínuo" – assim Kenneth J. Gergen resume a situação. Ele chama de "plasticidade" esse aspecto da vida contemporânea – passando de um local de trabalho para outro ou simplesmente observando as mudanças que muitas vezes tornam irreconhecível o seu local de trabalho, "o indivíduo é confrontado por uma série de demandas comportamentais cada vez mais diversificadas". Nesse ambiente há pouca necessidade do indivíduo personalista, cagador de regra. Gente assim é estreita, provinciana, inflexível... Hoje celebramos a pessoa maleável... É preciso mover-se, a rede é vasta, os compromissos vários, as expectativas infinitas, as oportunidades abundantes e o tempo uma mercadoria escassa.[6]

Gergen explora e amplia o tema em outro trecho:

> É cada vez mais difícil lembrar com exatidão a que princípio fundamental devemos permanecer fiéis. O ideal de autenticidade desgasta-se nas beiradas; o significado da sinceridade escorrega aos poucos para a indefinição... A personalidade pastiche é um camaleão social, continuamente pegando nacos e pedaços de identidade de quaisquer fontes disponíveis e erigindo-os em úteis ou desejáveis em dada situação... A vida torna-se uma loja de doces para apetites cada vez mais vorazes.[7]

Observemos que mesmo numa vida moldada no modelo de uma loja de doces não é a doçura das guloseimas mas a aguda sensação de insegurança, essa fonte de insônia, que continua sendo o principal efeito da "plasticidade" que Gergen retrata de forma tão incisiva. Poucas pessoas, se indagadas, escolheriam como moradia permanente uma loja de doces, local agradável de visitar de vez em quando. Uma vida preenchida pelo ato de pegar, chupar e engolir balas será provavelmente marcada por acessos de náusea e dor de estômago para os que entram nessa loja, mesmo que esqueçam (e dificilmente podem esquecer, por mais que se esforcem) uma outra vida, a vida cheia de raiva e auto-reprovação daqueles que, de bolsos vazios e do lado de fora da vitrine, olham avidamente a movimentação dos fregueses na loja. Afinal, apenas a porta giratória e o recheio variável da carteira separam um grupo do outro.

Niklas Luhmann afirmou de forma memorável que, dada a multiplicidade de papéis que desempenhamos e a variedade de cenários em que o fazemos, cada um de nós está "parcialmente deslocado" em toda parte. Podemos dizer que, dada a multiplicidade de oportunidades conflitantes que mutuamente se anulam e a cacofonia de vozes a clamar por elas, somos todos – sempre e em todo lugar – "parcialmente deslocados" e excluídos. Apenas a dimensão dessa exclusão e deslocamento, não a sua existência, depende do lado da vitrine em que eventualmente nos encontramos. Seja qual for o lado em que estivermos no momento ("identidade é um eu transitório", diz Harvie Ferguson,[8] e a vida, podemos acrescentar, é um cemitério de identidades mortas ou assassinadas), parecemos deslocados e excluídos sempre que a nossa situação é medida (como deve sê-lo, quando nada porque faltam medidas alternativas) pela aparente infinidade de possibilidades intromissoras, tentadoras, sedutoras e, sobretudo, inéditas.

John Seel lembra que duas proposições estão entre os principais axiomas discerníveis em todos os estudos sobre problemas pós-modernos de identidade: "o eu é indefinido, todo eu é possível" e "o processo de autocriação nunca termina". A vida diária fornece um monte de evidências indicando que essas proposições não requerem de fato outras provas e podem ser aceitas como axiomas.

> Observa-se a lógica [da preocupação com a identidade – Z.B.] no modo como se persegue a autocompreensão e se manifesta a auto-expressão: nos cartazes ambulantes com que adolescentes anunciam o último produto ou grupo de rock; na emergência da política sexual; na popularidade das salas virtuais de bate-papo e do cibersexo; no megastatus dos modelos de moda; na necessidade de administração da imagem em política e nos negócios; e na onipresença dos programas diários de entrevistas na televisão. Questões de sexualidade, de personalidade e do corpo social são todas transformadas pelos efeitos galvanizadores dessas novas concepções do eu.[9]

A imagem que passa essa lista de sintomas (certamente incompleta) é a de pressões cumulativas e incessantes para que sejam abandonados os velhos métodos e se adotem caminhos novos e inéditos; a imagem de uma identidade sempre perseguida e nunca alcançada; a imagem dos que buscam uma identidade agarrando-se, ansiosos, a pequenos sinais de auto-expressão publicamente reconhecíveis, apenas para serem engambelados/instados/forçados pela desnorteante velocidade de sua desvalorização pública a abandoná-los e substituí-los; a imagem de homens e mulheres sempre em busca, quase nunca encontrando e, ao encontrar, jamais seguros de que encontraram o que buscavam, mas quase certos de que, tenham encontrado o que queriam ou não, o fato de tê-lo encontrado não os livrará por muito tempo de uma busca continuada. Não pode ser garantido o valor duradouro de qualquer coisa já conseguida ou conquistada; e não pode também – não deveria – ser tido como certo o valor de coisa alguma que a pessoa é instada a adquirir ou elogiada por ter adquirido. Quando nos dizem e mostram que tudo é para ser agarrado, a insegurança endêmica é a única presa não perecível.

Resumindo: no coração da política da vida jaz um desejo profundo e insaciável de segurança, mas agir segundo esse desejo redunda em insegurança ainda maior e mais profunda.

Ao tentar escapar à insegurança, já não é possível utilizar o velho estratagema da conformidade à *vox populi*, uma vez que não se pode mais contar com a irrevocabilidade dos pronunciamentos populares e que praticamente nenhum desses vereditos deixa de ser questionado e contestado logo que é enunciado. Mas, quanto à outra via tradicional de escape, que leva à companhia de pessoas com idéias parecidas, gente solidária e solícita, pronta a ajudar em qualquer situação, aconteça o que acontecer, essa via também foi cortada.

A vida insegura é vivida na companhia de gente insegura. Não sou eu apenas que tenho dúvidas sobre a durabilidade do meu eu atual e até quando os que me cercam estarão dispostos a endossá-lo. Tenho todas as razões para suspeitar que os que me cercam vivem a mesma situação embaraçosa e se sentem tão inseguras quanto eu. A indiferença e irritação tendem a ser partilhadas, mas partilhar a irritação não transforma em comunidade os que sofrem de solidão. O tipo de insegurança em que vivemos não é o estofo de que são feitas as causas comuns, as uniões, os grupos de solidariedade. Os golpes e oportunidades parecem selecionar as suas vítimas ou beneficiários ao acaso, de modo que a regularidade imposta pela norma pode muito bem ser desvantajosa quando se trata de aproveitar a oportunidade e de pouca serventia para desviar o golpe.

Se as pessoas de fato quisessem seguir preceitos de opção racional, como insistem alguns teóricos, seriam levadas nessas circunstâncias a evitar companhias e parcerias que não têm a saída desimpedida. Investiriam em "arranjos flexíveis", em laços duráveis apenas na medida de sua utilidade. A racionalidade seria conselheira para afastar o desejo de uma comunhão segura e duradoura. Com opções racionais, as pessoas seriam cúmplices relutantes e insuspeitos na produção dessa mesmíssima insegurança de vida que faz do evitamento de âncoras seguras uma questão de opção racional. A insegurança chegou a tal ponto que pode ostentar a racionalidade dos calculistas entre as suas servas mais fiéis e confiáveis.

Certeza dúbia

As duas coisas de que mais temos certeza hoje em dia é que há pouca esperança de serem mitigadas as dores de nossas atuais incertezas e que mais incerteza ainda está por vir.

Quando 11 dos 16 integrantes da União Européia aceitaram adotar uma moeda comum, a seção de economia do *International Herald Tribune* anunciou iminente "oportunidade de ouro para ganhos de produtividade nas empresas". E alguns parágrafos adiante dizia o que essa oportunidade, ao ser aproveitada, significaria para o restante da Europa não associada: "resultará em um maior enxugamento das empresas e, inicialmente, em mais desemprego". (Assinalemos que nessa frase "maior enxugamento" é uma previsão com base em fatos, enquanto "inicialmente" não passa de uma crença doutrinária.) Alan Friedman, correspondente de "economia global" do *IHT*, prossegue citando Kim Schoenholtz, economista-chefe da Salomon Smith Barney em Londres, e a opinião de "muitos outros economistas do setor privado" segundo a qual, para a moeda comum européia trazer os "ganhos de produtividade" anunciados, "são necessárias profundas mudanças estruturais". Friedman não deixa dúvida sobre que tipo de mudança estrutural é "o ingrediente que falta a ser adicionado pelos políticos". Mudança estrutural, explica, é "a expressão em código para maior facilidade de contratação e demissão, para redução dos gastos públicos com aposentadorias, pensões e outros benefícios sociais e para a diminuição dos elevados encargos sociais e contribuições das empresas na Europa continental..."[10]

Poucos dias antes, o mesmo jornal havia assinalado, embora na página de "opinião" apenas, que em resposta à grave crise econômica nos países do Extremo Oriente o Fundo Monetário Internacional "veio com sua receita padrão [tentada anteriormente no México com resultados bem pouco atraentes – Z.B.]: demissões, taxas de juros mais altas e abertura dos mercados locais ao investimento estrangeiro". Desnecessário dizer que as sugestões eram fortalecidas por sanções: um pacote de salvação financeira dependia de submissão ao modelo. O resultado, segundo Jeffrey Sachs, da Universidade Harvard: "uma onda de falências varre a Coréia e o desemprego em massa afeta as três economias" da região. O autor do principal artigo de "opinião", Sören Ambrose, fora de sintonia com o tom habitual da seção de economia do *IHT*, conclui que "é hora de fazer frente aos danos causados pelo FMI" e cita em seu apoio um grupo de líderes religiosos americanos que criticam o FMI por exigir o "sacrifício de uma geração".[11] Quem poderia exigir mais do que isso? Só Deus.

Numa entrevista concedida a Babette Stern, do *Le Monde*, o diretor geral do FMI, Michel Camdessus, confirma as intenções que os economistas atribuem à instituição que ele comanda e as define como uma questão de orgulho. "A liberalização sistemática dos movimentos de capital", diz Camdessus, "deve ser a nova missão do FMI." As perspectivas decorrentes de uma missão bem executada são empolgantes: novas oportunidades de desenvolvimento surgirão graças à "totalidade combinada da poupança mundial, que permitiria melhor alocação de recursos", embora tenhamos que admitir o risco colateral da "marginalização dos países mais pobres" (não são mencionados os possíveis efeitos sobre o nível de vida dos setores mais pobres dos "países mais ricos"). As vantagens superam os riscos: colocando na balança, Camdessus orgulha-se dos resultados alcançados até aqui e mais ainda dos sucessos por vir. "Na verdade, nós mudamos o século", diz ele.[12]

Sim, o século mudou, ou foi mudado – e continua mudando. Nem Camdessus nem os demais defensores e incensadores da "liberalização global dos movimentos de capital" prometem mais segurança e certeza em conseqüência disso; o lema, em vez disso, é "transparência" (no sentido de um mundo sem segredos e sem barreiras para os operadores de mercado) e "flexibilidade" (no sentido de que nada além dos "resultados econômicos" previstos – isto é, os ganhos para os acionistas no próximo exercício – pode colocar limites à liberdade de ação dos operadores de mercado). Transparência e flexibilidade pouco acrescentam ao acervo geral de certeza e segurança; no máximo *redistribuiriam* as certezas que acompanham as ações e nisso parece residir sua principal atração para os porta-vozes da liberdade financeira mundial.

Mas, se transparência e flexibilidade prometem mais certeza para alguns (os globais por opção), pressagiam mais incerteza para outros (os provincianos à própria revelia). Os advogados e soldados da transparência não são ideólogos da vitrine, mas dos espelhos refletores: por um lado, paraíso dos *voyeurs*; por outro, oportunidade de olhar e contemplar a própria e crescente miséria daqueles cujas defesas, já tão inadequadas, ruíram ante todos os invasores presentes e futuros. Os advogados e soldados da flexibilidade não buscam a liberdade de movimentos para todos, mas a estimulante leveza do ser para alguns, que redunda em insuportável opressão do destino para outros. Os postulados da transparência e flexibilidade referem-se, em última análise, ao controle exercido pelos poderosos e capazes sobre as condições em que os outros, menos autoconfiantes, são forçados a escolher entre o modesto conjunto de opções que lhes resta ou submeter-se ao destino que lhes toca quando não há mais qualquer opção. Os postulados exigem que nada possa (tenha permissão para ou consiga sobreviver se desrespeitar a proibição de) reduzir a velocidade em que se podem mover os que estão do lado transparente do espelho de uma face. A "flexibilidade" do mundo para aqueles que se movem parece uma indomável, estranha e dura realidade do ponto de vista dos que são forçados a parar e ficar.

Os postulados e as pressões que eles simultaneamente refletem e reforçam são cada vez mais os principais fatores de uma nova polarização intra-social e intersocial.[13] A amplitude e rapidez de movimento fazem toda a diferença, indicando se a pessoa está no controle ou é controlada, se molda as condições de interação ou é moldada por elas, se age "a fim de" ou se se comporta "em função de", se busca atingir objetivos com a quase certeza do sucesso ou toma medidas defensivas numa situação de variáveis inteiramente desconhecidas que mudam sem aviso.

A questão, no entanto, é que sempre que a existência individual fica presa entre um pólo atraente e outro repulsivo e a posição que se tem não é fixada nem garantida, nenhuma posição oferece um grau de certeza e garantia suficientes para a tranqüilidade espiritual. A alegria de "ter chegado ao topo" só pode então ser envenenada pela consciência dos horrores da base, que é difícil eliminar mesmo nos momentos mais felizes; de modo que nenhum momento pode ser vivido como puro júbilo e glória imaculada da chegada final, com a sensação de se "ter alcançado o objetivo de uma vez por todas".

Estas são, de fato, as condições em que batalham atualmente todas as pessoas presas entre os dois pólos – e hoje talvez mais do que nunca, nesta época de desregulamentação global. A provação pode diferir quanto ao grau de autoconfiança ou resignação, esperança ou desespero, fé ou descrença, sinceridade ou cinismo, elevação de espírito ou negativismo que pode gerar e mais ou menos sustentar, mas as diferenças são tênues. Nos momentos de sobriedade, todos, salvo os mais desligados, têm dolorosa consciência disso. A incerteza sobre a conseqüência das ações e a duração dos seus efeitos, sofrida (ainda que em grau variado) em todas as posições, de alto a baixo da escala, é assim exacerbada (também de alto a baixo) pela "metaincerteza" – a incerteza quanto ao grau de certeza que se pode razoavelmente proclamar e, em especial, que se pode ter como coisa garantida.

Viver e ser obrigado a agir em condições de incerteza não é novidade, naturalmente. A história moderna está pontilhada, no entanto, de esforços decididos (e, de tempos em tempos, bem-sucedidos) para fixar o valor de um número cada vez maior de incógnitas na equação da vida. Como que seguindo a regra formulada por Michel Crozier no seu clássico estudo sobre *O fenômeno burocrático*, grupos e categorias sociais lançados numa incerteza particularmente viciosa têm feito o máximo para atar as mãos daqueles em melhor posição para poder calcular os efeitos de seus movimentos – ao mesmo tempo tentando desamarrar as próprias mãos e se tornar assim uma fonte de incertezas para os adversários. Como argumenta Crozier de maneira convincente, a dominação e o controle de situações pertencem àqueles cuja liberdade de manobra gera mais incerteza para os outros do que podem estes, por serem relativamente mais coagidos em suas opções, gerar para eles. Todos os grupos organizados ao longo da era moderna comportaram-se como se estivessem a par do princípio de Crozier. Pode-se supor até que a possibilidade de seguir esse princípio foi o motivo primordial para as pessoas "se organizarem", que a aplicação sistemática desse princípio constituiu o sentido mais profundo do "organizar-se".

Verdadeira novidade não é a necessidade de agir em condições de incerteza parcial ou mesmo total, mas a pressão contínua para desmantelar as defesas trabalhosamente construídas – para abolir as instituições que visam a limitar o grau de incerteza e a extensão dos danos que a incerteza desenfreada causou e para evitar ou sufocar esforços de construção de novas medidas coletivas destinadas a manter a incerteza dentro de limites. Em vez de cerrar fileiras na guerra contra a incerteza, praticamente todos os agentes institucionalizados eficientes de ação coletiva juntam-se ao coro neoliberal para louvar como "estado natural da humanidade" as "forças livres do mercado" e o livre comércio, fontes primordiais da incerteza existencial, e insistem na mensagem de que deixar livres as finanças e o capital, abandonando todas as tentativas de frear ou regular os seus movimentos, não é uma opção política dentre outras mas um ditame da razão e uma necessidade.

Com efeito, Pierre Bourdieu definiu recentemente as teorias e práticas neoliberais essencialmente como um programa para destruir as estruturas coletivas capazes de resistir à lógica do "mercado puro".[14] A esta altura, como assinala Bourdieu, o discurso neoliberal adquiriu todas as características do "discurso forte", que Ervin Goffman definiu como aquele quase impossível de combater, cujo "realismo" é difícil de questionar porque – longe de ser apenas uma exortação a dar certos passos em vez de outros – representa as ações coordenadas de todas as forças que contam, de todas as forças que se unem para dar à realidade o formato que tem. O "discurso forte" do neoliberalismo passou no "teste da realidade" ao "orientar as opções econômicas de todos aqueles que dominam as relações econômicas e ao acrescentar sua própria força, verdadeiramente simbólica, à relação de forças resultante".

O discurso neoliberal fica ainda mais "forte" à medida que prossegue a desregulamentação, enfraquecendo as instituições políticas que poderiam em princípio tomar posição contra a liberdade do capital e da movimentação financeira. Outro passo fundamental rumo ao domínio quase inconteste do neoliberalismo foi dado com a recente assinatura do Acordo Multilateral de Investimentos, que para todos os efeitos amarra as mãos dos governos nacionais e desamarra as das empresas extraterritoriais [as chamadas "multinacionais" – N.T.]. Um a um são desmantelados todos os obstáculos efetivos e potenciais à livre movimentação do capital:

> os Estados-nação, cuja margem de manobra encolhe incessantemente; os grupos profissionais, devido, por exemplo, à individualização dos salários e carreiras conforme a competência individual, o que resulta na atomização dos empregados; as defesas coletivas de direitos trabalhistas, como sindicatos, associações, cooperativas; e até a família, que, no rasto da reestruturação dos mercados por faixas etárias, perdeu boa parte do controle que exercia sobre o consumo.

O resultado conjunto de assaltos diversos mas convergentes às linhas de defesa é o "reinado absoluto da flexibilidade", que visa a "precarizar" e assim incapacitar as pessoas situadas em potenciais cabeças de ponte de resistência. O mais profundo impacto sociopsicológico da flexibilidade consiste em tornar precária a posição daqueles que são afetados e mantê-la precária. Medidas como a substituição de contratos permanentes e legalmente protegidos por empregos ou serviços temporários que permitem demissão incontinenti, contratos rotativos e o tipo de emprego que solapa o princípio do aumento de competência através da permanente avaliação do desempenho, fazendo a remuneração de cada empregado depender dos resultados obtidos por cada um no momento, assim como a indução à competição entre setores e departamentos da mesma empresa, o que torna completamente irracional uma posição unificada dos empregados – tudo isso produz uma situação de incerteza endêmica e permanente. No mundo darwinista da luta generalizada, o desempenho obediente das tarefas estabelecidas pelas empresas deve alicerçar-se nessa esmagadora sensação de incerteza paralisante, no medo, no estresse e na ansiedade nascidos da incerteza. E, como último recurso, há a permanente ameaça de demissão em todos os níveis da hierarquia – o que significa a perda do meio de subsistência, dos títulos sociais, do lugar na sociedade e da dignidade humana que os acompanha: "O fundamento último de todos os regimes econômicos que se situam sob o signo da liberdade é, portanto, *a violência estrutural* do desemprego, do emprego precário e da ameaça de demissão que implicam."

A solidariedade (ou, antes, a densa rede de solidariedades grandes e pequenas, superpostas e cruzadas) serviu em todas as sociedades como um abrigo e garantia de certeza (ainda que imperfeitos) e, portanto, de crédito, autoconfiança e coragem sem os quais o exercício da liberdade e a vontade de experimentar são impensáveis. Foi essa solidariedade que se tornou vítima primária da teoria e prática neoliberais. "Não existe essa coisa chamada sociedade", reza a infame profissão de fé neoliberal de Margaret Thatcher. Há, disse ela, homens e mulheres enquanto indivíduos, e famílias.[15]

Invocar a família, nesse contexto, é sem dúvida um gesto gratuito; atualmente espera-se que a família, como todas as outras coletividades, opere estritamente nos limites estabelecidos pelo mercado e siga interna e externamente as regras da racionalidade do mercado. Face a essa expectativa, o conceito de família torna-se profundamente contraditório. Afinal, o ato mais notório e, em certo sentido, mais "fundamental" do mercado é, como coloca Stuart Hall, que "ele dissolve os laços de sociabilidade e reciprocidade, solapando de modo muito profundo a própria natureza da obrigação social". Mas a produção, manutenção e conservação dos laços de sociabilidade e reciprocidade, alimentando o próprio impulso de obrigação social, é a seiva vital da família; é essa atividade que faz surgir a família e a mantém viva. O princípio constitutivo do individualismo desenfreado que permeia de alto a baixo a "anti-sociedade" neoliberal dificilmente poderia deixar de afetar a família. "O novo gerenciamento", assinala Hall, teve a ver com o modo "como essas idéias foram levadas sucessivamente de um setor institucional para outro." Todos os setores tinham que ser – e de fato o foram – "transformados à imagem do mercado. Não apenas sendo 'mercantilizados' ou privatizados, mas levados a imitar o mercado, com isso fazendo supor que há somente um tipo de questões que se podem levantar: as que são colocadas pelo mercado."[16]

É por isso que os apelos neoliberais a cerrar fileiras com a família soam vazios, para não dizer como uma farsa completa. Se visam seriamente a suavizar ou contrabalançar os golpes do "individualismo rasgado", oferecendo às vítimas da competição desenfreada uma almofada caso tropecem e desabem, apenas mostram a ignorância dos pregadores e praticantes da fé neoliberal sobre a contradição que está no coração mesmo da idéia do desaparecimento da sociedade – o ato pelo qual uma sociedade destrói a si mesma para dar rédea solta a indivíduos anti-sociais ou pelo qual um corpo se faz em pedaços para que cada uma das suas células ou pelo menos as mais dinâmicas possam viver melhor por si mesmas.

Ao contrário do que sugere a colheita metafísica da "mão invisível", o mercado não está atrás de certeza nem pode invocá-la do nada, quanto mais garanti-la. O mercado prospera na incerteza (chamada alternativamente de competitividade, desregulamentação, flexibilidade etc.) e a reproduz em quantidade crescente como seu principal alimento. Longe de ser um veto à racionalidade do mercado, a incerteza é sua condição indispensável e seu inevitável produto. A única igualdade que o mercado promove é a provação igual ou quase igual da incerteza existencial, partilhada igualmente por vencedores (sempre, por definição, vencedores "até segunda ordem") e vencidos.

Garantia insegura

Ninguém mais tem presença *garantida* no mundo. Por que não "mais"? Afinal, a precariedade da existência humana não é novidade. Desde que o homem, como um dos *zilhões* de espécies vivas, adquiriu a capacidade do pensamento articulado, algumas questões intrigantes surgiram entre os seres dotados de linguagem para deixar evidente essa precariedade – e, portanto, assustadora.

A maior descoberta feita pela espécie humana, descoberta que a tornou tão especial e sua paz de espírito, sua sensação de segurança, tão difícil de alcançar, foi a da fatalidade da morte, universal, inevitável e intratável, a aguardar todos os indivíduos. O ser humano é a única criatura viva que sabe que vai morrer e que não há como escapar da morte. Nem todos os homens devem necessariamente "viver para a morte", como afirmou Heidegger, mas todos vivem à sombra da morte. O homem é a única criatura viva que sabe da sua transitoriedade; e como sabe que é apenas *temporário*, pode – tem que – imaginar a *eternidade*, uma existência perpétua que, ao contrário da sua, não tem começo nem fim. E uma vez imaginada a eternidade, fica evidente que os dois tipos de existência têm pontos de contato, mas não dobradiças nem rebites.

Há apenas uma frágil conexão entre elas, contingente e quebradiça, sempre vulnerável, a ponto de se romper a qualquer momento. É uma ligação tão vulnerável quanto a própria vida individual e temporária. A segunda existência, eterna, atemporal, parece totalmente indiferente ao que quer que aconteça à vida individual e fica majestosamente à margem do que pode ser feito nessa "presença mundana". As duas são, nos limites do conhecimento humano, incomparáveis. Sejam quais forem os laços ou pontes seguros e permanentes entre as duas existências, têm ainda que ser descobertos ou construídos, vigiados continuamente e regularmente servidos. Daí as perguntas: de onde venho, o que devo fazer da minha vida e o que acontece após a morte? Perguntas "antiqüíssimas" e "fundamentais", como diz John Carroll na sua mais recente investigação sobre a condição humana.[17] Podemos dizer que são literalmente fundamentais, no sentido não metafórico, primordial, de serem "básicas" – elementos constitucionais da vida especificamente humana, que estabelecem o modo humano de "ser (estar) no mundo", diferente de todas as demais variedades temporárias e transitórias de existência orgânica.

Com efeito, a cultura – atividade contínua de traçar limites e construir pontes, separar e unir, distinguir ou conectar com a "natureza" (isto é, o resto do mundo que não tem como fatores os seres humanos pensantes e atuantes) – sempre foi e sempre será a atividade de dar respostas confiáveis às três perguntas referidas, que compõem um grande mistério: se é temporária a minha presença no mundo, por que estou aqui e com que propósito (se é que existe algum)? Foi essa charada que estimulou todo tipo de homens à ação frenética, muitas vezes tresloucada, que em fins do século XVIII recebeu o nome de cultura; e foi esse enigma que fez da cultura, com sua densa rede de explicações e consolos, o valor supremo, o *sine qua non*, para as criaturas conscientes de sua mortalidade.

A inventiva cultural humana utilizou, de forma intermitente ou concomitante, uma série de estratégias para tentar decifrar o enigma ou dar a impressão de que ele foi decifrado e assim tornar suportável a vida à sombra da morte.

A estratégia mais óbvia era, para usar a terminologia predileta de Cornelius Castoriadis, gritantemente *heteronômica*. Apresentava o mundo temporal como um mero átimo na eternidade infinita, uma pousada em que se passa a noite em preparação para a verdadeira viagem que é a vida eterna. Nem o tempo da chegada nem o tempo da partida são escolhidos pelo viajante; ninguém veio ao mundo por vontade própria e partirá quando chegar a hora, também sem escolha. A escala de chegada e partida não é feita pelo viajante e não há nada que possa fazer para mudá-la; e a ordem de coisas na qual os passageiros, esses peregrinos da vida, não têm voz na montagem das escalas também não é de feitura humana. O âmago da questão, porém, é que a vida, embora transitória, tem grande importância para a existência eterna que vem *após* a morte. Muitas coisas na vida podem parecer estranhas, odiosas, mesmo absolutamente repulsivas – mas as coisas não são necessariamente o que parecem ser para aqueles que têm o olhar e o pensamento encerrados nas lidas terrestres; a felicidade aqui parece ser retribuída com o sofrimento eterno, ao passo que a miséria no mundo transitório pode ser recompensada com a glória eterna. Devemos seguir os fatos sem tentar penetrar o seu significado ou os desígnios que fazem deles o que são.

A estratégia heterônoma tinha inúmeras vantagens. Por isso talvez tenha prevalecido entre as formas de vida humanas. Afinal, "joga com os componentes essenciais da psique humana".[18] Primeiro, tira o veneno do aguilhão: a morte não é culpa do moribundo, assim como o nascimento não foi mérito da pessoa. Pois não temos responsabilidade pessoal nem pelo começo nem pelo fim e, assim, não precisamos nos atormentar por recusá-la. Em segundo lugar, troca a pesada obrigação de optar pelo comando menos desgastante de seguir a norma. E, terceiro, sendo por definição impermeável a todos os testes e experimentações, não se pode provar que a solução heterônoma é falsa ou equivocada – de modo que seus preceitos desencorajam de antemão qualquer exame mais atento, afastam ou rejeitam futuras dúvidas e absolvem de culpa quem acredita nas coisas. Mais que qualquer outra alternativa pensável, a estratégia heterônoma se fortalece contra qualquer desmascaramento e ridicularização: só ela chega a ser quase segura e à prova de crítica.

Outra estratégia combina a heteronomia com a autonomia; de modo meio desajeitado, pode ser definida como uma estratégia heteroautônoma. Sua época surgiu com o advento da modernidade, quando as garantias oferecidas pela estratégia puramente heterônoma, na maioria dos casos institucionalizada sob forma religiosa, começaram a balançar e ranger de modo cada vez mais estridente com a experiência de uma vida volúvel, volátil, num mundo igualmente volátil e volúvel. O apelo aos poderes indomáveis do Alto e a seus vereditos sem apelação tiravam muito de sua força persuasiva de uma existência aparentemente estagnada, repetitiva e monótona – esse tipo de vida combinava bem com a idéia de uma ordem preestabelecida de coisas em que dificilmente se poderia acreditar no instável e tempestuoso mundo moderno (isto é, um mundo continuamente "modernizante", mutável, que apagava rastos enquanto estabelecia o novo curso à frente). As normas herdadas ou aprendidas já não bastavam e a crescente defasagem entre, de um lado, o conhecimento revelado ou qualquer outra modalidade de saber existente e, de outro, a complexidade de situações sem precedentes e desconhecidas só podia ser superada por opções humanas – lances arriscados, perigosos mesmo, decisões tomadas com conhecimento incompleto e sem certeza plena das conseqüências.

Tais foram as condições que tornaram quase inevitável a passagem de uma estratégia heterônoma a outra heteroautônoma. A nova estratégia mostrou-se, porém, muito menos monolítica e coesa que a precedente.

A nova estratégia moderna era heterônoma: como a sua antecessora pré-moderna, baseava-se na inclusão predeterminada de cada vida individual transitória numa cadeia de ser que existia antes dela e sobreviveria a ela. Essas totalidades mais amplas e duradouras dos tempos modernos raramente podiam reivindicar uma sanção divina, supra-humana; isso, no entanto, pouco importava no tocante ao exasperante enigma da chegada a este mundo e saída dele, uma vez que uma solução sensata para o mistério que desse sentido à vida individual ainda não dependia daqueles que podiam ser perturbados por essas questões e estreitava consideravelmente os limites de suas escolhas individuais e, portanto, de suas responsabilidades. Como no caso da estratégia pré-moderna puramente heterônoma, não restava muito ao indivíduo senão abraçar e aceitar o destino e seguir uma vida transitória que em suas linhas gerais era de fato predestinada pela inclusão numa totalidade duradoura. E no entanto a estratégia moderna era, simultaneamente, autônoma – uma vez que também salientava a origem humana das totalidades em questão, além de ressaltar bem a mútua dependência entre o itinerário de vida escolhido por cada participante da totalidade e a duração desta. O destino não escolhido cancelava a absurda brevidade da vida individual e ligava-a à eternidade; mas era a aceitação consciente e ávida desse destino por cada indivíduo e, subseqüentemente, a vontade e zelo individuais em seguir suas conseqüências que sustentavam essa ligação e tornavam efetiva a transcendência da morte individual.

Com toda a sua heteronomia residual, a nova estratégia colocava o indivíduo como um agente, um agente aliás crucial. A participação numa totalidade duradoura, não a circunstância da escolha pessoal, era considerada o que dava sentido à vida individual de outro modo breve e sem sentido, embora a determinação fosse incompleta sem o devido esforço dos próprios indivíduos; mas agora era tarefa do indivíduo dar a sua vida uma trajetória que tornasse a totalidade realmente duradoura e portanto capaz de desempenhar sua função criadora de sentido. Aumentou assim radicalmente a importância dada às ações individuais, à adoção de um itinerário preestabelecido e à conformidade às regras de vida por ele definidas; já não era mais uma questão de recompensa ou punição póstuma, de condenação ou redenção, mas a condição para avaliar a própria chance de transcendência de outro modo negada, a garantia de uma vida com sentido e gratificante, em vez de uma vida vazia e sem sentido.

Das totalidades que se encaixavam bem nessa estratégia, duas se destacavam: a nação e a família.

Como poucos outros inventos modernos, a imagem da nação combinou claramente necessidade e opção, ser e fazer, imortalidade e vida mortal, duração e transitoriedade. Como insistiram os mais sinceros pregadores do nacionalismo moderno, entre os quais Fichte e Barrès, a vida de um alemão extrai seu sentido da sua germanidade, assim como a vida de um francês tem sentido graças à sua francesice. O sentido é a chance preconcedida a todo aquele que nasce alemão ou francês, mas ainda precisa ser gratamente abraçada, acalentada, celebrada e amorosamente cultivada, uma vez que extrai sua seiva vital, sua capacidade de regeneração do fato de ser repetida e maciçamente abraçada, acalentada e cultivada geração após geração. *Ser* alemão significa *tornar-se* alemão e *agir* em conformidade com a natureza da germanidade; ser francês significa tornar-se francês e comportar-se à maneira francesa. A transcendência e a duração unem-se dessa forma. O absurdo da mortalidade individual não assombra mais, graças à imortalidade da nação para a qual contribuem todas as vidas mortais. A imortalidade herdada da nacionalidade dá sentido à vida mortal, mas a perpetuação dessa imortalidade dá aos atos mortais um valor de transcendência acrescido. É a nacionalidade que oferece aos seres mortais a oportunidade de sobreviver à sua morte individual e entrar na eternidade, mas não há outra maneira de aproveitar essa oportunidade senão dedicando a própria vida à sobrevivência e bem-estar da nação.

Podemos supor que o ímpeto de construção da nação, o esforço para mesclar e fundir as comunidades e tradições de base local e acesso imediato em entidades imaginadas mais amplas, distantes e supralocais, esforço que marcou os tempos modernos, teve entre suas causas mais importantes a urgente necessidade de substituir a então ultrapassada e impotente variedade pré-moderna de estratégia heterônoma por uma nova, mais adequada às condições modernas e mais afinada com o espírito moderno. Como totalidades abstratas – imaginadas – as nações adaptam-se bem ao modelo: sua imagem pairou bem acima do mundo da experiência imediata, pessoal, cara a cara, de modo que podia haver pouca dúvida quanto a sua natureza supra-individual. Contra a mortalidade dos seus integrantes individuais, a imagem das nações podia recorrer à perpetuidade atemporal dos símbolos.

Como remédio preventivo para a devastação física que a consciência da mortalidade estava fadada a perpetrar, a nacionalidade tinha a importante vantagem de ser acessível a todo e qualquer indivíduo; não eram exigidos talentos especiais, esforços extraordinários, largueza de visão ou poder mental – os recursos mais comuns ordinariamente disponíveis a qualquer ser humano bastariam. A imortalidade através da nacionalidade caía na medida exata da gente comum, não de heróis ou personalidades excepcionais, notáveis, diferentes e altaneiras. Para fazer efeito, o remédio precisava de conformidade, não de audácia; de adesão aos padrões, não de sua ruptura; de observação dos limites, não da abertura de novos caminhos. Era, portanto, um remédio popular e populista para uso comum, repetido e contínuo. A mesma vantagem privilegiava outra totalidade focal da moderna estratégia heteroautônoma: a família.

A família utiliza ainda mais claramente do que a nação jamais usou a dialética tipicamente moderna entre transitoriedade e durabilidade, entre a mortalidade individual e a imortalidade coletiva. É na instituição da família que todos os aspectos assombrosamente contraditórios da existência humana – mortalidade e imortalidade, fazer e sofrer, determinar e ser determinado, ser criado e criar – se encontram de maneira mais viva e entram num jogo interminável de mútua sustentação e fortalecimento. Todo mundo nasce numa família e todo mundo pode (deveria e é chamado a) participar do surgimento de uma família. A família de que somos frutos e a família que criamos são elos numa longa cadeia de parentescos/afinidades que precede o nascimento e sobreviverá à morte de todo indivíduo nela incluído; mas para durar ela precisa da zelosa contribuição de cada um. Na família, o drama da imortalidade constituído pelos feitos dos mortais é encenado para todos assistirem e representarem.

A explicação comum para a atenção dada modernamente à paternidade e à maternidade, à filiação e à continuidade da família, baseada em considerações econômicas e particularmente em questões de herança, parece longe do alvo – ou, de qualquer forma, é apenas parte da história. Quando nada, o oposto é que é verdade: foi sobretudo na sociedade pré-moderna e pré-capitalista que a riqueza e os privilégios e direitos proporcionados pela riqueza constituíram antes de mais nada uma questão de família e de herança. Investigar pedigris, dar grande importância a laços de sangue e observar relações de parentesco era então a preocupação máxima da aristocracia e dos extratos superiores das classes mercantis – únicas categorias sociais que ligavam a própria transcendência temporal à hereditariedade. Com o advento da modernidade, o papel central da família na vida individual foi, por assim dizer, democratizado: tornou-se um preceito cultural para todos os indivíduos, independente da presença ou ausência de uma fortuna de família a ser transmitida às futuras gerações. As preocupações econômicas não podiam ter grande importância nessa mudança fundamental, pois nunca ocorreu paralelamente uma democratização da riqueza familiar.

Alguma outra coisa deve explicar a nova importância adquirida pela família e particularmente a difusão a todas as classes sociais modernas de constructos culturais de fidelidade conjugal, de amor paterno e materno e cuidados com as crianças (a própria infância vista como um período particularmente vulnerável que requer atenção). Essa outra coisa foi, com toda a probabilidade, o novo papel que coube à família face à evidente falência dos meios pré-modernos de investir a vida mortal de significado imortal. Com as outras pontes para a eternidade se desgastando e caindo em desuso, era a vez da família suportar a carga que nunca se esperou que levasse. Agora era fundamentalmente pela "criação de uma família" que o indivíduo – vindo ao mundo graças a outros que antes dele tomaram decisão semelhante – podia seriamente contemplar a possibilidade de deixar sua marca no mundo que sobreviveria a sua partida.

Tanto a nação como a família são soluções *coletivas* para os tormentos da mortalidade *individual*. As duas transmitem mensagem semelhante: minha vida, ainda que curta, não foi inútil ou sem sentido se modestamente contribuiu para a durabilidade de uma entidade maior do que eu (ou que qualquer outro indivíduo como eu), uma entidade anterior à minha vida e que sobreviverá a mim, por mais que eu viva; é essa contribuição que confere um papel imortal à vida mortal. Dada a mensagem, parece menos sinistra a questão do que acontece após a *minha* morte: eu morrerei, mas minha nação, minha família vão permanecer – e permanecerão em parte porque dei a minha contribuição. Em vez de aceitar a provação da minha mortalidade resignadamente, fiz algo (e não apenas algo, mas algo que realmente conta) para me elevar acima dela. Fiz da minha própria mortalidade individual um instrumento de imortalidade coletiva. Quando morrer, deixarei algo que será a sobrevivência (quem sabe talvez mesmo uma autêntica e eterna permanência) de algo maior e mais importante que minha própria existência fugaz.

A estratégia heteroautônoma esvaziou de seus efeitos potencialmente devastadores a consciência da própria mortalidade, ao transpor o sentido da vida para coletividades que se auguravam imortais e unir as vidas mortais dos indivíduos na obra coletiva de produção da imortalidade. Poupou ao indivíduo a agonia de enfrentar o absurdo de uma vida inerentemente vulnerável que era a vida para a morte. A preocupação compensatória com a segurança do grupo permitiu que a assustadora verdade da existência irremediavelmente frágil e insegura do indivíduo fosse atenuada, para não dizer negada, e limitado, senão completamente eliminado, o dano que poderia causar. Os medos gerados pela consciência da morte pessoal foram canalizados, pelo menos em parte, para preocupações com a segurança existencial de totalidades mais amplas, das quais derivava o sentido da vida pessoal, breve e frágil como era – totalidades, porém, que tinham, ao contrário dos indivíduos mortais, uma autêntica chance de derrotar a morte.

São essas totalidades, no entanto, que agora se esboroam aos poucos mas incessantemente e parecem tudo menos seguras, quanto mais fadadas à imortalidade, e que por isso perdem muito do – senão todo o – poder de dar sentido à vida.

No início, a modernidade despojou a morte de seu sentido transcendental (e heterônomo). Na evolução para o estágio atual, no entanto, despojou-a também de seu sentido comunal (assim solapando a viabilidade da estratégia heteroautônoma). Segundo Durkheim, desde o início Deus não foi muito mais que comunidade disfarçada; mas hoje a comunidade – grande ou pequena, imaginária ou concreta – é fraca demais para se fazer de Deus. Vulnerável, instável e gritantemente efêmera, ela não pode reivindicar eternidade com credibilidade alguma. Só agora a morte começa a se tornar plena e verdadeiramente sem sentido. Como observou Robert Johnson, a morte é considerada simplesmente o fim da vida individual tal como a conhecemos. Alguns líderes religiosos admitem isso de modo cabal: "O morto está morto", disse o rabino Terry Bard, diretor pastoral do Hospital Beth Israel, de Boston.[19] *O estrangeiro* de Albert Camus teve uma premonição desse dilema e de tudo que acarreta. Ele sabia que em última análise estamos todos sós neste mundo e que a vida – a vida como um todo, sem escapar coisa alguma – termina com a morte; nada restou, hoje, entre o indivíduo mortal e a "benigna indiferença do universo".[20] As pontes coletivamente erigidas entre a transitoriedade e a eternidade se degradaram e o indivíduo foi deixado cara a cara com a própria insegurança existencial, pura e intacta. Agora espera-se que ele ou ela enfrente sozinho(a) as conseqüências.

Não adianta procurar "totalidades maiores que as somas das partes" em busca de apoio e socorro – as totalidades outrora férreas parecem hoje tão inseguras e fadadas à morte quanto as vidas individuais. Elas vão e vêm e, quando presentes, nunca parecem estáveis; são inseguras de si mesmas, incertas dos méritos da própria condição, ignoram o futuro e não têm confiança. Parecem contar o tempo em dias, não em anos, e trazer colados no alto avisos sobre o prazo de validade e outros como "impróprio para congelamento doméstico". Com toda certeza, não são o tipo de coisa de que se poderia extrair a idéia do ser eterno...

As nações já não estão seguras no abrigo que foi a soberania política do Estado, outrora tida como garantia de vida perpétua. A soberania já não é o que costumava ser; a base de auto-suficiência econômica, militar e cultural e de quase autarquia em que se apoiava foi paulatina e completamente destruída; a soberania anda de muletas – coxa e vacilante, cambaleando de um teste de aptidão frustrado para outro. As autoridades do Estado nem mesmo fingem que são capazes de ou desejam garantir a segurança dos que estão sob sua responsabilidade; políticos de todas as colorações deixam claro que, dada a severa exigência de competitividade, eficiência e flexibilidade, já "não podemos nos permitir" redes de segurança coletiva. Os políticos prometem modernizar as estruturas seculares de vida dos seus súditos, mas as promessas são presságio de mais incerteza, mais insegurança e menos garantia contra os caprichos do destino.

Como resumiu recentemente Eric Hobsbawm os resultados globais dos processos instáveis e assíncronos de globalização, "a estrutura básica da economia global está cada vez mais separada da, e ultrapassa, a estrutura política do mundo". As repercussões do potencial de construção de identidade dos Estados-nação são esmagadoras: "[A]o contrário do Estado, com seu território e poder, outros elementos da 'nação' podem ser e facilmente são sobrepujados pelo globalismo da economia. Etnia e língua são obviamente dois desses elementos. Tire o poder estatal, a força coerciva, e fica clara a insignificância relativa deles."[21]

Quanto mais insustentável o Estado, mais seus porta-vozes expressam a necessidade de autoconfiança, de contar apenas com os próprios recursos, de fazer o próprio balanço de perdas e ganhos – em suma, de se apoiar nas próprias pernas. Como disse Bernard Cassen comentando as idéias de Pierre-André Taguieff, o brutal esfacelamento das solidariedades sociais e, conseqüentemente, das "estruturas de eternidade" que se estendem "para além da vida individual" deixou "o indivíduo isolado no medo do próprio e irremediável desaparecimento".[22] Em algum ponto do trajeto para o livre comércio global, a função doadora de sentido da comunidade nacional se perdeu e os indivíduos foram abandonados para lamber as próprias feridas e exorcizar seus medos em solidão e reclusão.

A família, hoje em dia, não se encontra em melhor estado – ela parece tudo, menos um paraíso seguro e duradouro onde se possa lançar a âncora da própria existência vulnerável e sabidamente transitória. Tão fácil de terminar quanto de começar e tão fácil de desmantelar quanto de montar, já não se pode esperar que a família dure mais do que aqueles que a criam no mundo. A ponte para a eternidade é tão frágil e esboroável quanto as pessoas que a utilizam – talvez ainda mais efêmera que a passagem delas. Libertada da sua função reprodutiva, a união sexual parece menos a porta natural para a perpetuidade, um instrumento de construção da comunidade e uma saída para a solidão, do que uma breve sensação a mais que pretende ser consumida instantaneamente junto com outras sensações nos episódios sucessivos em que se divide a vida do solitário colecionador de sensações. Desde tenra infância os indivíduos aprendem – experiência amplamente partilhada – que tudo conspira contra a possibilidade de a família sobreviver a eles mesmos. Uma família projetada para durar tanto quanto (e não mais que) a satisfação de ambos os cônjuges dificilmente pode ser encarada seriamente como estratagema para sobrepujar o poder cruel e assustador da mortalidade pessoal.

Não que os solitários opcionais, modernos ou pós-modernos, tenham perdido o entusiasmo por qualquer coisa que dure mais que a satisfação pessoal; antes, é que os solitários por fatalidade, modernos ou pós-modernos, podem encontrar no mundo que exploram poucos elementos para tornar suas paixões realistas e seus esforços dignos de crédito, além de poucos abrigos seguros, se é que algum, em que a confiança na longevidade possa ser guardada e preservada. Mas seja opção ou provação indesejada e não escolhida, os efeitos para a estratégia de vida pessoal moderna ou pós-moderna são grandemente os mesmos. Como disse recentemente John Carroll, referindo-se à famosa máxima de Jung segundo a qual, depois de mortos, os deuses tendem a renascer como doenças:

> os indivíduos incrédulos, para dar sentido ao que fazem e ao que vivem, vêem-se capturados em compulsões, depressões e ansiedades absorventes – psicopatologia como forma moderna da doença. Na

verdade, o próprio termo "psico-patologia" significa, em grego, sofrimento da alma, mas o uso moderno trocou alma por personalidade, ego na verdade.

Notemos que se "ego" tem um significado diferente daquele que "alma" outrora conotava, é pela recusa firme e cabal do "ego" a ser colocado em moldura maior que a duração da vida individual – decisão a que a "alma" por vezes resistia com êxito. A "alma" caiu em desuso precisamente porque teimosa se apegava aos resquícios de sua antiqüíssima ligação à eternidade e, apesar de toda a reciclagem secular, não podia ser efetivamente libertada de suas antigas ligações. Ao contrário da "alma", desde o início o "ego" devia adaptar-se à condição moderna, na qual não se admitia qualquer heteronomia se não conjurada por meios autônomos, isto é, meios de opção humanos. Como as almas pias caíram em desuso, seguidas intermitentemente pelas almas dos patriotas e dos pais de família, só o ego ficou, abandonado e solitário, no campo de batalha, agora obrigado a usar suas pobres armas, extremamente inadequadas ao contínuo combate com o absurdo da vida transitória num universo eterno. O resultado, para citar mais uma vez Carroll, é "o corte rancoroso", o "egoísmo, inquieto e inseguro" – "se não temos o alimento pelo qual realmente ansiamos, o alimento espiritual, então acumularemos os bens deste mundo em vasta escala".[23]

Proponho que a obsessiva preocupação atual com o corpo, com a boa condição física, com a capacidade de defesa corporal, com a *segurança* – preocupações intimamente entrelaçadas a uma vigilância igualmente obsessiva contra ameaças maldosas, efetivas ou supostas, ou tramas conspiratórias contra a segurança – reflete o recuo das duas estratégias anteriormente dominantes para lidar com a consciência humaníssima da morte (as estratégias heterônoma e heteroautônoma) e o avanço da única estratégia que restou (a puramente autônoma). "Autônoma" significa, nesse caso, contida e centrada, uma estratégia que não requer outros recursos além daqueles de que o ego tem a posse efetiva ou potencial e sob o controle efetivo ou potencial do ego e que não estabelece seus objetivos para além dos limites do ego, do seu imediato *Lebensraum* [espaço vital] e de sua duração de vida.

Quando as perspectivas de construir uma comunidade realmente duradoura e extratemporal se enfraquecem e tornam-se cada vez mais nebulosas, as reservas hoje inúteis de irrequieta energia geradas pela insegurança inerente à existência humana são transferidas para o domínio espacial e temporal do eu. Ao contrário de suas alternativas, a estratégia autônoma não lida realmente com a imortalidade, exceto a "experiência da imortalidade" (afinada com os folhetos de propaganda dos parques temáticos) que visa ao consumo imediato, instantâneo. Tem mais a ver com eliminar completamente da política da vida as preocupações com a imortalidade e, conseqüentemente, com exorcizar seu espectro do reino das preocupações corretas e apropriadas. Essa estratégia não visa a transcender os limites mortais do eu nem a construir pontes entre a vida mortal e o universo eterno. Visa a tirar do peito essa tarefa aflitiva e aterradora, de modo que todos os recursos materiais e energia mental possam ser utilizados no esforço de tornar a vida mais ampla: não ampliando os seus limites temporais, mas dotando-a mais densamente de bens, quinquilharias, artefatos e curiosidades.

Espera-se, no entanto, embora mais implícita que explicitamente, retirar da agenda da vida a inevitabilidade da morte. Como observou Theodor Adorno, "[o terror] ante o abismo do eu é removido pela consciência de não estar ligado a nada muito diferente da artrite ou da sinusite".[24] Ocupados como estamos em combater ou manter à distância uma sempre crescente variedade de alimentos venenosos, de substâncias que engordam, de emanações cancerígenas, de estilos de vida prejudiciais à saúde e uma miríade de aflições que ameaçam a boa forma física, sobra pouco tempo (e esperamos que na verdade não sobre nenhum) para ficar remoendo sobre a futilidade disso tudo. Os médicos proclamam com orgulho que cada vez menos gente "morre de causas naturais": assoma ao longe, no horizonte da estratégia autônoma, a visão de uma vida que só chegaria ao fim pela negligência do dever pessoal, de modo que uma vida controlada e equilibrada, centrada firmemente no cuidado com o corpo, poderia tornar-se de fato uma fonte adequada e suficiente de sentido para a existência. Quando há tantos meios a observar, quem vai perder tempo se preocupando com os fins?

Decca Aitkenhead diz que "6 mil Vigilantes do Peso reúnem-se semanalmente na Grã-Bretanha e outros milhares em diferentes clubes". Tendo descoberto que dar ao espírito da época um "pequeno aumento de peso é a coisa mais importante que pode acontecer a qualquer um" (a estrela de *Titanic*, Kate Winsler, foi servida aos leitores dos tablóides sensacionalistas britânicos não tanto por sua brilhante atuação no filme mas pela imperdoável falta de cuidado pessoal que resultou no "acúmulo de uns quilinhos"), Aitkenhead resolveu verificar por si mesma o que fazem as Vigilantes do Peso nas suas reuniões semanais. Eis o que descobriu:

> A líder conta sua história. Ficamos sabendo que a gorduchinha da foto no quadro de avisos era ela! Incrível! E todas nós podemos conseguir a mesma transformação. A mulher continua indo ali toda semana, lutando para perder um último quilinho, embora já tenha perdido 10 e meio! Continua na batalha! Nossa Líder diz isso maravilhada. Ela sabe como é, passou por tudo isso Vamos enfrentar muito "auto-exame", mas "viveremos pela balança" e cada polegada que perdermos será o "paraíso".... [Das vigilantes do peso, com ou sem caixa alta] poucas estão muito acima do peso, mas se tiranizam com a exaustiva fantasia de ter dois quilinhos a menos e acabam complicando vidas que de outro modo seriam interessantes.

Aitkenhead conclui, sombria:

> Enquanto as Novas Feministas da mídia exultam com o "direito" de ter uma aparência adorável, os salões paroquiais e escolas primárias em todo o país estão cheios de mulheres cujo principal senso de identidade está numa batalha que não acreditam jamais poder vencer.

Observa então Aitkenhead: "O que nenhuma delas pede é uma solução simples – que paremos de nos preocupar com isso."[25] Essa observação é uma surpresa. Depois de dar tanta atenção ao problema, Aitkenhead deveria perceber que "parar de se preocupar" é tudo, menos uma solução "simples": toda a questão envolvendo gramas e polegadas é que temos que nos preocupar... Temos que ter *algo* com que nos preocupar e não *qualquer* coisa mas algo identificável e palpável – algo que possamos ao menos imaginar estar ao nosso alcance e dentro do nosso poder, algo "sobre o qual possamos fazer algo".

Na sua forma pura e bruta, o medo existencial que nos torna ansiosos e preocupados é incontrolável, intratável e portanto incapacitante. A única maneira de suprimir essa verdade horripilante é dividir o grande medo esmagador em pedacinhos menores e controláveis – reformular a grande questão (sobre a qual nada podemos fazer) num conjunto de pequenas tarefas "práticas" que podemos esperar realizar. Nada acalma mais o ser pavoroso que não conseguimos erradicar do que se preocupar e "fazer algo" a respeito do problema que podemos enfrentar. Considerando tal necessidade, a gordura parece mais uma mania coletiva, uma dádiva divina. Pode ser uma ilusão (e é: nenhum acúmulo de gramas e polegadas perdidas jamais vai preencher o abismo), mas enquanto pudermos nos iludir podemos pelo menos continuar vivendo – e vivendo com um propósito, vivendo portanto uma vida com sentido.

A gordura é apenas uma questão da grande família das "tarefas práticas" que o eu órfão pode estabelecer para si mesmo apenas para afundar e afogar o horror da solidão no mar das pequenas mas absorventes preocupações que consomem o nosso tempo e a nossa mente. Mas é um espécime bem escolhido, colocando em relevo todos os aspectos mais importantes de toda a família. Está concentrada no corpo; embora não exatamente no alvo, pelo menos chega perto; é afinal a mortalidade do *corpo*, sua inquieta e irrefreável descida ao nada, que alimenta o horror existencial que jaz na base de todas as preocupações obsessivas com a segurança pessoal. A preocupação com a integridade e a boa forma físicas é o único denominador comum de todas essas obsessões, por mais diversas que possam de outro modo parecer. Tal preocupação vê o mundo, incluindo as pessoas que o habitam, como fonte de perigos vagos e muitas vezes indescritíveis, porém ubíquos. Como o perigo maior é a morte – e está, assim, fora de alcance – é saudável condensar o medo ambiente numa parte do mundo ou numa categoria de pessoas facilmente reconhecível, nomeada e localizada. O problema é que atingir qualquer dos alvos alternativos ou deslocados produz no máximo apenas um consolo temporário. Nenhum pode de fato estar à altura da magnitude da principal causa de horror e em geral os golpes que visam a alvos alternativos erram bastante o alvo no que toca à verdadeira causa do terror. Há portanto uma demanda inexaurível de preocupações alternativas sempre novas, ainda não desacreditadas porque não experimentadas. Todas devem estar, no entanto, ligadas à "defesa do corpo".

Em toda guerra combate-se o inimigo que está fora e os agentes inimigos implantados ou infiltrados por trás do *front*. A gordura pertence a essa segunda categoria. A gordura é, para o indivíduo entrincheirado, o que a quinta coluna de espiões, subversivos, companheiros de viagem e sabotadores foram para as nações em pé de guerra: um corpo essencialmente estranho a trabalhar dentro da fortaleza sitiada a mando e a favor do inimigo situado fora das muralhas. A gordura está *no* mas não é *do* corpo; como os estranhos inimigos, tem que ser vigiada com atenção para ser capturada e deportada do corpo, espremida ("lipoaspirada") ou morta à fome.

Sendo a mortalidade inata e inevitável do corpo a verdade que se quer (que se precisa?) manter em segredo, os perigos temidos e combatidos tendem no geral a ser localizados fora do corpo. No entanto, são no máximo críveis quando localizados na interseção do corpo com o resto do mundo – particularmente em torno dos orifícios do corpo, onde têm lugar o tráfego e troca marginais mais intensos e, aliás, inevitáveis. Devemos estar atentos para tudo que acontece dentro do corpo, ter consciência do que comemos, bebemos, inalamos. O destino mortal de todo metabolismo (de novo uma questão grande demais para suportar) é assim levemente disseminado a uma variedade de substâncias ingeridas e toda vez é por ele responsabilizado outro grupo de alimentos encontrados no mercado. Uma vez que nenhuma dieta salva seus praticantes da morte, uma lista de ingredientes proibidos ou combinações deles deve mais cedo ou mais tarde ser trocada por outra – não necessariamente melhor, mas diferente. (A fórmula "novo e melhor" é, psicologicamente falando, pleonástica; "novo" e "melhor" são sinônimos.) O efeito emocionalmente gratificante e aliviante de evitar ingerir as coisas em que se concentram num dado momento os medos pessoais desaparece rapidamente – por isso é improvável que o espaço para mais prescrição de dietas se torne escasso. O mesmo se aplica às prescrições para o adequado e correto regime físico que retire as substâncias nocivas do "sistema" corpóreo. O corpo é visto como infestado por um monte de coisas desnecessárias, indesejadas ou decididamente nocivas; tudo isso deve partilhar o destino da gordura – ser destruído ou expelido. De novo, uma vez que nenhum decreto de deportação pode aproximar mais o objetivo último, o dedo acusador nunca se mantém esticado muito tempo, sempre à procura de novos culpados.

O caso da gordura ilumina também outros aspectos característicos da preocupação obsessiva com o corpo para a qual foram redirecionados os terrores gerados pela privatização da insegurança existencial.

A assembléia das Vigilantes do Peso guarda estranha semelhança com uma comunidade: as integrantes buscam a companhia umas das outras, viajam regularmente para suas reuniões, vão juntas a rituais semanais e sincronizam seus objetivos de vida entre um encontro e outro, dedicando-se em conjunto à implementação do que quer que tenham sido aconselhadas ou doutrinadas a fazer. Todas adotam de boa vontade e com entusiasmo as mesmas normas de comportamento e todas, embora com variado grau de aplicação e sucesso, tentam segui-las ao pé da letra. Mas aí termina a semelhança com a comunidade modelo tal como descrita (ou postulada) pelos sociólogos. A "comunidade" das Vigilantes do Peso limita-se a apenas uma função — à repetição polifônica de preocupações que por sua natureza só podem ser expressas a uma voz solo e que em apenas em solo podem ser encaradas. Essa comunidade não é "maior que a soma das suas partes". Faz pouco mais que juntar, ao alcance dos olhos e ouvidos uns dos outros, certo número de solitárias "solucionadoras de problema" que nada superam da sua solidão ao serem reunidas. Quando nada, saem de suas reuniões com a consciência reforçada da própria solidão, ainda mais convencidas que antes de que o que quer que as perturba é produzido por elas mesmas e de que o que quer que possa ser melhorado na sua dura lida cabe somente a elas. A única mudança produzida na sua provação pelos sortilégios rituais semanais do evangelho comum é que agora sabem que não estão sozinhas na sua solidão, que há outras "pessoas como elas" condenadas a travar batalhas solitárias semelhantes e a depender unicamente da própria vontade, persistência e sagacidade. O que o caso da gordura mostra é que, uma vez privatizada e entregue aos recursos pessoais a tarefa de lidar com a insegurança existencial humana, os medos que cada um sente só podem ser "contados" mas não partilhados ou unidos numa causa comum com a qualidade nova da ação conjunta. Não há um caminho óbvio que leve dos terrores privatizados às causas comuns que podem se beneficiar do confronto e enfrentamento conjunto.

A única forma concebível de comunhão nessas circunstâncias é uma comunidade que se poderia apropriadamente chamar "do gancho": um grupo que se reúne por encontrar um gancho onde pendurar simultaneamente os medos de muitos indivíduos. De tempos em tempos surgem outros ganchos que (ao contrário da "questão dos gordos", francamente sinceros sobre a natureza privada do problema que os reúne) criam uma aparência de causa comum em sentido mais forte, isto é, uma causa que pode efetivamente se fortalecer se todos os que temem o perigo individual se unirem e derem as mãos; a consciência da "força numérica" pode levar, por sua vez, à percepção da causa em questão como relativa ao bem-estar *público*, mais do que um agregado de preocupações privadas em busca de uma válvula comum de escape – saída muito mais confiável e tranqüilizante exatamente por ser utilizada por tantos outros. Entre esses ganchos (disfarçados de escudos e por isso mais tendentes a encobrir os verdadeiros problemas, preocupações, mudanças e transferências psicológicas que os tornam atraentes e a confundir o analista) podemos encontrar casos tão diversos como a perspectiva de reciclar substâncias venenosas no bairro ou a libertação da cadeia de um pedófilo confesso, a tolerância para com os que impõem o tabagismo passivo ou a notícia de que uma faixa de terra ociosa foi destinada à instalação de acampamento de viajantes. As verdadeiras molas da ação nesses casos podem ser mais difíceis de descobrir mas não diferem em essência daquelas que operam em outras comunidades "do gancho" de tipo mais direto. Assim como elas, extraem sua força da oferta de válvulas de escape para o medo e a raiva encurralados que são no máximo apenas indiretamente relacionados à "questão em pauta". Como naqueles casos mais diretos, devido ao seu deslocamento e flagrante desajuste, as "questões em pauta" podem gerar apenas quadros instáveis, efêmeros, em última análise insatisfatórios e frustrantes, que dificilmente lembram uma "comunidade autêntica".

A insegurança privatizada usa muitas máscaras, mas quase nunca revela sua verdadeira face, que – como o rosto da Medusa – só pode ser encarada sob o risco de paralisia.

Medos à solta

Por mais suspeitas e em última análise frustrantes, as traduções comuns dos medos em ações individuais no caso da *insegurança* privatizada são ainda assim superiores a toda e qualquer tradução que se possa conceber no caso da *incerteza* ou da *instabilidade*. Com efeito, parece que os indivíduos, sós ou em conjunto, pouco podem fazer para combater, quanto mais derrotar, as ameaças à segurança de sua condição social ou à certeza sobre suas perspectivas futuras. A localização exata dessas ameaças é esquiva e difícil de fazer; localizações que se podem eventualmente adivinhar permanecem em geral bem longe do alcance dos poderes individuais reais ou imaginários. Tentativas de efetuá-las, se empreendidas, levam o mais das vezes a uma conclusão resignada ou desesperada do tipo "nada posso fazer sobre isso".

Tal conclusão dificilmente seria injustificada. Pouco podem fazer empregados de qualquer nível se a firma que os emprega decide de repente ou sem aviso mudar o negócio para outra região ou iniciar uma nova rodada de "racionalização" através do enxugamento de despesas, redução da força de trabalho, corte de gastos administrativos, venda ou fechamento de unidades não lucrativas. Menos ainda podem fazer os indivíduos para evitar a desvalorização de suas qualificações arduamente conquistadas ou o esgotamento da demanda dessas qualificações no mercado. A idéia de manipular as causas mais profundas de todos esses golpes do destino – como as notoriamente obscuras "forças do mercado", as inescrutáveis "leis da competição", as erráticas e aparentemente inexplicáveis convulsões das bolsas de valores ou as misteriosas "pressões para a globalização" – parece inteiramente fantástica para a esmagadora maioria dos indivíduos afetados. Procurar orientação na astrologia, nas práticas de adivinhação ou no ocultismo, assim como tentar garantir um futuro seguro com a compra de bilhetes de loteria, não parece irracional demais em comparação com outras formas de ações preventivas ou paliativas empreendidas individualmente.

Isso lembra a anedota do bêbado que procurava uma cédula de dinheiro sob um poste de iluminação, não porque a tivesse perdido ali mas porque aquele era o ponto mais iluminado da calçada. Transferir a ansiedade da insegurança e instabilidade globais, suas verdadeiras causas, para o campo da segurança privada é seguir no fundamental a mesma lógica. Ameaças à segurança, reais ou imaginárias, têm a vantagem de serem concretas, visíveis e palpáveis – vantagem que é encimada e reforçada por outra: a da relativa facilidade de confrontá-las e talvez até derrotá-las. Não admira que essa transferência seja tão comum; não admira também que em conseqüência as preocupações populares com a segurança, apelidada "a lei e a ordem", reduzam o interesse popular com os mecanismos produtivos da insegurança e da incerteza e a vontade popular de interromper ou pelo menos refrear sua operação.

O resultado é que testemunhamos hoje uma espécie de "sobrecarga de segurança". O instinto natural de sobrevivência e autodefesa foi carregado de emoções que excedem de muito sua capacidade de carga. Esse instinto está hoje condenado a ingerir, reciclar e eliminar detritos psicologicamente venenosos das batalhas perdidas pela certeza e segurança. Além disso, com o desmantelamento generalizado dos ferros-velhos e usinas de reciclagem coletivas, o trabalho de destinação do lixo recai inteiramente sobre os indivíduos. Quando as coletividades deixam de construir e conservar os muros e fossos de proteção da cidade, cada um dos habitantes tem que freqüentar cursos de caratê. O resultado geral foi bem descrito por Ronald Hitzler:

> Isolar-se, trancar-se, esconder-se são hoje as reações mais comuns ao medo das coisas que se passam "do lado de fora" e que nos ameaçam como uma série de máscaras. Trincos, ferrolhos, diversos sistemas de segurança, alarmes e câmeras de vigilância disseminaram-se das casas de campo das classes abastadas para as áreas de classe média. Viver por trás de um muro de trancas mecânicas ou protegido por muralhas eletrônicas, apitos, *sprays* de pimenta ou gás lacrimogêneo é parte da orientação urbana para a sobrevivência individual.[26]

Os mecanismos por trás da fabricação da incerteza e da insegurança são amplamente globalizados, estando portanto fora do alcance das instituições políticas existentes, notadamente fora do alcance das autoridades estatais eleitas. Como definiu recentemente Manuel Castells,[27] o mundo se une hoje numa série de redes sobrepostas: de bolsas de valores, canais de televisão, computadores e Estados. As redes são locais de "fluxo" – de poder, capital, informação – um processo não mais essencialmente sujeito a coerções espaciais e temporais. A experiência dos usuários da Internet dá a essa definição o arcabouço cognitivo essencial. Vivemos, diz Castells, numa sociedade de classes sem classes, num "cassino eletrônico global" no qual o capital e o poder escapam para o hiperespaço da pura circulação e já não estão incorporados às classes "capitalista" e "dirigente". A política, por outro lado, continua sendo, como antes, um assunto essencialmente local – e uma vez que a linguagem da política é a única em que podemos falar de curas e remédios para as misérias e preocupações comuns, a tendência natural da classe política é buscar explicações e tratamento numa área próxima ao território doméstico da experiência cotidiana.

Há assim uma inclinação bastante compreensível das elites políticas para desviar a causa mais funda de ansiedade – isto é, a experiência da incerteza e insegurança individuais – para a preocupação generalizada com ameaças (já deslocadas) à segurança. Há uma razão pragmática bem convincente que torna esse desvio politicamente (quer dizer, eleitoralmente) atraente. Uma vez que as raízes da insegurança penetram em lugares anônimos, remotos ou inacessíveis, não fica claro de imediato o que os poderes locais e visíveis podem fazer para remediar as atuais aflições. Se dermos mais do que um pensamento passageiro às promessas eleitorais dos políticos de buscar uma vida melhor para todos através de uma maior flexibilidade do mercado de trabalho, de um comércio mais livre, de condições mais atraentes para o capital estrangeiro etc., poderemos vislumbrar, quando nada, os presságios de mais instabilidade e mais incerteza futuras. Mas parece que há uma resposta óbvia e direta para a outra questão, aquela relacionada à segurança *coletiva*. Os poderes estatais locais podem ainda ser usados para fechar as fronteiras aos imigrantes, para endurecer as leis de asilo e residência, para perseguir e deportar estrangeiros indesejados, suspeitos de tendências invejosas condenáveis. Podem exercitar-se no combate aos criminosos, ser "duros com a criminalidade", construir mais prisões, colocar mais policiais nas ruas, tornar mais difícil o perdão aos condenados e mesmo – apelando aos sentimentos populares – seguir o ditado: "pau que nasce torto morre torto".[28]

Para encurtar a história, os governos não podem honestamente prometer aos cidadãos uma existência segura e um futuro garantido; mas podem, por ora, pelo menos eliminar parte da carga de ansiedade acumulada (e até lucrar com isso do ponto de vista eleitoral) demonstrando energia e determinação na guerra contra os estrangeiros à cata de emprego e outros alienígenas arrombadores de portões, intrusos que invadem os quintais nativos outrora limpos, tranqüilos, ordeiros, familiares. Fazê-lo pode ser muito gratificante, um consolo ainda que breve e modesto para a humilhante sensação de impotência face a um mundo antipático, frio, indiferente.

No seu perspicaz estudo sobre a xenofobia dos jovens londrinos, Phil Cohen encontrou entre os entrevistados um certo John que buscava desesperadamente, mas com exemplar determinação, definir uma "britanidade" que o incluísse mas que excluísse uma extensa gama de pessoas de cor cuja exclusão da localidade parecia ao menos factível e, portanto, um objetivo atraente. Cohen explica a determinação pelo fato de que essa "construção faz John sentir-se parte de algo bem maior que ele mesmo e também imensamente forte".[29] Força era uma qualidade muito carente em John, como em muitos outros jovens sem chance de ter uma vida repleta de sentido num mundo inóspito e impenetrável – e que ansiavam ao menos por um lampejo de esperança para tornar suas vulneráveis existências só um pouquinho menos precárias e um tiquinho mais seguras.

Na linguagem dos políticos à cata de votos e que seguem religiosamente as pesquisas de opinião, a complexa e generalizada sensação de *Unsicherheit* se reduz à questão bem mais simples da lei e da ordem (isto é, à segurança física, do corpo, dos bens e propriedades particulares), enquanto esta tende por sua vez a se misturar cada vez mais à problemática presença de minorias étnicas, raciais ou religiosas e, de maneira mais geral, à de estilos de vida estranhos, de qualquer coisa desviante ou meramente "anormal".

O problema, porém, como assinala Antoine Garapon, é que o clima difuso mas generalizado de insegurança e vulnerabilidade que emana desse mundo polifônico, opaco e imprevisível torna simplesmente impossível o mapeamento claro e inequívoco da experiência e a emissão de juízos confiantes; de modo que ele solapa a própria noção de comportamento desviante. Mas "quando o desviante se torna normal, toda normalidade é suspeita de desvio". Do jeito que as coisas estão, pode-se muito bem prenunciar que "o destino do direito penal pós-moderno é a reinstitucionalização da antiga dialética da poluição/purificação, com seus mecanismos sacrificiais auxiliares". Hoje, o crime já não é estigmatizado e condenado como uma ruptura da norma, mas como ameaça à segurança. "A velocidade excessiva, o tabagismo e a delinqüência sexual são vistos da mesma maneira, isto é, em termos de segurança pública". Podemos perceber uma tendência geral de "deslocar todas as questões públicas para a área do direito penal",[30] uma tendência a criminalizar os problemas sociais e particularmente aqueles que consideramos – ou que podem ser construídos como – capazes de afetar a segurança da pessoa, do corpo ou da propriedade.

Reformular as irremediáveis preocupações com a *segurança individual*, plasmando-as em ânsia de combate ao crime efetivo ou potencial e, assim, de defesa da *segurança pública* é um eficiente estratagema político que pode dar belos frutos eleitorais. Para citar apenas um exemplo, uma pesquisa da televisão estatal realizada em outubro de 1997 mostrou que os dinamarqueses estavam mais preocupados com a presença de estrangeiros do que com o aumento do desemprego, a poluição ambiental ou outro problema qualquer.[31] E como noticiou o *International Herald Tribune* de 17 de novembro de 1997, a opinião majoritária encontrava ressonância nos ressentidos forasteiros: Suzanne Lazare, nativa de Trinidad de 22 anos que vivia em Copenhague há 12, disse ao correspondente do jornal que pretendia deixar a Dinamarca. "A opinião deles mudou", disse sobre os dinamarqueses. "Agora olham a gente com arrogância, estão ficando muito frios." E então teve um *insight* perspicaz: "Gozado, também com eles mesmos."

A pacificação do planeta dos homens

Observação sagaz mesmo, essa aí. A frieza com os "forasteiros", estranhos tornando-se vizinhos e vizinhos virando estranhos, é sinal de um esfriamento geral das relações humanas por toda parte. Frias são as pessoas que de há muito esqueceram como pode ser aconchegante a comunhão humana e quanto consolo, conforto, encorajamento e simples prazer se pode obter dividindo a própria sorte e esperanças com os outros – "outros como eu" ou, mais precisamente, outros que são "como eu" exatamente por *dividirem* minha sorte, minhas misérias e sonhos e, mais ainda, por me preocupar com sua sorte, sua miséria e sonhos.

No seu romance *A identidade*, Milan Kundera medita sobre o destino histórico da amizade humana. Antigamente, pondera o herói, ser amigo significava ficar ombro a ombro na batalha, estar pronto a sacrificar o próprio bem-estar, a própria vida se necessário, por uma causa que só é defensável *como* causa comum e em comum. A vida era frágil, cheia de perigos e a amizade podia torná-la mais sólida e um pouco mais segura. As ameaças a qualquer dos amigos podiam ser evitadas, os perigos podiam ser um pouco menos terminais se todos os amigos se dessem as mãos e resistissem juntos à adversidade. Agora, no entanto, não é provável que as ameaças e perigos sejam eliminados ou aliviados pela união dos amigos. São, pura e simplesmente, *ameaças e perigos de tipo diferente* – como se pretendessem atingir cada vítima em separado, cada uma por sua vez, condenada a sofrer sozinha. As misérias pessoais de hoje não são sincronizadas, a catástrofe bate seletivamente à porta de cada um, em dias e horas variados. As visitas aparentemente não têm qualquer relação entre si e os desastres não são malfeitos perpetrados por um inimigo que as vítimas podem nomear, apontar e combater em conjunto. Os golpes do destino são desferidos por forças misteriosas e sem endereço certo que se disfarçam sob nomes curiosos e desnorteantes como mercado financeiro, comércio global, competição, oferta e procura. Que utilidade podem ter os amigos quando se perde o emprego numa fase de "enxugamento" empresarial, quando percebemos a futilidade das habilidades arduamente conquistadas, da vizinhança, da família e da parceria que subitamente desmoronam?

Atualmente os outros só podem reagir de duas maneiras ao tipo de desastre que costumava acontecer às pessoas, diz Kundera. Alguns podem aderir ao clamor público, juntar sua voz ao coro que culpa as vítimas, que ridiculariza e escarnece dos vagabundos que atraíram o azar sobre si, pessoas que a vítima infeliz pode justamente ver como inimigas. Outros podem mostrar compaixão e evitar jogar sal na ferida; esses fingem que nada aconteceu e continuam como antes, embora mesmo assim nada façam para desfazer o dano – aberta ou indiretamente admitindo sua impotência ou com medo de acrescentar insulto à injúria. Os desse tipo – as pessoas discretas, sutis, gentis e polidas – chegam o mais perto possível da idéia de amigos tal como pode ser concebida hoje em dia. A opção agora é entre a malícia e a indiferença. A velha amizade do tipo "um por todos, todos por um" foi simplesmente expulsa do reino do possível. Não admira que as pessoas estejam ficando frias...

Não que tenhamos perdido a humanidade, o encanto e o calor que era fácil de ser alcançado por nossos ancestrais; antes, é que nossas dificuldades são de um tipo que só em raras ocasiões podem ser curadas ou aliviadas pela partilha de sentimentos mesmo os mais calorosos. Os sofrimentos que costumamos experimentar a maioria das vezes não se somam e portanto não unem suas vítimas. Nossos sofrimentos dividem e isolam, nossas misérias nos separam, rasgando o delicado tecido das solidariedades humanas.

Permitam-me repetir o que já foi dito no começo. As dificuldades e sofrimentos contemporâneos são dispersos, espalhados, e assim, igualmente, o desacordo que geram. A dispersão do desacordo, a impossibilidade de condensá-lo e ancorá-lo numa causa comum e de descarregá-lo em um culpado comum apenas torna as dores ainda mais agudas. A individualidade, a "autenticidade do eu", foi um doce sonho e um sinal apontando para metas heróicas numa época em que a impositiva supervisão e onipresente pressão comunitárias para a adaptação e conformação do indivíduo ao grupo simplesmente sufocavam a expressão individual. E tornou-se amarga quando os sonhos se realizaram e o indivíduo – seja em triunfo ou humilhação – foi abandonado à própria sorte no campo de batalha. Tanto as vitórias como as derrotas ficaram amargas, abomináveis e desconcertantes se fadadas à celebração ou deploração por si mesmas.

O mundo contemporâneo é um recipiente cheio até a borda de medo e frustração flutuantes desesperadamente em busca de alguma extravasão que um sofredor possa razoavelmente esperar dividir com outros. A ânsia por esse tipo de extravasão, como lembra Ulrich Beck, "não contradiz a individualização, mas é na verdade produto da individualização que se tornou patológica".[32] A vida pessoal é supersaturada de sombrias apreensões e sinistras premonições, todas sofridas em solidão e tanto mais assustadoras por isso e também por serem evasivas e o mais das vezes indefinidas. Como no caso de outras soluções supersaturadas, basta uma pitada de pó para desencadear uma violenta condensação.

Lembram da versão atualizada de René Girard para o "pecado original" que jaz no berço da comunidade humana? Ela dá certo "sentido" (mas não todo com certeza) ao ressurgimento da hostilidade tribal que de outro modo pareceria intrigante, considerando as verdadeiras causas da ansiedade e medos atuais. Mas devemos ter o cuidado de ir além do ponto aonde a história pode nos levar e assumir que sua evidente capacidade de dar sentido faz dela o único roteiro que essas ansiedades e medos tornam factível e passível de seguir. É bom lembrar que nenhuma das respostas e itinerários resultantes é uma opção predeterminada, que todos não passam de roteiros plausíveis e que a opção entre eles e a maneira de encená-los depende cada vez não apenas dos atores que interpretam os papéis principais mas também da multidão de figurantes anônimos e de operários nos bastidores.

Quanto aos figurantes e operários, não se pode confiar nem a um grupo nem a outro a clara escolha do texto. Partes desconjuntadas, madeira podre e pregos enferrujados que descobrimos em estruturas aparentemente sólidas, rijas, alicerces supostamente firmes como rocha que se desfazem como areia movediça, tudo isso inspira medo. Mas pode também inspirar o riso e, por fim, um profundo suspiro de alívio pelo fato de as adversidades não serem tão poderosas como pareciam e as coisas não serem exatamente produto de uma fatalidade que não deixa às vítimas outra opção senão obedecer. Como colocou Milan Kundera do seu modo inimitável,

> As coisas subitamente despojadas de seu suposto significado e do lugar a elas destinado na chamada ordem das coisas... nos fazem rir. O riso tem algo de malícia (as coisas subitamente resultam diferentes do que se pretendia), mas em certa medida também um alívio beneficente (as coisas são menos pesadas do que pareciam, o que nos deixa mais livres para viver, sem a opressão da sua austera seriedade).[33]

Há um pouco dessa ambivalência em todo riso: um lado mau, por não serem as coisas tão estáveis e confiáveis como pretendem; e um lado bom, por não serem tão duras e sufocantes como parecem. É bom ser mais livre do que se pensava; é ruim ter ouvido vezes sem conta que as pessoas livres não têm ninguém ou coisa alguma a culpar por suas dificuldades além de si mesmas. De fato, dirão, o medo e o riso não se opõem. São ramos que nascem no mesmo caule. E há um laivo de medo em todo riso. Felizmente, há também uma semente de riso em toda explosão de horror.

Como que para tornar a situação ainda mais complexa e confusa, Kundera assinala que há, aliás, dois tipos de riso, mas que é terrivelmente difícil diferenciar um do outro. O anjo, diz ele ("os anjos não são partidários de Deus mas da criação divina", enquanto o diabo "é aquele que recusa conferir qualquer significado racional a esse mundo divinamente criado"), ao ouvir o riso do diabo, "percebeu que devia de algum modo reagir suavemente, mas sentia-se fraco e indefeso. Incapaz de criar algo por conta própria, macaqueou o adversário." Assim, os anjos e o diabo continuaram a emitir sons bem semelhantes, mas que receberam significados opostos e expressavam pensamentos bem diversos: "enquanto o riso do diabo denotava o absurdo das coisas, o anjo ao contrário regozijava-se com a sábia e bem ordenada concepção de tudo neste mundo bom e pleno de sentido".

Qual o resultado de tudo isso?

> [O]s anjos ganharam algo. Pregaram-nos uma peça de impostura semântica. Sua imitação do riso e o riso original (do diabo) recebem o mesmo nome. Hoje em dia nem sequer desconfiamos que a mesma

utilização externa serve a duas atitudes interiores absolutamente opostas. Há dois risos e não temos palavras para distingui-los.

Permitam acrescentar que há em nós um anjo e um demônio. Aliás, imaginamos o diabo e os anjos responsáveis por sentimentos tão diferentes que é difícil acreditar que eles nascem no mesmo coração e reagem à mesma experiência. Ouvimos os dois risos quando alguém ri se ouvirmos atentamente – mas raramente o fazemos. É por isso que a "impostura semântica", na maioria dos casos, funciona tão bem.

2 • Em busca dos meios de ação

Ken Hirschkop esclarece em penetrante estudo da concepção de carnaval de Mikhail Bakhtin a íntima ligação que este supõe entre o medo e o poder. Bakhtin divisou o medo no berço do poder. O que descobriu na origem do poder foi um *medo cósmico*, semelhante ao medo "tremendo" de Rudolph Otto e, em parte, ao medo "sublime" de Kant:

> medo diante do incomensuravelmente grande e poderoso, face ao céu estrelado, o mar ou um maciço montanhoso, medo ante as reviravoltas cósmicas e catástrofes naturais das mitologias antigas, ante as cosmogonias e sistemas visuais, medo das próprias línguas e formas de pensamento que elas implicam... Esse medo cósmico, estritamente não místico no fundamental (antes um medo do que é grande do ponto de vista material e face a um poder materialmente indefinível), é usado por todos os sistemas religiosos para suprimir a pessoa e sua consciência.[1]

Esse medo cósmico – sublime – era para Bakhtin o protótipo do poder mundano e terrestre, que no entanto refunde seu protótipo primordial como *medo oficial*, medo do poder humano mas não inteiramente humano, poder construído pelo homem mas que excede a capacidade humana de resistência.

Podemos acrescentar que, ao contrário do protótipo cósmico, o medo oficial tinha que ser, como era de fato, *fabricado* – concebido e produzido "sob medida": precisava de réplicas humanas para o céu estrelado e os maciços montanhosos; como estes, era distante e inacessível, mas, ao contrário do firmamento e das cordilheiras, enviava uma mensagem clara e inequívoca aos mortais. Nas leis trazidas por Moisés ao povo de Israel ecoavam os trovões que rolavam no alto do monte Sinai. Mas as leis manifestavam clara e abertamente o que os trovões apenas obscuramente insinuavam. Elas davam respostas para fazer cessar as perguntas. Com a ameaça do desconhecido invocou-se a obediência aos mandamentos. O poder mundano transformou o medo primitivo em horror do desvio à norma.

No seu avatar oficial, o medo cósmico era agora *mediado*. Não se abrandou com isso – foi apenas domado, domesticado. Outrora pairando livre e agourento bem acima deste nosso vale de lágrimas, ele agora se instalava entre seus habitantes. Ganhou endereço terrestre, embora isso não o tornasse mais acessível: a nova residência podia ser no alto da colina e não mais no céu, mas o acesso era severamente vigiado.

Medo e riso

Diferentemente dos poderes cósmicos, suas réplicas mundanas *falavam* – e de modo a serem *ouvidas* e *obedecidas*. Isso, de certa forma, era tranqüilizador: os mortais agora sabiam, ou achavam que sabiam, como aplacar a ira dos altos poderes e, portanto, como aliviar seu próprio medo. Oferecia-se um acordo, uma troca fácil de aceitar: noites calmas compensariam a dócil obediência diurna. Podíamos agora trilhar o palco dizendo as falas que o drama da vida impusesse – enquanto seguíssemos o roteiro ao pé da letra, teríamos certeza de que os poderes aterradores estariam cochilando nos bastidores.

O "momento constitutivo" de todos os poderes terrenos é, segundo Bakhtin, "a violência, a supressão, a falsidade, a agitação e o medo dos submetidos". Esse, a seu ver, é "o crime extrajudicial de todo poder". Sobre o que comenta Hirschkop: a "essência do medo político é o senso de suprema vulnerabilidade ao outro, mais do que a preocupação com uma ameaça de perigo específica". Também nisso o medo político é uma réplica do seu protótipo, o medo cósmico. E no entanto o que o pai cósmico logra com naturalidade deve ser cuidadosamente engendrado por seu rebento oficial: a vulnerabilidade deve ser *fabricada*. Não basta proferir as normas a serem cumpridas. É necessário, além disso, o terror do castigo para os que desobedecerem às normas, sejam elas quais forem. Pode-se questionar a sabedoria de qualquer norma, mas não cabe discutir a conformidade à norma, seja ela qual for. O medo que preserva a conformidade deve ser do tipo cósmico: ter mais do que uma semelhança casual com o horror primevo dessa irremediável e inextirpável insegurança existencial que renasce todo dia com a lembrança inexorável de nossa vulnerabilidade última – a morte.

E no entanto, por mais que tentem se esconder por trás das forças cósmicas, os seus porta-vozes terrenos são, parecem, lembram, cheiram inelutavelmente a criaturas humanas e são portanto, como todos os homens, mortais. O medo cósmico não entraria no molde do medo oficial se não fosse pelo funil da lei, mas as impressões digitais dos homens dificilmente se apagam das tábuas da lei divina. Na lei se encontram e se mesclam o inabalável poder das forças cósmicas eternas e a fragilidade dos seus objetos mortais. Como os seus objetos, a lei é vulnerável, talvez apenas um pouquinho menos. O nível de vulnerabilidade é questão de experimentação, de teste. O riso de Bakhtin é a maneira de lembrar que é esse de fato o caso. É a maneira também de representar as oportunidades abertas pela lembrança.

Lessing disse que o Iluminismo nos livrou dos mitos da criação, revelação e condenação eterna. Com isso, o medo oficial perdeu parte de sua força cósmica, uma parte grande o bastante para permitir que passássemos a experimentar e testar. Desde o começo do Renascimento, diz Bakhtin, trava-se uma batalha entre o medo oficial e o riso popular, não oficial, com variado sucesso e desenlace ainda longe de uma definição. O riso – de início confinado, no tempo e no espaço, ao enclave do festim carnavalesco anual – "oferecia um aspecto do mundo completamente diferente, enfaticamente não oficial, extraclerical e não governamental": o mundo das "relações humanas pessoais". Na verdade, o riso carnavalesco criava um outro mundo, festivo, marcadamente oposto à seriedade oficial da tediosa rotina. Esse mundo alternativo era visitado quando se afrouxava ou suspendia temporariamente o aperto do outro, sério e oficial. E a visita a esse mundo do riso "livrava as pessoas do medo, aproximava-as do mundo". Daí em diante haveria dois mundos em vez de um e a vida humana iria alternar-se entre o medo e o riso, assim como o convívio alternaria conformidade à lei e a exuberância da comunhão humana, jamais domesticada inteiramente e sabidamente irrefreável.

Como se relacionam esses dois mundos? Nenhuma resposta isolada parece satisfatória. A inte-relação dos dois mundos é provavelmente complexa demais para permitir uma resposta simples; ou, antes, é tão multifacetada que comporta uma série de respostas diferentes. Uma delas é a guerra – a guerra regular e contínua de trincheiras, com campanhas periódicas e intervalos de calma, ou a guerra fragmentada, de guerrilhas, com uma miríade de escaramuças e confrontos dispersos. Outra resposta é a divisão do trabalho, que provê às múltiplas necessidades contraditórias do *homo* irremediavelmente *duplo*, eternamente dilacerado entre o tremor espiritual e a orgia deste mundo. Uma terceira resposta é a complementaridade – o riso tornando o medo suportável e o medo mantendo o riso dentro dos limites, o riso que cria a pausa necessária para nos recuperarmos do medo de ontem e juntarmos forças para enfrentar os medos de amanhã; *Kraft durch Freude* (a força da alegria) como complemento necessário das câmaras de tortura e campos de concentração; danças na praça, feiras e festas como anexo indispensável ao terror de massa. E há também o efeito de válvula de segurança – o riso como meio de descarregar os excedentes de produção do medo, uma salvaguarda contra as conseqüências da tendência natural de todo poder à superprodução de medo oficial. Provavelmente a resposta satisfatória, se é que existe, seja uma mistura disso tudo e mais alguma coisa.

A modernidade é um quadro inerentemente "transgressor" que rompeu muita fronteira firme e segura. Uma das linhas divisórias rompidas, borradas ou apagadas separava o medo e o riso. Foi como se a rotina sombria saturada de medo e os brilhantes carnavais infestados de riso tivessem sido socados e completamente triturados num pilão, de modo que não se pudesse mais distinguir com certeza os ingredientes. Como nuvens estriadas de prata, os medos tendem a se riscar de riso, enquanto ecos de medos distantes podem ser ouvidos indistintamente em toda eclosão de riso. O que costumava se confinar aos lugares e períodos carnavalescos derrama-se agora por todo o espaço e tempo vitais. Mas o mesmo ocorre com o medo, que igualmente não tem mais enclaves especiais com entrada proibida.

Indagamo-nos, porém, se faz sentido continuar a repetir com Bakhtin que o riso é o poder dos impotentes e qual o limite dos medos produzidos pelos poderes instituídos quando rompem a resistência dos dominados. Parece, antes, que o poder moderno descobriu uma maneira de atrelar à sua carruagem esse antigo adversário que é o riso, colocando-o a seu serviço. O medo não mais se aplica a sufocar e silenciar o riso. É como se o poder tivesse escolhido o riso como seu abrigo mais seguro; como se o medo quisesse mais riso/espaço para se esconder, de modo que a resistência ao poder produtor de medo fosse bloqueada antes de nascer e, se eclodisse, deixasse intacto o que é temível. Como a fênix que renasce das cinzas ou a bruxa que remoça na banheira cheia de sangue de virgens, o poder ressurge e se fortifica no riso.

A profunda mudança na inte-relação medo/riso ocorre paralelamente a outra divergência básica apontada por Theodor W. Adorno: a mudança de direção na equação essência/aparência. A verdadeira ou ansiada essência não está mais na autenticidade ou irredutível singularidade do eu (o conceito captado na idéia de "alma" por John Carroll), mas "passa para o que se esconde sob a fachada da imediação, dos fatos supostos e do que faz os fatos serem o que são". Essa essência "é a maldade fatal de um mundo disposto de modo a degradar os homens em instrumentos de autoconservação, um mundo que restringe e ameaça a vida humana com a própria reprodução da espécie e fazendo os homens suporem que é como é para satisfazer as necessidades deles".[2]

Dizer que a essência passou para o lado das aparências, de modo que todo esforço para captar a essência leva à floresta de aparências, e que o riso é o som que faz ouvir o medo vem a ser a mesmíssima coisa. O riso já não pressagia rebeldia; antes, é reconciliação com o medo, submissão e reconhecimento de sua invencibilidade, decisão de encará-lo alegremente e intenção de domesticá-lo e explorá-lo em benefício do eu – intenção que por um ardil da vida privatizada torna-se apólice de seguro do medo existencial. Homens e mulheres já não podem rir sem admitir o direito do medo à existência; como diz Adorno, "dificilmente o indivíduo é capaz, hoje, de algum impulso que não possa classificar como exemplo de uma coisa ou outra publicamente admitida".[3]

O medo oficial produzido pelo poder mediava outrora o seu protótipo e ancestral cósmico. Vivemos hoje uma mediação de novo tipo. O medo oficial condensado e com endereço certo no supervigiado mapa das repartições governamentais foi isolado e desintegrado, com a poeira da demolição espalhando-se por toda a vasta extensão da vida pessoal. Chegou a hora de mediar o medo fabricado, que já é uma mediação – a hora de mediá-lo com os incontáveis terrores individuais classificados na rubrica da incerteza, da insegurança e da instabilidade, todos a proclamar (em variados graus e níveis de franqueza) o poder desumano do medo criado pelo homem.

O indivíduo foi liberado para construir os seus próprios medos, para batizá-los com nomes pessoalmente escolhidos e lidar com eles por conta própria. O grande medo foi parcelado em pequenas unidades e depois *privatizado* – e o mesmo aconteceu com o riso. Nenhum dos dois teve oportunidade ou a menor perspectiva de se reunir à opressão maior ou à rebelião grandiosa. O medo e o riso saíram das ruas e assentaram nas residências. Os medos individuais dificilmente cruzam com outros medos privados, mas não se reconhecem facilmente quando há um encontro. Essa dificuldade de se unir e convergir, de combinar e adequar-se, de juntar e se juntar veio a se chamar liberdade individual.

Até que ponto é livre o homem livre?

Ser um indivíduo não significa necessariamente ser livre. A forma de individualidade disponível no estágio final da sociedade moderna e na sociedade pós-moderna, aliás comuníssima nesta última, é a da individualidade *privatizada*, que significa essencialmente uma *antiliberdade*.

No seu penetrante estudo dos caminhos que se oferecem ao indivíduo contemporâneo na luta para escapar à insegurança e incertezas que o assaltam, Alain Ehrenberg aponta um início de noite de outubro, numa quarta-feira de 1983, como o divisor de águas. Naquela noite, Viviane e Michel, um casal comum, sem nada demais, que facilmente se confundia na massa urbana, apareceu diante das câmeras da televisão francesa (e portanto em milhões de telinhas) e Viviane declarou sobre Michel: "Meu marido sofre de ejaculação precoce", queixando-se de que "nunca tinha prazer com ele". Bem, esse foi um divisor de águas na França (momentos semelhantes ocorreram em outros países em datas diferentes): importante tabu foi rompido de uma vez por todas – palavras impronunciáveis em público tornaram-se pronunciáveis, experiências que supostamente se deveriam confiar apenas às pessoas mais íntimas e queridas tornaram-se passíveis de confissão pública. Como Jacques Pradel diria dez anos mais tarde,[4] "rompemos com tudo aprendido até então: que as emoções são sinal de fraqueza, que é feio e errado chorar. Rompemos os tabus, exploramos o território pessoal, atravessamos a terra de ninguém da nossa intimidade." Tudo isso começou também naquela memorável noite de quarta-feira: a permissão para exibir emoções em público e expor os mais íntimos segredos conjugais –

justamente os segredos que, por serem secretos, tornavam íntima a vida a dois ou faziam da intimidade uma coisa de casal.

Uma curiosa reversão redefiniu essa esfera privada – que se caracterizava pelo *direito ao segredo* – como esfera que se tornou presa do *direito à publicidade*. A expropriação foi disfarçada de doação, o arrombamento se faz sob a máscara da emancipação.

Outras coisas, mais importantes que as já mencionadas, ocorreram porém naquela fatídica quarta-feira. Para começar, não apenas mudou o estado de coisas anteriormente confinadas à esfera privada; de todo modo, ele não podia ser transformado sem uma mudança paralela no significado do termo "público". Era costume aplicar-se esse conceito a coisas e eventos de natureza "coletiva", coisas e fenômenos que não podiam ser reivindicados como assunto privado, quanto mais de posse exclusiva, mas sobre os quais todo mundo podia pretender alguma autoridade pelo fato de tais coisas e eventos afetarem seus interesses e bens privados. Agora invertia-se também a definição de público, transformado em território onde são exibidos os assuntos particulares e bens pessoais – e o fato de ninguém poder razoavelmente alegar que eles afetem seus interesses privados ou bem-estar individual foi declarado irrelevante para a questão de tal exibição. Verdade, a exibição foi declarada como "de interesse público" – mas, além disso, o significado de "interesse" também passou por uma mudança essencial, sendo agora reduzido ao de curiosidade e "interesse" em matar essa curiosidade. Tornar público o que quer que desperte ou possa despertar curiosidade virou o cerne da idéia de uma coisa "ser do interesse público". E cuidar de exibir de forma atraente o que se divulga de modo a despertar curiosidade virou a principal medida do "bom serviço ao interesse público".

O "público" foi despojado de seus conteúdos diferenciais e ficou sem agenda própria – não passa agora de um aglomerado de problemas e preocupações privados. É uma colcha de retalhos de anseios pessoais por ajuda para dar sentido a emoções e estados de espírito privados ainda inarticulados, por instruções sobre como falar dessas emoções em linguagem que os outros entendam e por conselho sobre como lidar com a série de experiências que os indivíduos acham tão difíceis de encarar. A lista de "questões públicas" não difere da de "questões pessoais" nem aquela lista é mais rica que "a soma de suas parcelas".

Os inúmeros *talk-shows* do tipo inaugurado na França pelas confissões públicas de Viviane e Michel têm no máximo uma função legitimizante. Recorrendo à autoridade dos números ("todo mundo passa por isso", "pode acontecer com qualquer um" e portanto "não há por que se envergonhar de admitir, quanto mais de viver, esse tipo de experiência"), esses programas pregam um selo de aceitação pública (mais, de desejo publicamente afirmado) em certas emoções. Fornecem palavras para expressá-las e a moldura cognitiva para interpretar seu significado. Fornecendo as palavras e chaves para interpretação, encorajam as pessoas a buscar emoções semelhantes, a esperar que ocorram, a se indagar por que demoram a experimentá-las e, quando chegam, por que são menos intensas do que esperavam. Os *talk-shows* endossam portanto a expressão e ao mesmo tempo implicam, inculcam e induzem à experiência pretensa ou autêntica, sofrida ou desejada, que se supõe clamar por expressão.

Mas a ajuda pública termina aí. Nada mais pode oferecer e entre os itens cuja ausência é mais notória na lista de ofertas figura a perspectiva de um método coletivo de lidar com problemas individuais e resolvê-los. O público – reunião de outros indivíduos – só pode aplaudir ou apupar, elogiar ou condenar, admirar ou depreciar, instigar ou dissuadir, estimular ou amolar, incitar ou abafar: jamais prometerá algo que o próprio indivíduo não possa obter por si mesmo, jamais atacará o problema *pelo* queixoso (não passando de um aglomerado de agentes individuais, o público ouvinte/opinante não é em si mesmo um agente), jamais assumirá a responsabilidade no lugar do indivíduo.

As pessoas chegam aos *talk-shows* sozinhas com seus problemas e saem ainda mais mergulhadas na solidão. O que aprendem – se já não sabiam antes – é que o próximo lance e o seguinte e todos os lances importantes e realmente decisivos no futuro caberão a elas, que só podem contar consigo mesmas, com sua própria vontade e determinação. Outras pessoas podem dar conselho, sugerir os melhores passos, mas cabe ao indivíduo aceitar ou não o conselho e arcar com as conseqüências, sejam quais forem. Uma lição martelada com força particular e muito provavelmente absorvida é que, no caso de os lances darem errado, os indivíduos só terão a si mesmos para culpar. Os espectadores aprendem de antemão, bem antes de entrarem no campo de batalha, que a derrota, se acontecer, será causada por seus próprios erros, preguiça ou negligência. No sucedâneo de fórum público tipo *talk-show*, a objetividade serve apenas para confirmar os indivíduos na sua subjetividade de mônadas. E "subjetividade" quer dizer o eu, abandonado a si mesmo e astucioso na sua desesperada luta para pilotar a vida em meio a correntes turbulentas e recifes traiçoeiros, evitando os erros que causaram o naufrágio do *Titanic*.

Foi porém o desejo claro ou inarticulado de escapar do isolamento que antes de mais nada levou as mônadas à tela. As mônadas olham e escutam avidamente porque acham sua condição desagradável, talvez inteiramente insuportável, e não querem mais ser mônadas. Os indivíduos viraram mônadas porque sentiram que as redes difusoras que os ligavam a outras pessoas e os tornavam parte de "totalidades maiores" foram uma a uma demolidas ou estavam a ponto de o ser.

O que quer que restou das outrora densas e múltiplas redes de segurança não é mais firme nem confiável; vemos as redes serem trabalhosamente tecidas apenas para logo se decomporem, rasgadas ou totalmente dilaceradas a toque de caixa ou sem prévio aviso, com pouco ou nenhum esforço. Ficou evidente demais que não podemos esperar como no passado que, uma vez tecidas segundo as normas, as redes se conservem firmes e sólidas, bastando reparos ocasionais. Uma habilidade bem diferente é exigida agora para conservá-las em ordem; as meticulosas técnicas tradicionais de tecelagem de redes "feitas para durar" têm que ser substituídas por expedientes *ad hoc* instantâneos e flexíveis de administração de crises. Os *talk-shows* dizem exatamente como fazer isso; aparentemente sabem como escapar da condição de mônada e oferecem esse conhecimento. Mas dizem também que o feito só pode ser alcançado escapando-se da miséria por esforço próprio, contando exclusivamente com os próprios recursos.

O novo *know-how* em oferta parece sob medida para os contratos comerciais. São contratos tipo toma-lá-dá-cá, de entrega contra entrega, e também com prazo fixo, renováveis sob condição de uma reavaliação satisfatória, ou totalmente em aberto, passíveis de denúncia por qualquer das partes se um terceiro concorrente oferecer produto mais atraente ou fizer a entrega a custo mais baixo. São também o tipo de contrato com otimização flutuante para compromisso de interesses não inteiramente compatíveis (se o fossem, convergeriam naturalmente e não seria necessário um contrato). Onde exatamente fixar essa otimização depende do equilíbrio de forças; o ponto pode variar com as mudanças no equilíbrio e o melhor que pode fazer um contrato assinado é tornar um pouco menos atraente para as partes uma variação rápida demais. Finalmente, para tirar o máximo proveito de um contrato são necessárias sobretudo habilidade de negociação e experiência em se apresentar – é preciso saber "vender o seu peixe", os seus recursos implícitos e efetivos, e recusar preços aviltantes.

Em suma, a maneira de recuperar a união que as mônadas buscam tende a se moldar nos procedimentos de barganha, negociação e acordo. As novas redes devem ser tecidas do mesmo modo como se alcança uma proximidade temporária de interesses não inteiramente sobrepostos no âmbito político, que se mira cada vez mais no mercado. A grosso modo, é isso que entende a filosofia da "política de vida" cultivada e disseminada pela cultura dos *talk-shows*. Como diz Alain Ehrenberg,[5] "a família, como os casais contemporâneos, costuma se basear num acordo negociado: a vida privada é divulgada quando se molda no processo de deliberação, negociação e compromisso do mundo político". É justamente por essa razão, na verdade, que os espectadores acham que os espetáculos tratam da experiência deles ou, pelo menos, das interpretações que dão ao que lhes acontece; é exatamente por essa razão que as mensagens veiculadas lhes tocam, parecendo verdadeiras e confiáveis. A realidade na forma que lhe dão os "espetáculos de realismo" é, como assinala Ehrenberg, exatamente o que os espectadores esperam que seja. Esse quadro "confirma o espírito da época, recicla as representações dominantes". É não tanto um exercício de realismo quanto de transformação do imaginário em real. O espetáculo é um arremedo de realidade, mas de tal forma convincente que a realidade tem que rivalizar com ele se quiser ser reconhecida como tal – realidade.

Nesse imaginário que virou realidade, o indivíduo é liberado; tornou-se realmente livre, isto é, livre para usar a seu bel-prazer os recursos de que dispõe, não mais dependente de quaisquer recursos alheios. A promessa do Iluminismo de que não há nada que a espécie humana não possa conseguir com seus próprios recursos se tiver o tempo necessário para acumular conhecimento também foi privatizada, como tantas outras coisas. A liberdade humana traduziu-se em liberdade de cada um dos seus indivíduos. A grande cédula bancária foi trocada por um barril de moedas, de modo que todos podem ter alguns cobres no bolso. E é sábio quem os tem e pega, quando precisa, no próprio bolso, uma vez que a grande cédula outrora confiada à coletividade da espécie e de liquidez garantida para cada um e todos já não está mais a salvo. Lembremos que privatização não tem a ver apenas com os bens pessoais, mas também (e a longo prazo de forma pungente) com o fim da fazenda pública e de sua obrigação de tornar mais leve o fardo dos indivíduos privados. Na famosa definição de Peter Drucker, "a sociedade não [oferece] mais salvação". E na ainda mais famosa afirmação de Margaret Thatcher, que torna real o imaginário, "não existe essa coisa chamada sociedade".

Mas imaginar a sociedade foi em toda a era moderna a base em que se assentou a confiança na onipotência da espécie humana. E foi plausível e factível imaginá-la em função da densa rede de deveres e obrigações em que todos os membros da sociedade eram gradual mas inexoravelmente apanhados à medida que cresciam e conquistavam seus direitos de adultos. Era o que se esperava de cada homem ou mulher ou o que tinham de fazer na vida e com a vida (o próprio fato de que havia indubitável e inquestionavelmente algo a ser feito) que sustentava a crença numa lógica e desígnio superiores representados pela sociedade como um todo, uma sociedade poderosa, autoconfiante e suficientemente capaz para livrar o indivíduo de vexatórias indagações que não poderá de qualquer maneira responder por conta própria. É difícil apoiar essa confiança na experiência da vida pós-moderna ou do último período moderno, numa sociedade que perdeu muito da sua solidez e substância, para não dizer toda, uma vez que nem pede nem oferece muita coisa em troca, uma sociedade que se evola da vida individual como os mandamentos outrora proferidos em seu nome e as redes de segurança que levam seu selo de fabricação. Como observa John Carroll,

> Hoje há pouca receptividade prática nos dois principais setores da vida: amor e trabalho. Por um lado, diminuiu a crença no casamento e na família como essenciais à felicidade – e, com ela, enfraqueceram-se os rituais de entrada e os tecidos de apoio comunitário. Por outro lado, altos índices de desemprego entre os jovens e a crescente insegurança no trabalho aumentam a sensação de que a sociedade não precisa de você nem o quer. Se o único lar previsível é aquele em que fomos criados, ficamos presos entre duas alternativas: a eterna infância ou a morte. E a música *punk* pode se tornar um arquétipo sonoro da época, voltado para os que tentam viver sem acreditar no futuro.

Com a elite do conhecimento no topo – uma elite que rapidamente se globaliza e fica portanto cada vez mais desvinculada de um lugar, uma elite que Jonathan Friedman definiu sumariamente como "modernistas sem modernismo" (isto é, sem qualquer visão de um estado de coisas global fundamentalmente melhor que o existente ou sem qualquer determinação de contribuir para a concretização desse mundo melhor) – a liderança espiritual está se tornando obsoleta. Ela deixou de desempenhar seu papel tradicional na integração social; o alívio com que vasto setor das classes instruídas abraçou a visão neoliberal de "nenhuma sociedade" dá testemunho, segundo Carroll, da "responsabilidade social decrescente nas instituições chaves de elite" e mostra a "desmoralização" e "egoísmo" dos fornecedores em potencial, prematuramente aposentados, de significados e valores sociais. De qualquer forma, é assim que o resto da sociedade vê a coisa. Não admira, portanto, que tantos comunguem, alguns com alegria mas a maioria com variado grau de tristeza e resignação, do duro veredito de Peter Drucker.

Sem a crença num destino e propósito coletivos do todo social, são os indivíduos que devem, cada um por si, dar sentido à vida. Tarefa que já não era fácil nos melhores tempos, torna-se verdadeiramente desanimadora quando nenhum sentido pode contar com apoio seguro – pelo menos não o bastante para sobreviver ao esforço da própria adoção.

Não é razoável esperar qualquer ajuda dos líderes sociais. Mesmo que tivessem poder bastante para dar a suas pregações um ar de solidez duradoura e confiável, não seriam de grande valia; pararam de pregar quando lhes faltou assunto para os sermões – à exceção de um, martelado com grande insistência: a devolução da responsabilidade aos ex-membros da congregação que eles praticamente declararam excluídos. Sem coisa alguma a procurar nas alturas, só se pode olhar ao redor. E é exatamente o que faz a maioria das pessoas, por falta de melhor orientação. Segundo Carroll, "aprendemos com o exemplo e permanece a necessidade de modelos exemplares, de heróis e histórias morais sobre a ambição, a luta, o sucesso e o fracasso"[6] – com efeito, a necessidade de exemplos, de outros indivíduos solitários como eu, que só têm a própria ambição e vontade para separar o sucesso do fracasso e sabem (por árduo aprendizado) que tudo que se conquista na vida só pode ser alcançado *apesar da* e não *graças à* sociedade. Aprender com o exemplo é o destino das mônadas e a maneira de interiorizar as demandas e dominar as rotinas de sua existência. É sobretudo disso que tratam os *talk-shows* e as "histórias humanas" de celebridades do momento: da sua batalha e determinação, da sua astúcia e capacidade de evitar armadilhas, da boa imagem que passam e do poder de impressionar os que não se impressionam fácil.

Thomas Mathiesen[7] disse que quando a modernidade passou da fase *Sturm und Drang* para o seu último estágio, o Panóptico, o grande instrumento para manter as pessoas juntas no que veio a ser conhecido como "sociedade" foi gradualmente substituído pelo Sinóptico: em vez de poucos vigiarem muitos, agora são muitos que vigiam poucos. A maioria não tem outra opção senão vigiar; com as fontes de virtudes públicas quase inexistentes, só se pode procurar uma razão para os esforços vitais nos exemplos disponíveis de bravura pessoal e recompensas para tal bravura. De modo que vigia de boa vontade, com gosto, e pede em alto e bom som mais coisas para vigiar. Ocultar a vida pessoal à vigilância pública já não é "do interesse público". Os grandes e famosos (grandes *porque* famosos) não mais aspiram ao poder pastoral e por isso não oferecem mais instrução em matéria de virtudes públicas; o último serviço que podem prestar ao antigo rebanho é expor suas próprias vidas para que os outros admirem e também para que desejem e tentem imitá-las. Se o Panóptico representou a guerra de atrito contra o privado, o esforço de dissolver o privado no público ou de pelo menos varrer para debaixo do tapete todos os fragmentos do privado que resistiriam a ser moldados de forma publicamente aceitável, o Sinóptico reflete o ato de desaparecimento do público, a invasão da esfera pública pela privada, sua conquista, ocupação e paulatina mas inexorável colonização. Inverteram-se as pressões sobre a linha de divisão/conexão entre o público e o privado.

Será realmente o tipo de liberdade prometido de início?

Originalmente, o que prometiam os pensadores da modernidade emergente era uma liberdade ativa, a liberdade de fazer coisas e refazê-las para melhor se adequarem à existência humana. O que tinham em mente era a *liberdade do ser humano*. Liberdade que tinha como elemento primordial a capacidade de dar às coisas uma forma tal que os membros da espécie não fossem mais impedidos de agir de acordo com o mais humano dos seus dons naturais: o poder de fazer juízos racionais e se portar segundo os preceitos da razão. Era na capacidade humana de agir, na capacidade coletiva da espécie de corrigir erros e descuidos da natureza e os seus próprios erros e desleixos do passado que se esperava encontrar um inabalável alicerce para a liberdade individual – liberdade de seguir o caminho da razão. Só dentro da coletividade todo-poderosa o indivíduo poderia ser realmente livre – quer dizer, não ser escravo de suas paixões e desejos pré-humanos ou inumanos.

Muito se disse sobre essa idéia, dos seus aspectos benignos ou sinistros e do seu potencial destrutivo inteiramente revelado nos saltos comunista e fascista para a liberdade assim entendida. Não há necessidade de repetir tudo isso aqui. O que é preciso dizer, no entanto, é que a esta altura a idéia perdeu muito de sua credibilidade, que a promessa de levá-la à prática não existe mais e que a liberdade cuja chegada se anuncia tem apenas uma remota semelhança com aquela outrora prometida.

Essa liberdade cujo advento se anuncia é o aspecto da condição humana a que Isaiah Berlin deu o filosófico nome de "liberdade negativa", aspecto que no uso popular é tido como liberdade de escolha e na sua versão populista como "menos Estado e mais dinheiro no bolso" (na inesquecível expressão de Margaret Thatcher, liberdade de "ir ao médico que eu quiser na hora que eu quiser"). A liberdade que de fato existe é definida como a ausência de restrições impostas por uma *autoridade política*. A filosofia neoliberal da liberdade e sua prática *laissez faire* não estão em guerra contra toda "ditadura das necessidades" (como Agnes Heller, Ferenc Feher e György Markus definiram aquela "modernidade em ruínas" que foi a experiência comunista de regulação total); só declararam uma guerra de atrito contra a ditadura *política* das necessidades.

Supondo por um momento que essa "liberdade negativa", a liberdade face às restrições impostas pela limitação coercitiva das opções individuais, é de fato o único aspecto libertário da condição humana a que se pode aspirar, serão as excessivas ambições reguladoras/legislativas do poder político seu único ou ao menos seu principal inimigo? Será a diminuição da interferência legislativa nas opções humanas – a chamada "desregulamentação" – uma porta para a autêntica expansão da "liberdade negativa"?

A desconstrução da política

As opções individuais são, em todas as circunstâncias, limitadas por dois conjuntos de restrições. Um é definido pela *agenda de opções*: o conjunto de alternativas efetivamente disponíveis. Toda opção implica escolher uma coisa dentre outras e raramente o conjunto de coisas a escolher depende daquele que escolhe. Outro conjunto de restrições é definido pelo *código de escolha:* as regras que indicam com base em quê se deve preferir uma coisa a outras e quando a escolha é adequada ou não. Os dois conjuntos de restrições criam o quadro em que opera a liberdade de opção individual.

Durante toda a fase clássica da modernidade, o principal instrumento para criar uma agenda de opções foi a *legislação.* Do ponto de vista do indivíduo enquanto optante, a legislação é antes e acima de tudo um poder que pré-seleciona. Os legisladores fazem suas escolhas antes do indivíduo e lhe reduzem o leque de opções: algumas, possíveis em teoria, são excluídas do leque de possibilidades práticas ou associadas a sanções punitivas severas o bastante para torná-las caras demais e portanto dificilmente vistas pelo optante comum como plausíveis, quanto mais atraentes. A legislação, em outras palavras, separa o reino da viabilidade prática do leque de possibilidades teóricas; o primeiro recebe uma forma diferente do (e sobretudo mais estreita que o) segundo.

O principal instrumento moderno para criação do código de escolha foi a *educação.* Trata-se de um esforço institucionalizado para instruir e treinar os indivíduos na arte de usar sua liberdade de escolha dentro da agenda estabelecida legislativamente. A educação visa a prover os optantes de sinais de orientação, regras de conduta e, acima de tudo, *valores* que orientem a opção, ou seja, dotá-los da capacidade de distinguir entre as razões corretas e incorretas de preferência e da inclinação a seguir aquelas e evitar estas. A educação visa a induzir os indivíduos a internalizar as normas que dali em diante guiarão a sua prática. Se a legislação estabelece a agenda dividindo as opções teoricamente possíveis entre as que são permitidas e as que são proibidas e puníveis, a educação desempenha sua função codificante subdividindo o conjunto de opções disponíveis/permitidas entre as que são desejáveis/recomendáveis/adequadas e as indesejáveis/não recomendáveis/inadequadas.

Explícita ou implicitamente, as instituições políticas vigentes vivem hoje um processo de abandono ou diminuição do seu papel de criadoras de código e agenda. O que, no entanto, não significa — ao menos não necessariamente — que se amplia o âmbito da liberdade negativa ou a liberdade de opção individual. Significa apenas que a função de estabelecer código e agenda está sendo decididamente transferida das instituições políticas (isto é, eleitas e em princípio controladas) para outras forças. "Desregulamentar" significa diminuir *o papel regulador do Estado*, não necessariamente o declínio da *regulamentação*, quanto mais o seu fim. O recuo ou autolimitação do Estado tem como efeito mais destacado uma maior exposição dos optantes tanto ao impacto coercivo (agendador) como doutrinador (codificador) de forças essencialmente não políticas, primordialmente aquelas associadas aos mercados financeiro e de consumo.

A agenda de opções mais importantes dificilmente pode ser construída politicamente nas atuais condições. Uma tendência marcante do nosso tempo é a crescente *separação entre poder e política*: o verdadeiro poder, capaz de determinar a extensão das opções práticas, *flui* e, graças à sua mobilidade cada vez menos restringida, tornou-se virtualmente global, ou melhor, extraterritorial. Todas as instituições políticas existentes (elegíveis, representativas) continuam até aqui teimosamente locais, praticamente *glaebae adscripti*. Não fosse a tarefa de agendamento abandonada pelas autoridades do Estado territorial, seria de qualquer forma ineficiente; o cerne da crise atual do processo político não é tanto a ausência de valores ou a confusão causada pela pluralidade de valores quanto a ausência de um agente efetivo o bastante para legitimizar, promover, instalar e servir a qualquer conjunto de valores ou qualquer agenda de opções consistente e coerente.

O tradicional papel de agendador desempenhado pelo Estado político volta-se atualmente de maneira cada vez mais estreita para o "controle direto" de certas categorias sociais que só por obra da fantasia e não da imaginação poderiam ser expostas e sensibilizadas às pressões de mercado e ser passíveis de inclusão na agenda, mantidas por essas pressões (tornando-se, do ponto de vista das autoridades políticas, "auto-reguladas"). Essas categorias incluem, sobretudo, os pobres pós-modernos, redefinidos como "consumidores frustrados", e de maneira mais geral todas as classes perigosas (potencialmente criminosas) que, não tendo conseguido entrar na agenda do mercado, são suspeitas de estar loucas para recorrer a alternativas que essa agenda deixou de fora. Quanto ao restante da população, um leque de alternativas e opções ainda mais amplo é declarado (de maneira explícita ou implícita) *politicamente* "adiaforético", quer dizer, sem interesse para as autoridades políticas.

Se seguirmos o mapeamento habitual dos principais campos de batalha da liberdade, essa última tendência bem pode ser lida como indicativa do abandono do agendamento coercitivo como tal. O problema, porém, é que ainda há uma agenda de opção e ela não tende a se tornar menos dura e coercitiva só por não ser estabelecida *politicamente*. A agenda é estabelecida como antes, só que um novo agente operacional não político expulsou seu antecessor político ou pelo menos agora cada vez mais desempenha o papel principal, em vez do secundário. Como agendadoras principais, as pressões de mercado estão substituindo a legislação política. No campo das opções de consumo – por mais amplas e variadas que possam parecer – todo mundo *deve*, como observaram Adorno e Horkheimer, "comportar-se (como se estivesse espontaneamente) de acordo com... o padrão previamente determinado e indexado e escolher a categoria de produto de massa adaptado ao seu tipo... O que os especialistas discutem como bom ou mau serve apenas para perpetuar a aparência de competição e amplitude de escolha."[8]

Ao contrário do caso dos operadores políticos, porém, a agenda atual cristaliza-se como um pós-efeito ou efeito colateral das operações de mercado: ela não as precede como motivo e menos ainda como intenção deliberada ou objetivo articulado. Tem todas as características de um "produto natural" – e de um produto contingente, nem planejado nem mesmo previsto, e portanto não escolhido. Os critérios da razão e da racionalidade da ação, adotados no passado para guiar a atividade agendadora das modernas instituições políticas, não se aplicam pois à agenda criada pelo jogo das forças de mercado. Esta não é uma agenda racional nem irracional, não reflete os preceitos da razão nem milita contra eles. Ela simplesmente *é*, assim como as serras e os mares são – aparência muita vez endossada na frase preferida dos políticos: "não há alternativa". Com efeito, o elemento de "ação propositada" no produto final é quase encoberto, de modo que não fica imediatamente claro que tipo de ação abertamente intencional poderia levar à transformação da agenda.

Praticamente as mesmas observações se aplicam ao estado atual do código de opção. Assim como a agenda de escolha, esse código é feito e refeito primordialmente pelas pressões de mercado. Mesmo se outras instituições (incluindo as educacionais) medeiam sua feitura, o código que promovem tende a se formar por semelhança à conduta modelo que os indivíduos deveriam adotar se receptivos ao mercado.

Com efeito, para o atual código de escolha chegar algum dia ao nível de um objetivo declarado, expresso com lucidez e articulado de forma coerente, deve com toda certeza colocar como seu alvo supremo essa receptividade e sensibilidade às sugestões e seduções do mercado. Esse código faz ver o mundo primordialmente como um conjunto de objetos de consumo em potencial; seguindo o princípio do consumo, estimula a busca de satisfação; e, seguindo o princípio da sociedade de consumo, induz os indivíduos a ver o despertar dos desejos que clamam por satisfação como a regra diretriz da vida de quem opta e como critério de uma vida de sucesso, que valha a pena.

Dentre os valores pelos quais os que optam são orientados a fazer suas opções, o potencial de entretenimento dos objetos e eventos ocupa um lugar de destaque. Como assinalou Pierre Bourdieu quase vinte anos atrás, a manufatura de novos desejos desempenha hoje o papel que coube outrora à regulação normativa, de forma que a publicidade e os anúncios comerciais podem assumir o lugar antes ocupado pela polícia. É a promessa de sensações agradáveis e inéditas que desencadeia o desejo; a oferta de objetos ricos em sensações precede em geral o surgimento do desejo, de modo que este é desde o início direcionado ao objeto. O código atual de escolha gera portanto um agente cuja competência consiste primordialmente na capacidade de localizar uma promessa de sensação agradável e então seguir os sinais e pistas que marcam o caminho para a sua apropriação.

Os efeitos pelos quais se avalia o sucesso na aplicação do código são, no entanto, as experiências vividas pelos próprios agentes. Em suas atividades voltadas para o objeto eles agem como indivíduos centrados em si mesmos, preocupados com o próprio umbigo e pouco interessados nas repercussões que suas escolhas possam ter para além das próprias sensações. Nem se preocupam indevidamente esses agentes com os efeitos a longo prazo de suas opções. As sensações agradáveis que buscam são em regra geral de curta duração, em muitos casos instantâneas – nascem de repente para logo sumir, poucos desejos sobrevivendo à satisfação, sempre novos desejos ou objetos de desejo fazendo-se necessários para manter os agentes motivados à ação.

Na estratégia de vida informada pelo código de escolha atualmente dominante, as coletividades humanas adquirem valor sobretudo como agrupamentos de agentes voltados para si mesmos; seu valor é primordialmente o dos cenários em que os esforços para a busca de sensações podem adquirir um valor acrescido pela ressonância em agentes similares e ser assim de certa forma reforçado pelo poder dos números. Essa repetição/ressonância não confere porém à coletividade de desejos comuns uma qualidade diferente das (quanto mais superior às) características dos indivíduos que a formam. Sensações que os agentes *buscam* coletivamente só podem ser *experimentadas* por cada um individualmente; os prazeres são *Erlebnisse* [experiências] essencialmente privadas, mesmo que vividas na companhia de outros caçadores de prazer semelhantes ou idênticos. O máximo que a companhia pode oferecer é endossar a desejabilidade do desejo e reafirmar a convicção de que o objeto do desejo foi bem escolhido.

A conseqüente decomposição da comunidade encontra correlação na fragmentação da vida de cada uma das suas unidades constitutivas. O processo de vida de cada agente tende a fragmentar-se em uma série de episódios, cada um em princípio confinado e sustentado em si mesmo. Deixar o local livre e pronto para outro episódio de busca de sensações é talvez a única consideração autolimitadora que o código recomenda. Não buscar desejo algum solaparia, quando não impediria, a busca de desejos futuros. Adorno e Horkheimer captaram a situação de forma incisiva: "Os indivíduos são reduzidos a uma mera seqüência de experiências instantâneas que não deixam vestígios ou cujos vestígios são detestados como irracionais, supérfluos e 'ultrapassados', no sentido literal da palavra."[9]

Essa decisiva mudança do código – de acúmulo de feitos a experiências episódicas – pode ser exemplificada com o gradual deslocamento do valor da saúde para o de boa forma. Como valor, a saúde supõe uma atividade guiada por um propósito, visando a alcançar e manter um padrão; a boa forma, por outro lado, não é fechada e não tem meta específica nem um padrão ideal que, atingidos, justifiquem o fim do esforço. Enquanto a saúde supõe uma condição estável ideal a ser obtida por meio de um esforço sistemático, consistente e monótono, o ideal da boa forma equivale, ao contrário, a uma abertura para o novo, o desconhecido, o inesperado. Saúde sugere equilíbrio e continuidade; boa forma supõe ruptura e descontinuidade. A saúde afirma a uniformidade, enquanto a boa forma ressalta a diferença. A visão saudável faz conexões e sugere a unidade do processo vital, enquanto a perspectiva da boa forma dissocia esse processo numa seqüência de eventos isolados que é bem representada metaforicamente por um colar de contas.

A passagem da saúde para a boa forma assemelha-se a uma mudança ainda mais fundamental no tratamento do tempo. Períodos de tempo costumavam adquirir significado pela antecipação de outros segmentos da extensão temporal por vir; hoje espera-se que seu sentido seja dado, por assim dizer, de dentro – de modo a se justificarem sem qualquer referência ou apenas com uma referência secundária ao futuro. Faixas de tempo são colocadas lado a lado e não em progressão lógica; não há lógica predeterminada na sua seqüência e podem facilmente mudar de lugar sem violação de nenhuma regra fixa e sólida – os setores da extensão temporal são em princípio *intercambiáveis*. Cada momento deve apresentar sua própria legitimação e oferecer a maior satisfação possível. E, inversamente, a glória, o ápice do desejo e da sensação de prazer pode ocorrer a qualquer momento com igual probabilidade. Assim como os cenários da experiência gratificante, os momentos não diferem. A famosa frase de Hemingway – "há um tempo para pescar e um tempo para secar a rede" – foi produto de um código tipicamente moderno, não pós-moderno.

O que se segue do argumento acima é que a passagem para o estágio final da modernidade ou para a condição pós-moderna não produziu maior liberdade individual – não no sentido de maior influência na composição da agenda de opções ou de maior capacidade de negociar o código de escolha. Apenas transformou o indivíduo de cidadão político em consumidor de mercado. Se as perdas nos três ingredientes de *Sicherheit* são bem verdadeiras, não menos que a perda de liberdade no estágio "clássico" da modernidade, o ganho de liberdade supostamente obtido em compensação na fase final moderna ou nos tempos pós-modernos é em larga medida ilusório. A ilusão, no entanto, é bem protegida do desmascaramento num contexto em que os processos de agendamento e codificação são mais ou menos invisíveis e no qual os resultados desses processos atingem o indivíduo mais sob a forma de uma "oferta que não se pode recusar" do que de uma ordem. A obediência ao código é disfarçada como conduta autopropulsionada; o veneno da opressão foi espremido pelo aguilhão da falta de liberdade.

Onde o público e o privado se encontram

A falta de liberdade torna-se opressão quando os agentes são forçados a agir contra a vontade e sofrem portanto por não serem capazes de se portar de acordo com o próprio desejo e estarem a fazer o que não fariam por vontade própria. Mas nem toda falta de liberdade é sentida e vivida como opressiva; com bastante freqüência a obediência a regras e comandos que os atores não formularam nem escolheram não causa nem aflição nem lamento. Há um forte elemento de compulsão, isto é, de falta de liberdade, em cada conduta rotineira; mas a rotina, longe de ser sentida como algo tirânico, é subjacente aos sentimentos de segurança e conforto que no geral são profundamente gratificantes. A falta de liberdade é uma condição inerentemente ambígua. Isso torna muito mais fácil a tarefa de todos os poderes, que é a de disfarçar a disciplina e obediência a suas ordens: o autoritarismo do poder pastoral sempre está à beira da opressão, mas com muita freqüência tende a ser aceito com gratidão e mesmo procurado ansiosamente pelo rebanho, como garantia confiável de uma rotina cotidiana segura e certa. A socialização, como diz a maioria dos livros escolares aos calouros de sociologia, consiste em induzir as pessoas a fazer de boa vontade o que têm de fazer.

No entanto, seja sentida como opressiva e repugnante ou benigna e tranqüilizante, toda ausência de liberdade significa *heteronomia*, isto é, uma situação em que seguimos regras e comandos impostos por outros, uma condição *agenciada*, na qual a pessoa que age o faz por vontade de outra. As pessoas podem se ressentir dessa vontade alheia e buscar maneiras de enganar ou se rebelar; podem aceitar – de má vontade – a inutilidade de toda resistência; ficar contentes por alguém se responsabilizar por suas ações e liberá-las da pesada necessidade de escolha e decisão; podem até não perceber que agem e continuam agindo sob compulsão, sem jamais imaginar uma forma diferente de agir no dia-a-dia. O fato é que em todos esses casos os agentes não são *autônomos*: não são eles que formulam as regras que guiam seu comportamento nem estabelecem o leque de alternativas que podem perfilar e examinar ao tomar suas grandes e pequenas decisões.

No seu último discurso, proferido em 22 de março de 1997, pouco antes de morrer, Cornelius Castoriadis, um dos maiores filósofos políticos do nosso tempo, disse que o passo decisivo para a autonomia fora tomado quando os antigos gregos passaram a incluir em suas leis o preâmbulo *edoxe te boule hai to demo* – "parece bom ao conselho e ao povo".[10] "*Parece* bom", ressalta Castoriadis, *não* "*é* bom". O reino da autonomia e independência começa onde termina o reino da certeza. Os homens podem ser independentes ou autoconfiantes – mas dificilmente as duas coisas ao mesmo tempo.

O que havia de novo na fórmula grega, de revolucionário mesmo, era que todas as outras sociedades anteriores e a maioria das sociedades posteriores diriam das regras que proclamavam e impunham que *são* boas e devem ser por isso mesmo seguidas. Essas sociedades – quase todas as sociedades conhecidas, com poucas exceções helênicas e modernas – eram *heterônomas*, quer dizer, o tipo de sociedades

> que sem dúvida criam suas instituições e significações, mas também ocultam essa autocriação inserindo-a numa fonte extra-social, uma fonte de qualquer modo externa à efetiva atividade da coletividade de fato existente: ancestrais, heróis, deuses, Deus, leis históricas ou de mercado. Nessas comunidades heterônomas, a instituição da sociedade tem lugar num cerco de significado. Todas as questões que a sociedade observada é capaz de formular podem encontrar resposta nos seus significados imaginários e aquelas que não podem ser formuladas não são tão proibidas quanto mental e psicologicamente impraticáveis para os membros dessa sociedade.[11]

Observemos que, saibam ou não disso e estejam ou não prontas a viver com tal conhecimento, todas as sociedades são autônomas (todas as sociedades criam mesmo suas instituições e a qualquer custo as mantêm vivas, atuantes e efetivas), mas só algumas, muito poucas na verdade, admitem isso abertamente e fazem questão de ressaltá-lo. Talvez seja melhor não dividir as sociedades em heterônomas e autônomas (quando se fala de sociedade "heterônoma", pode-se indiretamente endossar a ocultação que a maioria das sociedades realiza de modo proposital ou não), mas em autônomas *an sich* [em si] e autônomas *für sich* [para si]. A diferença entre os dois tipos de sociedade é a diferença entre a presença e a ausência da *consciência* de autonomia e o grau em que se *institucionalizou* essa consciência no funcionamento cotidiano da sociedade.

É a descoberta e admissão explícita da origem inevitavelmente humana das instituições humanas e, a partir daí, a responsabilização coletiva por seus méritos e deficiências que faz a sociedade autônoma *für sich* (assim como a admissão da responsabilidade individual pelas virtudes e vícios dos próprios atos torna o indivíduo de fato independente, isto é, autônomo *für sich*). A conseqüência da autonomia ou independência – isto é, de ser *conscientemente* autônomo – é a consciência de que as instituições da sociedade poderiam ser diferentes, talvez melhores do que são, de modo que nenhuma das instituições existentes, por mais antigas ou veneráveis, pode pretender estar imune à análise, reexame, crítica e reavaliação.

Ser autônomo *für sich* significa estar consciente da historicidade social, mas acima de tudo de sua contínua e *perpétua* historicidade. Significa refutação do mito da clausura, mas também uma teimosa recusa a se deixar enclausurar, agora ou nunca, seja pelo sagrado e portanto intocável legado das decisões do passado ou por um padrão ideal de sociedade perfeita que, alcançado, justificaria – estimularia mesmo – o fim do auto-exame e da reforma. Uma sociedade verdadeiramente autônoma só pode existir segundo o seu próprio projeto, isto é, como uma sociedade que admite uma liberdade de autocrítica, questionamento e reforma cada vez maior, mais do que um dado padrão de felicidade, como seu único propósito e razão de ser.

Podemos observar que uma sociedade independente assim entendida é uma forma inerentemente vulnerável de coexistência humana. Essa vulnerabilidade, no entanto, combina bem com a vulnerabilidade similarmente inerente e, além do mais, inevitável da condição existencial do homem. A sociedade autônoma admite abertamente a mortalidade inerente a todas as suas criações e tentativas de extrair dessa fragilidade fatal a chance da contínua autotransformação e também, quem sabe, do autodesenvolvimento. A autonomia ou independência é um esforço conjunto e concertado para reformular a mortalidade de maldição em bênção... Ou, se quiserem, a tentativa audaciosa de usar a mortalidade das instituições humanas no convite à perene viabilidade da sociedade humana.

Poucos meses antes de sua morte, Hans Jonas, um dos maiores filósofos éticos de nosso tempo, observou que a idéia da imortalidade "pessoal" é inerentemente paradoxal e derrotista.[12] A imortalidade pessoal, se fosse de algum modo pensável, faria realmente valer a pena tudo que é impossível de conseguir e mesmo de imaginar na vida humana; é a mortalidade pessoal que está por trás da possibilidade de transcendência e, portanto, de todo valor. Esse fato incontestável faz da mortalidade uma bênção. "Para cada um de nós, o conhecimento de que estamos aqui por pouco tempo e que um limite inegociável encerra o nosso tempo de vida pode ser mesmo necessário como incentivo para *enumerar os nossos dias e fazer com que contem*" [o itálico é meu – Z.B.]. É graças a esse conhecimento que cada um de nossos dias conta e que um dia não é – não pode ser, não se pode permitir que seja – o mesmo que os dias anteriores e os seguintes. A fertilidade, a criação, a imaginação, tudo isso só tem sentido no contexto da mortalidade; é esse contexto que faz valer a pena viver. E a "vida" aqui não é apenas a vida pessoal do indivíduo, mas a duração da espécie humana e de cada coletividade que perdure em seu seio. Jonas toma a sua própria experiência de vida como base para o veredito:

> uma sensibilidade autóctone para as artes visuais e poéticas persiste, não muito embotada, na minha velhice; ainda posso me comover com as obras que aprendi a amar e junto das quais cresci. Mas a arte do nosso tempo me é estranha, não compreendo a sua linguagem e nisso já me sinto um estranho no mundo.

É por não passar o rejuvenescimento de tema para contos de fadas ou ficção científica e não ser o "começar de novo" (quanto mais a "volta ao ponto de partida") senão um sonho mal lembrado ao despertar que as sociedades humanas podem manter a jovialidade numa série interminável de novos começos. A mortalidade como "complemento natural" do nascimento é a fonte permanente dessa maravilha que é a face perpetuamente renovada e rejuvenescida do mundo; a juventude e o poder criativo da humanidade persiste, imune ao envelhecimento de cada ser humano.

> O próprio termo "evolução" já revela o papel criativo da finitude individual, pela qual tudo o que vive tem também que morrer... O começo sempre renovado, que só pode se dar ao preço de um fim sempre renovado, é a garantia da humanidade contra a queda no tédio e na rotina, sua chance de manter a espontaneidade da vida.

Não é apesar da mas graças à mortalidade que as sociedades podem manter suas opções sempre em aberto. Manter as opções em aberto significa ser receptivo aos acidentes e acasos. Também significa aceitar que nenhuma solução, por mais engenhosa e perfeita que possa parecer em dado momento, é capaz de durar para sempre nem é desejável que o seja. A durabilidade da sociedade é feita de ingredientes transitórios e mortais. E uma sociedade viável, resistente à letargia senil, à paralisia, estupor e *rigor mortis* só é possível na medida em que não se confunde a duração da sociedade com a eternidade de qualquer das formas que assume e abandona ao longo da história.

Na expressão sucinta de Castoriadis, "a prova [*l'éprouve*: uma palavra semanticamente complexa que também significa, entre outras coisas, desafio e dificuldade] da liberdade é inseparável da prova da mortalidade... Nenhum ser – nem um indivíduo nem uma sociedade – pode ser livre sem aceitar a mortalidade."[13] E aceitar a mortalidade significa um permanente questionamento, o reexame de todos os juízos e vereditos e também das bases e premissas em que se assentam os julgamentos. Dito de outra forma (como fez o próprio Castoriadis em outro contexto), aceitar a mortalidade significa negar qualquer fundamento duradouro e bases imortais/eternas/atemporais para a validade *de facto* das instituições e significações, validade que não passa de um sedimento de opções autônomas passadas mas que mesmo assim tenta, na falsa expectativa de maior solidez, "heteronomizar" a autonomia de sua própria natureza.

A validade *de facto* é produto da inércia institucional que se levanta contra a incisividade da razão; a validade *de facto* é uma premonição e um sintoma prodrômico da morte – ou da vida que tem a morte como modelo. Uma sociedade que tende à tolerância só pode honrar a validade *de jure*, produto da reflexão e deliberação e que sabe que é isso e não outra coisa. Se a validade *de facto* é *dada*, a validade *de jure* é sempre *uma tarefa*, algo ainda a ser estabelecido, algo que se busca e nunca é encontrado de forma "absoluta", definitiva, de uma vez por todas. A validade *de facto* é moribunda precisamente pelo pecado original de negar (ou esquecer) sua própria transitoriedade e mortalidade. A validade *de jure* é sempre viável e exuberante graças à aceitação de sua própria temporalidade e impermanência.

A busca da validade *de jure* pede portanto uma reflexão crítica e impede que qualquer coisa seja isentada desse exame, incluindo a si própria. Apenas a capacidade humana pode desfazer-se do fardo do "eterno regresso", esse argumento favorito de todos os defensores do absoluto e dos princípios últimos. O infinito regresso – utilizando os princípios já assentados na tarefa de demolição e limpeza da área para o lançamento de outros alicerces igualmente temporários – não passa de uma manifestação do paradoxo da duração que é colocado pelos seres transitórios e através deles. É outro lado da infinita progressão. A reflexão crítica é uma atividade humana que – à semelhança da própria vida – não tem alicerces mas também não precisa deles e, portanto, não sente necessidade de justificar-se, quanto mais pedir desculpas quando são formuladas questões de utilidade ou instrumentalidade – questões como "com que autoridade?", "para quê?" ou "pelo bem de quem?"

A reflexão crítica é guiada pela necessidade de examinar a validade *de jure* das instituições e significações humanas, mas da mesma forma carece de outro fundamento que não o fato de que seu próprio ímpeto carece de objetivo. Não está impedida (recusa-se a sê-lo) nem por um mandado prévio nem por um *telos* expedido antes da decolagem. Ela constrói e demole suas próprias fundações e alvos à medida que avança.

A reflexão crítica é a essência de toda autêntica *política* (enquanto distinta do meramente "político", isto é, do que está ligado ao exercício do poder). A política é um esforço efetivo e prático para subjugar instituições que exaltam a validade *de facto* do teste de validade *de jure*. E a democracia é um local de reflexão crítica que extrai sua típica identidade dessa reflexão. Para citar Castoriadis uma vez mais, podemos definir a política como

> atividade explícita e lúcida que diz respeito à instauração das instituições desejáveis e da democracia como regime da máxima auto-instituição possível, explícita e lúcida, das instituições sociais que dependem da atividade coletiva explícita.
>
> É praticamente desnecessário acrescentar que essa auto-instituição é um movimento que não pára, que não visa a uma "sociedade perfeita" (expressão completamente sem sentido) mas, antes, a uma sociedade livre e o mais justa possível. É a esse movimento que chamo projeto de uma sociedade autônoma, o qual, se quiser vingar, tem que criar uma sociedade democrática.[14]

O que está dito acima é, naturalmente, uma articulação da política e democracia *ideais*, não a descrição de uma política e uma democracia "reais" nem as características de sociedades ditas "democráticas" por seus porta-vozes ou de processos governamentais comumente apresentados como política. A política e a democracia que existem de fato são tão distantes dos modelos ideais como as sociedades contemporâneas em relação ao modelo de uma sociedade autônoma. Este está presente na prática contemporânea no máximo como *projeto* e como todos os projetos tem um poderoso adversário nas realidades que deveria transformar. A "explicitude e lucidez" que Castoriadis nomeia como a característica máxima da política feita sob medida da autonomia social são continuamente frustradas e comprometidas pelo fato de que todo pensamento e a atividade que a ele se segue só poderem ser conduzidos dentro da moldura cognitiva fornecida pela "tradição" – e "tradição" significa que a questão da legitimidade da tradição não pode ser colocada."[15]

Mas o pensamento e conduta autonômicos que são gerados dentro da tradição e não têm outro lugar para nascer e tomar forma não podem progredir sem esse questionamento. Opondo-se à natural tendência da razão humana – nunca confiante o bastante – de buscar fundamentos fora de si mesma e de excluí-los da lista de seus alvos legítimos, o pensamento autônomo extrai sua decisão da recusa de deixar qualquer constructo de pensamento, incluindo suas próprias pressuposições explícitas ou implícitas, fora do seu sumário crítico. Uma tarefa tão abrangente pode ser desanimadora. A razão autônoma é lançada numa situação de permanente criação e não há letreiros nem receitas em que possa confiar e considerar definitivamente testadas e com confiabilidade certificada. É uma condição *sine qua non* de toda autêntica autonomia que "nenhum problema é resolvido de antemão. Temos que criar o bem, sob condições mal conhecidas e incertas. O projeto de autonomia é fim e guia, não resolve para nós situações efetivamente atuais."[16]

Uma coisa que a razão autônoma teimosamente recusa-se a oferecer (e não pode fazê-lo enquanto continuar a ser o que é) é uma garantia prévia de *happy end* – de uma boa decisão. A incerteza, além do mais, não cessa depois que se toma uma resolução. A razão autônoma, ao contrário do seu primo heterônimo, não faz clara distinção entre passado e futuro; o passado é tão incerto, inacabado, incompleto e sujeito a reexame (fadado a reexame mais cedo ou mais tarde e diverso da identidade que lhe é atribuída no momento) como as futuras conseqüências das ações presentes. A incerteza e, pior ainda, uma incerteza sem limites, incerteza acerca dos projetos e também das bases, é uma condição permanente da razão autônoma.

A força e a fraqueza da razão autônoma alimentam-se da mesma raiz. Essa razão zomba do desesperado desejo humano de tranqüilidade. É por isso que tão freqüente e amplamente provoca ressentimento. Sua fraqueza fortalece a mão do adversário heterônimo; a sede de fundações e códigos práticos absolutos não pode ser facilmente sequiada e o mais das vezes só pode tornar-se mais intensa a cada gole do coquetel de incerteza servido pela razão autônoma.

As chances da razão autônoma dependem da condição existencial de seus possíveis usuários. Mas a natureza dessa dependência parece o inverso do que indicaria o saber sociológico comum. Ao contrário do que supõe esse saber, as chances de ser ouvido o apelo da razão autônoma e de se ampliar o número de usuários/praticantes dela não aumentam proporcionalmente ao grau de adequação da sua mensagem à experiência dos destinatários. Dificilmente as pessoas ficarão mais ávidas de ouvir o claro apelo da autonomia quanto mais ele corresponda às realidades da vida diária. Parece mais provável que quanto maior a sensação de insegurança, mais firmemente darão as costas a esse apelo para ouvir na direção oposta as promessas da nova heteronomia. São as pessoas que se sentem seguras e com controle das próprias vidas que provavelmente acharão mais atraente o "projeto de autonomia" e mais palatável a idéia de agir sem uma certeza *a priori* dos resultados. É por isso improvável que a mensagem da autonomia alcance meramente através de um esforço de esclarecimento, educação ou propaganda as pessoas que mais necessitam dela. Faz-se necessária uma reforma profunda da condição existencial. A chave da autonomia não está nas mãos dos filósofos. É sobretudo uma questão política.

A ágora assediada: as duas invasões

O "projeto de autonomia" tem dois gumes e não pode ser de outro modo: a sociedade, para ser independente, precisa de indivíduos independentes e estes só podem ser livres numa sociedade autônoma. O que lança dúvida sobre a preocupação da teoria política em geral – e da teoria da democracia em particular – com a *separação* entre os domínios público e privado e sua *independência* mútua. É antes a *ligação*, a *dependência* mútua, a *comunicação* entre os dois setores que deve estar no centro de ambas as teorias. A fronteira entre o público e o privado que essas teorias se ocupam tanto em delinear deve ser vista mais como uma *interface* do que algo no modelo das fronteiras estritamente vigiadas entre Estados, que visam primordialmente a reduzir e limitar o tráfego internacional e a barrar viajantes ilegais.

A distinção entre as esferas pública e privada é antiga, remonta aos ambientes doméstico [*oikos*] e político [eclésia] gregos, este o local em que os assuntos concernentes a todos os membros da pólis eram discutidos e resolvidos. Mas entre *oikos* e eclésia os gregos situavam uma outra esfera, a da comunicação entre as outras duas: a esfera cujo papel principal não era manter o público e o privado separados nem preservar a integridade territorial de cada um, mas garantir um tráfego suave e contínuo entre eles. Essa terceira esfera intermediária, a ágora [esfera pública/privada, como define Castoriadis), une e mantém juntos os dois extremos. Seu papel era crucial para a manutenção de uma pólis verdadeiramente autônoma que se apoiava na verdadeira autonomia dos seus membros. Sem a ágora, nem a pólis nem seus membros poderiam alcançar e muito menos preservar a liberdade de decidir o sentido do bem comum e o que se deveria fazer para atingi-lo. Mas a esfera pública/privada, como qualquer cenário ambivalente ou terra de ninguém (ou melhor, qualquer terra com donos demais, de propriedade disputada), é um território de constante tensão e luta, tanto quanto espaço de diálogo, cooperação e compromisso.

Há duas maneiras de atacar a ágora, ameaçar sua integridade e distorcer ou solapar inteiramente o seu papel, com o resultado de dobrar a autonomia da sociedade e também de seus membros. Uma é a tendência totalitária, profundamente entranhada no "projeto moderno" mas que se tornou particularmente notável na sangrenta história do século que ora chega ao fim. A lembrança de duas gigantescas experiências totalitárias e a variedade de cópias pálidas mas não menos feias que elas ainda está fresca para a geração desta virada de século. Não admira que paire sobre a imaginação política do nosso tempo e seja, como qualquer outra memória histórica, uma ferida e uma maldição ao mesmo tempo. A maioria dos modelos correntes da "sociedade civil", supostamente o equivalente contemporâneo da ágora, adquiriram sua forma à sombra dessa lembrança. Ao mesmo tempo que alerta contra o mortal perigo que paira sobre a ágora atual, essa lembrança promove a atenuação dos outros perigos cuja verdadeira natureza e sobretudo as verdadeiras conseqüências para a condição humana ainda estão por ser plenamente desvendadas.

A tendência totalitária, na definição epigramaticamente concisa de Hannah Arendt, é a tendência de "tornar os seres humanos supérfluos", redundantes, dispensáveis como indivíduos, como seres separados, cada um com seus motivos, pensamentos, preferências e sonhos, como seres "privados", no sentido de escaparem a qualquer exercício classificatório que desconsidere a irredutível idiossincrasia e a singularidade de cada criatura humana.

> [C]ertas qualidades peculiares à polícia secreta são antes qualidades gerais da sociedade totalitária que peculiaridades da polícia secreta totalitária. A categoria dos suspeitos abrange assim, nas condições totalitárias, toda a população. Cada pensamento que se desvie da linha oficial prescrita e em contínua mudança já é suspeito, não importa a que área da atividade humana se refira. Simplesmente por sua capacidade de pensar, os seres humanos são suspeitos por definição e essa suspeita não pode ser desviada por um comportamento exemplar, pois a capacidade humana de pensar é também a capacidade de mudar a própria mente.

A tendência totalitária visa à total aniquilação da esfera privada, do reino da autoconstituição e autodeterminação individuais – em suma, à irreversível dissolução do privado no público. O objetivo não é tanto impedir os indivíduos de pensar – uma vez que isso seria impossível mesmo pelo mais fanático dos padrões – mas tornar o seu pensamento impotente, irrelevante e sem influência para o sucesso ou fracasso do poder. No extremo da tendência totalitária, são bloqueados os canais de comunicação entre o poder público e o que quer que tenha restado dos indivíduos privados. Não há necessidade de diálogo, uma vez que não há nada o que dizer: os súditos nada têm a dizer que possa ser de valor para os interesses do poder e os poderes instituídos não têm mais necessidade de convencer, converter ou doutrinar os súditos. Mesmo o *monólogo* do poder recua e gradualmente silencia. Só comandos vigorosos e "ordens do dia" são emitidos, sendo o resto confiado à hoje estúpida obediência à rotina. A lógica da rotina assume o controle a partir da ideologia; foi a lógica afinal, a lógica flutuante e sem âncora, uma lógica autocentrada e auto-referenciada, não mais impedida pela resistência da matéria e imune a todos os testes de realidade, que constituiu o principal atrativo do pensamento totalitário quando este capturou a imaginação de todos os sonhadores modernos da "perfeita ordem". Arendt reproduz a admissão de Stalin de que não era a idéia nem a oratória mas

> uma força lógica irresistível [que] dominava completamente a platéia [de Lenin]... [Essa lógica] cerca a gente por todos os lados com seus poderosos tentáculos, prende como um vício, e somos

impotentes para escapar de suas garras: a gente se rende ou se prepara para uma derrota esmagadora.

E comenta:

> [E]m perfeita afinação com um "raciocínio gélido" e a "força irresistível da lógica", os trabalhadores perderam no regime bolchevique até os direitos outorgados durante a opressão czarista, e o povo alemão foi submetido a uma guerra que não teve a menor consideração pelas mínimas necessidades de sobrevivência da nação alemã.[17]

A tendência totalitária precisa da ideologia como de uma escada, mas a escada não tinha mais utilidade depois que, alcançado o topo, a tendência se tornou poder de Estado. O ideal distante, que como uma estrela poderosa extrai a tendência totalitária do magma da existência insegura e confusa, não é a visão de uma sociedade dominada pela ideologia, mas de uma sociedade que nem terá necessidade de ideologia nem lhe dará espaço – uma vez que porá fim à argumentação, ao confronto de opiniões e choques de interesse. Em tal sociedade, a lógica substituiria o argumento e bastaria a dedução em lugar dos trabalhosos e dolorosos processos indutivos experimentais, de teste e monitoramento, exigidos na sociedade real, confusa, impudente e submissa. Essa sociedade livre de ideologias não é um sonho absurdo nem um ideal criado por mente doentia; a tendência totalitária partilhou esse ideal com a moderna, moderníssima peregrinação à terra da certeza. A tendência totalitária esteve latente – e por vezes inteiramente ativa – em todo projeto modernista.

Muitos intelectuais modernistas – arquitetos, artistas plásticos, romancistas e poetas de vanguarda – radicalizaram o sonho moderno da ordem. Partilharam esse sonho e se enfureceram por demorar tanto a se realizar. Não viam razão em perder mais tempo; impacientavam-se, coçavam-se por agir e agir *imediatamente*, como desejam todos os fanáticos, incluindo os fanáticos da modernidade. Desobrigados das preocupações pragmáticas dos políticos, que por bem ou por mal têm que praticar "a arte do possível", os arquitetos e planejadores urbanos e ainda mais os arquitetos verbais podiam liberar a imaginação, pelo menos nas escrivaninhas e pranchas de desenho, quando não nas ruas. Mas graças a essa liberdade podiam expressar o espírito da modernidade mais ampla e vividamente que qualquer político confrontado com os confusos fatos da manutenção da ordem. Pela mesma razão, no entanto, foram disseminadas as sementes da dissensão e da discórdia entre teoria e prática. A coragem dos artistas modernistas era impossibilidade para os políticos; a consistência dos artistas era leviandade e irresponsabilidade nos políticos.

Daí a estranha e intrigante relação – ambígua, enrolada, esquizofrênica, *Hassliebe* [de amor e ódio] – entre as artes modernas (e, de modo mais geral, as idéias modernistas), de um lado, e as potências modernas, de outro. O entusiasmo e o fascínio pela força, pelo poder e especialmente pelo poder de impor, alternam com longos períodos de desencanto e ressentimento em relação a todo e qualquer poder instituído. Trata-se de uma incongruente mistura de atração e repulsa – o amor pelo que é poderoso e dominante nunca está livre de suspeita, mas o ódio nunca está livre de fascínio. O amor estava fadado a não ser correspondido, mas o ódio carregava todos os sintomas agônicos do amante traído, embora não menos estupefato com a traição da amada. E havia mais de uma razão para essa ambigüidade insolúvel gravar-se na história das artes modernas.

A maioria dos pensadores modernos, entre eles eminentes artistas, punham a culpa naqueles que se aferravam às maneiras e modos já gastos, nas muitas pessoas de gosto ultrapassado (isto é, em linguagem modernista, pessoas de mau gosto), incapazes de ou refratárias a captar os discernimentos da vanguarda. Juntavam toda essa gente atroz e desprezível na imagem coletiva do *burguês*, rotulando-os de filisteus, deplorando sua vulgaridade, grossura, ignorância e diletantismo. Recusavam ao inimigo assim construído o direito ao julgamento artístico e particularmente a capacidade de formular juízos corretos. Qualquer julgamento proferido por tal inimigo – poderoso em número, vil e medíocre em espírito – não podia passar de atraso e inutilidade, expressão de um passado que perdeu o direito de existir, para não mencionar o direito de falar com autoridade e se impor no presente. E culpavam as indolentes, banguelas e submissas democracias, com suas idéias de igualdade, liberdade e liberdade igual (que a seu ver só podiam resultar no regime da mediocridade), por legitimarem e reforçarem as pretensões dos vulgares e ignorantes. É culpa dos regimes democráticos, como disse Ortega y Gasset e muitos repetiram, que "a mentalidade do lugar-comum, sabendo-se lugar-comum, sinta-se segura para proclamar os direitos do lugar-comum e impô-los à vontade... Qualquer um que não seja como todo mundo, que não pense como todo mundo, corre o risco de ser eliminado."[18]

Edward Timms disse dos intelectuais do início do século XX que sua característica era "a preocupação sem precedentes em mudar o mundo, não meramente interpretá-lo"; eles sabiam que para mudar o mundo é preciso poder, e não um poder qualquer, mas um enorme e decidido poder. Mas tinham cada vez menos esperança de que a política liberal-democrata feita sob medida do circunspecto e covarde burguês pudesse algum dia manifestar tal resolução. Não admira que muitos pensadores modernistas e artistas de vanguarda "passassem a se ver como agentes do protesto social e da transformação cultural"; não admira também que procurassem com fervor forças políticas radicais e impacientes como eles e, como eles, insatisfeitas com a lentidão das mudanças, mas que também prometiam uma autêntica e completa revisão de todas as realidades sociais. A Revolução Russa e a Marcha de Mussolini sobre Roma "exerceram notável fascínio sobre importantes escritores europeus do período... [M]uitas das melhores cabeças voltaram-se para ideologias que prometiam soluções mais radicais... [E]sses novos sistemas pareciam charmosos e dinâmicos, com uma visão de solidariedade fraterna e ação coletiva."[19]

Poucos modernistas ouviram o apelo de Julien Benda contra o partidarismo, a favor do distanciamento e neutralidade políticos. Mas menos ainda acharam palatável o centro moderado do espectro político. A maioria sentia-se realmente à vontade com os lemas revolucionários, acolhendo os apelos à violência. Na sua amarga acusação da rebelião modernista contra a realidade e a "política burguesa" que a defendia, Hannah Arendt lembra Ernst Jünger, que saudou a carnificina dos campos de batalha na Primeira Guerra Mundial, esperando que todo o tecido da vida se desfizesse nessas "tempestades de aço"; e também as palavras de Thomas Mann, que definiu a guerra como "castigo" e "purificação" e disse que "a guerra em si mesma, mais que as vitórias, inspirou o poeta". Arendt adverte o leitor:

> Simplesmente estigmatizar como explosões de niilismo essa violenta insatisfação com a era pré-bélica e as subseqüentes tentativas de restaurá-la (de Nietzsche e Sorel a Pareto, de Rimbaud e T.E. Lawrence a Jünger, Brecht e Malraux, de Bakunin e Netchayev a Aleksandr Blok) é subestimar o quanto pode ser justificado o descontentamento numa sociedade inteiramente permeada da visão

ideológica e dos padrões morais burgueses. Mas é verdade também que a "geração do front", em marcado contraste com os seus próprios pais espirituais de eleição, foi completamente absorvida por seu desejo de ver a ruína de todo esse mundo de falsa segurança, falsa cultura e vida falsa. Esse desejo era tão grande que sobrepujou em impacto e articulação todas as tentativas anteriores de "transformação de valores", como a de Nietzsche, de reorganização da vida política como indicado nos escritos de Sorel, de um renascer da autenticidade humana com Bakunin ou uma paixão pela vida na pureza das aventuras exóticas de Rimbaud. A ruína sem quartel, o caos e a destruição enquanto tais assumiram a dignidade de valores supremos.[20]

Os espíritos modernistas europeus respiraram liberdade na "atmosfera protototalitária" do período entre guerras, quando o centro político encolheu muito e o radicalismo ganhou cada vez mais força. Alguns artistas – como Gottfried Benn, Ezra Pound, Marinetti e Céline – optaram pela direita fascista com seu espírito sangrento, destrutivo e de "grande purificação". Como Spengler, eles incensavam a poética da guerra e da violência "como a forma superior de existência"; Jünger acreditava que apenas a guerra era capaz de expressar "a vida em toda a sua força". Jünger propunha substituir as fúteis e mesquinhas discussões da democracia liberal pela "heróica paisagem do sonho" desenhada pelas armas. A extensa linhagem de pensadores nacionalistas, que incluía nomes como Arthur Moeller van der Bruck (autor de um livro cujo título foi adotado como nome pelo Estado hitlerista), Werner Sombart, Othmar Spann e Carl Schmidt, nunca esteve muito atrás em matéria de fascínio pela força resoluta e impiedosa.[21] Alguns outros integrantes dos movimentos e escolas de vanguarda (reconhecidamente mais numerosos, a crer na história dos intelectuais escrita sobretudo pelos vencedores quando ainda vencedores) sentiam-se mais à vontade no campo comunista com sua promessa de realizar a tão esperada demolição da corrupta e apodrecida sociedade burguesa e libertar os homens da peia da necessidade histórica (como foi chamado o não planejado, contingente e estúpido curso da história, que repugna ao próprio espírito do esforço intelectual moderno). Mas quer optassem pela variedade radical de esquerda ou de direita, eram todos atraídos, seduzidos e entusiasmados pela perspectiva de desfazer-se a um só golpe da covardia, da pobreza de imaginação, da má-fé e de tudo o mais que se recusasse a aceitar métodos mais suaves de persuasão, assim frustrando o esforço de combater a irritante inércia, apatia, indulgência e rigidez das realidades sociais. Os modernistas buscavam poderes fortes o bastante para fazer face ao tamanho das suas ambições – só os extremos políticos pareciam poder dar conta do recado. Nenhuma democracia parlamentar parecia capaz de ou interessada em escancarar as portas ao que quer que fosse caro aos corações modernistas.

Para Renato Poggioli, o futurismo de Philippo Tommaso Marinetti exibiu desde o início "o ativismo e combatividade" que eram características intrínsecas de todo movimento de vanguarda.[22] Os futuristas deslumbraram-se com as "multicores e polifônicas ondas revolucionárias nas capitais modernas", esse "perpétuo devir" que a seu ver proporcionava o cenário desesperadamente indispensável à "total renovação da sensibilidade humana" que deveriam alcançar os artistas que abraçavam idéias modernistas. Achavam que o "Homem-Máquina" era uma base adequada para a rejeição do enjoado e piegas sentimentalismo sobre a natureza e a lírica obsessão com o "eu" – os dois maiores obstáculos no caminho da "nova sensibilidade". Tudo isso levava-os a acolher bem as marchas dos Camisas Negras e o som exclusivo de seus cânticos, a dispersão da "falação parlamentar" e a promessa de lavar as fraquezas do "eu" nas ondas poderosas mas silenciosas e obedientes das massas.

Os ideólogos e as ideologias ajudam a tendência totalitária a galgar as escadas do poder. Os ideólogos são os mais notáveis e vociferantes habitantes da ágora moderna, esse espaço social onde as preocupações privadas lutam para se erigir em questões públicas e em que os *pronunciamentos* dos detentores do poder ou dos que pretendem sê-lo se esforçam em apresentar-se como soluções coletivas para problemas particulares. Os ideólogos mais úteis, talvez indispensáveis ao avanço da tendência totalitária, são aqueles que usam a ágora para acusá-la do crime de ser o que é – uma feira barulhenta, desordeira e briguenta de queixas e reivindicações. Suas ideologias acusam a ágora das mesmíssimas aflições cujas vítimas foram a ela em busca de cura e recuperação. Além disso, é acusada de bloquear o caminho à ação decidida e eficaz, embora a sua abolição seja encarada como uma forma radical de exterminar os problemas que antes de mais nada levaram os queixosos a ela.

Tais ideologias devem soar doces e reconfortantes a ouvidos ávidos em captar uma nota de esperança – e soam tanto mais doces e aliviantes dado o fracasso corriqueiro da ágora em relacionar as preocupações privadas e divisivas às questões públicas e unificadoras. "Nada se mostrou mais fácil de destruir", disse Hannah Arendt, "do que a privacidade e a moralidade privada das pessoas que não pensavam senão em proteger suas vidas privadas." Os detratores e zombadores intelectuais da ágora prepararam o terreno para essa destruição ao privar as pessoas de sua única chance de pensar em alguma coisa que não as suas vidas privadas e, acima de tudo, daquele algo que – como o tempo mostraria – era a única salvaguarda confiável de toda privacidade e moralidade.

Todas as ofertas de amor incondicional e de bom comportamento que partiam de fiéis companheiros de viagem continuaram, porém, sem encontrar eco, quando não completamente repelidas por camisas negras, verdes ou vermelhas – como no caso de Gottfried Benn na Alemanha, com seu ódio visceral aos "processos aleatórios" e autêntico entusiasmo pela *Zucht* [disciplina], ou os poetas, pintores e arquitetos modernistas da Rússia bolchevique com sua celebração dos "citas e novos bárbaros", que se esperava não sentissem piedade pelo que quer que vivesse mais do que merecia. Por toda parte, as abordagens amorosas eram repelidas pela mesma razão. Havia boas razões para o romance permanecer unilateral e o amor não correspondido. Como disse Raymond Williams, a despeito de todas as discussões internas, os vários movimentos modernistas eram semelhantes pelo fato de

> inaugurarem novos métodos e objetivos na literatura, nas artes plásticas e no pensamento. O fato portanto é que, por essa mesma razão, foram com freqüência rejeitados pelas forças políticas dominantes. Os nazistas embolariam os modernistas de esquerda, de centro e de direita num saco só, que chamavam de *Kulturbolshevismus*. A partir de meados da década de 20, os bolcheviques que tomaram o poder na União Soviética repudiaram praticamente o mesmo espectro.[23]

"As forças políticas dominantes", no caso, eram na verdade destacamentos totalitários avançados da arrogante e agressiva modernidade, setores das forças modernas que se livraram de toda restrição – sobretudo, as restrições da ágora – e atacaram furiosamente. Havia algo de morbidamente atraente naquela loucura pelo espírito modernista desiludido das promessas desfeitas ou que teimavam em não se cumprir, exasperado com a tediosa futilidade das rotinas cotidianas da vida moderna, impaciente com os resultados tediosos, insípidos, mambembes e aparentemente inúteis do processo de barganha, compromisso e assistência mútua. A isca, no entanto, era terrível: a sedução era uma armadilha.

Quando chegou finalmente o dia do juízo, as sociedades totalitárias se mostraram porém nada hospitaleiras aos ousados, inquietos, refratários e obstinados espíritos experimentalistas modernos. Sob o governo dos novos administradores totalitários, essas sociedades se apressaram em impor outra rotina – incomparavelmente mais sufocante e estupidificante que qualquer outra coisa que tenha feito padecer os espíritos modernos nas "frágeis e vacilantes" democracias que tanto detestavam. Os poderes totalitários não tolerariam qualquer experimentalismo, pela razão mesma de ser experimental, quer dizer, um espinho na carne dos governos totalitários monolíticos e cruéis; menos ainda aceitariam visões que não se coadunassem com as realidades que já tinham concretizado e controlavam – combateriam com unhas e dentes toda experiência e visão desviadas, pelo pecado original de terem nascido de métodos, propósitos e valores que não aqueles proclamados, legitimados e governados pelos poderes constituídos. A única liberdade que os regimes totalitários estavam preparados para oferecer aos intelectuais e artistas era a liberdade de ouvir, de tomar nota e obedecer. Obedecer ou morrer. Nos palácios totalitários só havia lugar para poetas e pintores da corte, com ordem para *representar a realidade que os governantes determinassem*, não de criá-la. (Numa definição espirituosa do escritor russo dissidente Voinovitch, o "realismo socialista" era a arte de elogiar os governantes em termos que eles pudessem entender.) O direito de criar a realidade, assim como de decidir o que é real o bastante para ser representado, permaneceria prerrogativa exclusiva dos governantes.

Assim que a tendência totalitária encontrou vazão no Estado totalitário fascista ou comunista, tornaram-se desnecessários os ideólogos da sociedade totalitária – que de todas as formas de convivência humana é a que menos precisa das muletas ideológicas.

> Sempre que os movimentos totalitários tomavam o poder, todo esse grupo de simpatizantes era expurgado antes que os regimes cometessem seus crimes maiores. A iniciativa intelectual, espiritual e artística é tão perigosa para o totalitarismo quanto a iniciativa

criminosa das massas e ambas são mais perigosas que a mera oposição política.[24]

Foi assim que chegou ao fim o romance dos intelectuais modernos com o poder totalitário. Junto com o romance, no entanto, algo mais cruzou a linha de chegada, a saber, a longa história da guerra de atrito da eclésia contra a ágora.

Costumamos ouvir alertas sobre a invasão ou a colonização sub-reptícia da vida cotidiana pelos poderes públicos. Em geral o argumento usado para justificar o alarme é apresentado sob nova e atualizada versão dos medos outrora bem fundados de o Estado usurpar um poder absoluto sobre a ágora. Nas atuais condições, porém, tal argumento em quaisquer das suas versões parece menos derivar do diagnóstico dos perigos atuais do que ser um produto reciclado das lembranças históricas. As lembranças são difíceis de erradicar; elas continuam sendo no geral o arcabouço cognitivo para a percepção e representação das tendências atuais. Afinal, as sucessivas gerações de pensadores aprenderam a ver a interface entre a ágora e a eclésia como a mais vulnerável das frentes de batalha e aquela mais propensa a recuar. Gerações anteriores podem ter gostado do que viram e acalentaram grandes esperanças nos resultados da invasão iminente e a ocupação benigna que se seguiria à conquista. Nas gerações posteriores a suspeita e a vigilância substituíram a confiança e as grandes expectativas. Mas todas as gerações tiveram igualmente alvos fixados numa linha de frente. Devem ter esperado coisas diferentes, mas dificilmente diferiam num prenúncio: que todas as coisas realmente importantes acontecerão na fronteira entre a ágora e a eclésia, e que todas as batalhas travadas ao longo dessa fronteira serão decisivas para moldar a futura sociedade humana.

Com os olhos fixos na fronteira entre a eclésia e a ágora, pensava-se menos na outra linha limítrofe – aquela entre a ágora e o *oikos*, a interface que ligava/separava as esferas "pública/privada" e "privada". Esperava-se que na ágora os interesses privados se adaptariam às necessidades/exigências/pressões do público. O que se esperava ocorresse na ágora teve um sabor decididamente pedagógico/esclarecedor/penetrante: tratava-se primordialmente de um espaço em que os gumes afiados de interesses incompatíveis se embotavam, pressões contraditórias se equilibravam, sonhos e desejos se desbastavam e comprimiam para não colidir uns com os outros e formar um todo harmonioso, esfriando as áreas conflagradas para não ocorrer uma explosão. O "público" e o "privado" se encontravam na ágora em situação desigual – como guia e guiado, respectivamente, professor e aluno, pai e filho. O "público" era o sujeito primordial da ação e o "privado", o objeto dessa ação.

E no entanto agora é a outra fronteira, antes tida como segura, que recebe o tráfego mais intenso e a barreira central de contenção. A ágora é, como antes, um território invadido, mas desta vez os papéis foram invertidos e as tropas invasoras se embolam na grande área com o privado – embora, ao contrário do "público" representado pelo Estado legislador e executor da lei, desta vez não é um exército regular com quartel-general e estado-maior unificado, mas uma multidão desembestada e multiforme de transgressores não uniformizados. Ninguém está ali para interromper o avanço dessas tropas – os exércitos regulares do "público" bateram em retirada por lhes faltar força de combate, interesse em manter a ocupação ou as duas coisas. Quanto ao poder público, a ágora parece cada vez mais uma terra de ninguém. O campo de batalha foi praticamente abandonado à mercê de qualquer aventureiro que queira invadi-lo.

Isso pode se situar no tempo remontando-se ao mencionado e fundamental desvio histórico do Estado moderno: a separação e crescente defasagem entre poder e política. Claus Offe deu expressão bem precisa aos vários aspectos desse fatídico divórcio.[25] Dentre esses aspectos menciona (1) a implosão dos centros ortodoxos dos poderes econômico, militar e cultural outrora concentrados no Estado-nação mas hoje minados e sabotados tanto "por baixo" como "por cima", (2) as transformações pós-modernas da morfologia social que levaram ao progressivo declínio do apoio das elites estabelecidas às instituições políticas, assim como da confiança geral nelas, o que resultou na nova volatilidade, fragmentação e rápida mudança das questões e focos de atencão pública; e (3) por fim, mas não menos importante, o fato de que "os agentes políticos perderam a segurança de seus papéis e domínios porque a economia política do capitalismo pós-industrial e global não fornece mais a clara definição dos 'lugares dentro do sistema de produção' em que outrora se basearam as formas de ação coletiva (partidos políticos, associações, sindicatos)". O resultado geral de todas essas transformações intimamente entrelaçadas é uma situação na qual "as soberanias tornaram-se nominais, o poder anônimo e o seu lugar, vazio". Se formulamos com menos freqüência a tradicional pergunta "o que fazer?" com o estado atual das questões públicas no caso de o considerarmos insatisfatório e se a tendência é rapidamente descartá-la com a afirmação de que não há alternativa, isso não é tanto por falta de idéias quanto de agentes que possam levá-las adiante. A avaliação da viabilidade das ações e projetos é uma função da força relativa do agente e de seu adversário; e nas atuais circunstâncias a questão principal a ser formulada urgentemente e para a qual não se divisa uma resposta clara é: "Alguém é capaz de fazer o que é preciso fazer?"

Podemos dizer que se os agentes tradicionais não são mais capazes de uma ação eficaz, os agentes realmente poderosos e competentes escaparam escondendo-se e atuam para além do alcance de todos os meios estabelecidos de ação política, quanto mais dos processos democráticos de negociação e controle centrados na *ágora*. Esses novos agentes celebram sua independência e desligamento da *ágora*. Eles não têm nada a ganhar com sua presença ali, mas tudo a ganhar com sua ausência. Não vêem proveito na regulação normativa e portanto não precisam da *ágora*; mas sentem que podem tirar proveito do fato de ter as mãos livres e portanto fazem o máximo para manter distância da *ágora* e ficar fora de vista das multidões que a ocupam.

Tendo cortado seus laços com a ágora, os poderes que realmente importam não têm utilidade para filósofos, educadores ou pregadores. Eles não precisam mudar o mundo que é a sua ostra; sentem-se bem à vontade no mundo "interligado em rede", o mundo da Internet, sem uma mesa de controle mas com responsabilidades flutuantes; e, não tendo missão a desempenhar que exija uma mobilização espiritual das massas, cruzadas culturais ou conversão das multidões, podem apenas aplaudir o consistente desmantelamento de todos os agentes efetivos ou potenciais de ação coletiva que vise à "totalidade".

Tudo só poderia ter e tem de fato um efeito devastador na situação dos intelectuais moldada no espírito *Sturm und Drang* moderno à época da construção nacional, quando os poderes buscavam legitimar-se, época do Panóptico, que extraía obediência da regulação normativa.

Claus Offe resume da seguinte forma a experiência atual das elites intelectuais:

> por um lado, quase todos os fatores da vida social, econômica e política são contingentes, eletivos e atrelados à mudança, enquanto por outro lado as premissas institucionais e estruturais sobre as quais

se exerce essa contingência são simultaneamente removidas do horizonte da opção política e mesmo intelectual.

São removidas por uma razão simples: nas atuais circunstâncias (ou, nos nossos termos, com uma parte da eclésia seguramente isolada da ágora e a restante impotente), "a própria tentativa de refletir normativamente sobre ou de renovar [...] a natureza da coordenação dos processos [...] é virtualmente impedida por força da [...] futilidade prática e portanto de [...] uma inadequação básica". O resultado é que a maneira como vários subsistemas (por mais flexíveis que sejam em si mesmos) "se relacionam e se influenciam deve [...] ser considerada extraordinariamente rígida, fatal e excluída de toda liberdade de escolha".[26]

Em outras palavras, a integração e reprodução da "ordem global" toma mais uma vez o disfarce de um processo espontâneo e impelido por si mesmo. A grande novidade da modernidade foi apresentar a criação, preservação e continuidade da "ordem" como uma *tarefa* – um propósito dificilmente atingível sem uma ação humana decidida, concertada e consciente da sua meta. Mas a produção da ordem não é vista mais como uma tarefa; ao contrário, toda ação que visa a impor uma ordem diferente daquela em vigor é suspeita de interferir indevidamente na capacidade e poder da "mão invisível"(com ênfase no "invisível"); empenho arriscado, fadado a desperdiçar ou estragar pelo menos tanto quanto e talvez mais do que possa consertar ou melhorar. E se a continuada existência da totalidade já não é uma tarefa, então os planejadores de tarefas não são mais necessários e os possíveis impostores, os autoproclamados profetas, que nunca faltam, devem ser mantidos à distância. E não há necessidade de as classes detentoras de conhecimento assumirem o papel de intelectuais – de guias espirituais que pretendem tornar as pessoas diferentes do que são ensinando-lhes coisas que elas não aprenderiam por si mesmas e antes de mais nada ensinando-lhes que é útil para elas aprender essas coisas. Não existem grandes tarefas, portanto não há utilidade para as grandes idéias.

Lembranças da paidéia

Já foi dito que na nossa sociedade o Sinóptico vai gradual mas incessantemente expulsando o Panóptico inicial como instrumento básico de "manutenção dos padrões" e "administração de tensões" ou, para ser simples, de preservação da ordem; e que estamos passando ou já passamos dos tempos heróicos dos líderes espirituais para uma época de "exemplos pessoais".

Umberto Eco realizou a vivissecção de um dos mais populares "objetos sob observação" no Sinóptico contemporâneo, a história em quadrinhos do *Super-Homem*: o superexemplo, o exemplo máximo de auto-afirmação num mundo que proclama ser a afirmação um negócio privado, que deve como todos os negócios ser conduzido com recursos privados.[27] Eco observa que o Super-Homem usa seus poderes extraordinários e misteriosos para conservar e preservar intacta a ordem usual das coisas.

> Super-Homem nunca estaciona o carro em área proibida e jamais será um revolucionário [...]. Esse herói ultrapoderoso usa seus dons extraordinários para produzir um ideal de absoluta passividade, descartando todo projeto sem a prévia chancela do bom senso, tornando-se assim um modelo de altos padrões morais infenso a preocupações políticas.

A mensagem de que não há alternativa, que transpira de toda aventura bem-sucedida do Super-Homem e de suas muitas cópias ou contrafações produzidas em massa, a necessidade de nada fazer em especial em relação ao mundo, exceto apegar-se à lei e observar a ordem, além de ocasionalmente ajudar as pessoas de uniforme ou à paisana que contribuem para mantê-la, pode exercer um efeito consolador e reconfortante na maioria dos observadores, mas parece antes uma mensagem apocalíptica e o anúncio do juízo final aos ouvidos de quem quer que possa ainda aspirar, por nostalgia ou outra razão qualquer, aos papéis e responsabilidades outrora associadas à posição de um intelectual.

De acordo com suas reações, Umberto Eco divide os teóricos e práticos contemporâneos em "apocalípticos" e "integrados". A diferença essencial entre eles é que "se os apocalípticos sobrevivem montando teorias sobre a decadência, os intelectuais integrados raramente teorizam. É mais provável que se ocupem produzindo e transmitindo diariamente as próprias mensagens em cada esfera". Os apocalípticos são com certeza pessimistas; os integrados, por outro lado, não são pessimistas nem otimistas (embora em particular possam ser uma coisa ou outra), mas antes e acima de tudo não são *dissidentes*. O que os apocalípticos imploram para os intelectuais integrados é o seu elemento natural.

Por que os apocalípticos lamentam o que vêem como decadência cultural? E por quê, para começar, vêem a atual situação da cultura como decadente? As razões, aprendemos com Eco, são primordialmente teóricas (ou, uma vez que os integrados raramente teorizam, é antes a bossa dos apocalípticos da teorização que faz a diferença). Os apocalípticos e os integrados, segundo Eco, têm idéias diferentes sobre a cultura e do que ela trata. Hoje em dia, é provável que alguém se torne apocalíptico se pensar na cultura como "um fenômeno aristocrático", como "cultivo assíduo, solitário e zeloso de uma vida interior que modera e se opõe à vulgaridade das massas". Se acreditarmos nisso, então a "cultura de massa", destinada indiscriminadamente a todos e feita sob medida para o gosto e capacidade de entendimento de todos, não é absolutamente cultura; é, antes, a destruição da cultura, uma "anticultura" (semelhante à "antimatéria" da ficção científica). Mas se não aceitamos primeiro uma visão aristocrática ou outra qualquer, sublime e grandiosa, da cultura, uma visão postulada e não descritiva, então aceitaremos sem maior aflição e agravo o fato de que "a TV, os jornais, o rádio, o cinema, as histórias de quadrinhos, as novelas e as *Seleções do Reader's Digest* puseram a cultura ao alcance de todos": ninguém então vai olhar com ar superior "produtos culturais" inferiores ou medíocres mas de grande saída e, em vez de fazer mais uma profecia do juízo final, os profissionais da cultura partirão de onde eles e todos os demais estão. Ocupados como estão em usar os novos instrumentos de estímulo ao consumo de massa, terão pouco tempo para o desespero e a dor no peito.

De acordo com Eco, a diferença entre o apocalipse e a integração, em outras palavras, é a diferença entre as perspectivas cognitivas, ou antes, a presença e a ausência de ideais preconcebidos: talvez entre a utopia e o realismo, entre medir a realidade segundo certos ideais frustrados (como um "projeto não concluído de Iluminismo") ou aceitá-la tal qual é. O que Eco não diz, porém, é por que deveria haver duas óticas radicalmente diferentes e, em especial, por que certas visões da cultura deveriam ser abandonadas, deixadas de lado, desprezadas ou simplesmente esquecidas. Também não diz o que a sorte dessa visão pode nos dizer daqueles que outrora a sustentaram e daqueles que não a sustentam hoje.

Eco insiste que aquilo que os apocalípticos agora chamam, com horror e desprezo, de "cultura de massa", é na verdade um fenômeno que precede de alguns séculos o surgimento do conceito, que remonta pelo menos à invenção da imprensa em blocos xilográficos (isto é, antes da momentosa invenção do tipo móvel por Gutenberg). Os épicos de cavalaria ou "histórias da vida real" que a imprensa tornou acessíveis à gente comum de parcos recursos tinham todas as características hoje consideradas sintomas de decadência cultural; eram efêmeros e enjoativamente sentimentais, apelavam aos baixos sentimentos, adulavam todos os preconceitos e paixões doentias dos leitores e até faziam o que se poderia classificar hoje de publicidade bombástica. Mas não ficou registrada nenhuma reclamação do público culto. Ninguém parecia se perturbar com isso na elite, não se ouvia um só chamado à resistência nem se fez um só alerta de perigo. Por que essa unanimidade, tão pouco característica dos "intelectuais" que viemos a conhecer mais tarde? Acho que tentar matar essa charada revelaria a limitação da explicação de Eco sobre a diferença entre "apocalípticos" e "integrados" no nosso tempo, mostraria o "elo perdido" da sua análise: a aventura moderna que separa a serenidade pré-moderna e o alarmismo do fim do modernismo.

Os conceitos supostamente descritivos são na maioria praxeomórficos: cortam, separam, conectam e mapeiam os fragmentos e pedaços do mundo à maneira como tais peças se prestaram às ações dos conceituadores e mapistas. A "gente humilde", os lenhadores e os carregadores de água, os leitores incultos de literatura sensacionalista vendida nas feiras por mercadores itinerantes não eram tutelados pelas classes cultas da época; podiam ser selvagens, mas não selvagens à espera de refinamento; podiam ser ignorantes, mas não ignorantes à espera de iluminação; talvez idólatras, mas não infiéis à espera da revelação e conversão. Não eram, em suma, objetos da ação atual ou futura das classes cultas. Estavam fora e fadados a ficar de fora do *Lebenswelt* [mundo, vida cotidiana] da elite culta, protegida em segurança pelas supersólidas muralhas do latim. A elite culta não tinha responsabilidade pelo que lia ou deixava de ler a "gente humilde", assim como não se sentia responsável pelo que o povo plantava ou a maneira como ordenhava as vacas.

Num dado momento, no entanto, as crenças populares viraram superstições, os hábitos populares viraram sinais de obscurantismo e vulgaridade e os estilos populares de vida viraram sintomas de *falta de cultura*. Esse momento é bem definido na seqüência histórica. Ele marca uma ruptura fundamental não tanto nas maneiras e métodos dos *hoi polloi* quanto na localização social do conhecimento e de seus portadores. Podemos situar esse ponto historicamente no começo da construção da nação moderna e no surgimento do poder moderno – um poder que lutou "para chegar onde outros poderes não puderam".

Só nesse novo contexto essencialmente inédito (o qual separa a condição moderna do cenário político grego, por mais numerosas que sejam as analogias continuamente ressaltadas entre os dois) a elite culta passou a ser "líderes espirituais" ou missionários com a tarefa de converter os outros – supervisores, censores, professores e educadores do *populus*. Só então se colocaram a tarefa de criar um modo de vida para os outros aprenderem, adotarem e seguirem. Essa nova posição e papel não estava livre de antinomias insolúveis e Eco está certo quando aponta a ânsia de *se opor* "à vulgaridade das massas" como um dos traços característicos na postura dos produtores de cultura – motivo que só podia frustrar e por vezes impedir a outra ânsia de libertar as massas de sua vulgaridade; a atitude das classes cultas modernas em relação ao que alternadamente, dependendo do momento, chamavam de "povo" ou "turba" era uma mistura de amor e ódio, do impulso de chegar mais perto e do horror de "se dissolver" nela. Com tudo isso, porém, as classes cultas assumiram o papel de protetoras e guardiãs dos "ignorantes" e dos "ainda não inteiramente educados" e se apegaram a esse papel até o fim dos tempos modernos. O papel implicava tanto direitos como responsabilidades. O que definia a elite culta nos tempos modernos não era o conjunto das características únicas dos seus integrantes individuais, mas sua relação coletiva com o resto da população "necessitada de esclarecimento e cultivo" e o papel que todos coletivamente desempenhavam, esperavam e queriam desempenhar ou que achavam ser um direito seu nessa relação.

A aceitação dessa vocação foi possibilitada pelas ambições ordenadoras do Estado moderno e a vocação foi exercida no contexto dessa atividade ordenadora. A aceitação continuou possível e pareceu relativamente indiscutível e segura enquanto duraram essas ambições e práticas, enquanto a eclésia manteve seu profundo interesse pela ágora e cuidou diariamente de intervir na sua rotina. Não poderia sobreviver – pelo menos com certeza não na sua antiga forma e sem uma grande crise – à retirada ou incapacitação da eclésia na sua forma institucional de Estado-nação moderna. Essa evolução só poderia ser percebida pelas classes cultas que passaram a desempenhar a vocação de guardiães da cultura como uma grande catástrofe, um pesadelo apocalíptico. De repente as classes cultas se viram despojadas da realidade que tornava realista sua própria condição e função. Viram-se despojadas das prerrogativas de custódia que já achavam ser um direito seu de berço – e sem seus guardiães, uma vez que suas antigas funções estavam agora confiadas a outros guardiães, buscavam novas tutelas ou, recém-liberadas, iam tratar da própria vida aparentemente sem nenhum guardião nomeado.

Quando lamentam a decadência cultural, os teóricos e praticantes da cultura lamentam o declínio da sua missão de proselitismo moderna. Ninguém parece precisar mais de missionários; bastam o clero, guardas de igreja e sacristãos para o novo culto das sensações agradáveis e divertidas. Nesse ponto, os moradores dos edifícios da eclésia e os habitantes do *oikos* parecem estar totalmente de acordo, deixando os missionários do passado sozinhos com suas caras lembranças e recentes frustrações. As vítimas de traição também descobrem que sua própria gente desertou em massa e está rapidamente se esgotando. (Como Stuart Hall causticamente observou sobre o destino das universidades, essa firme e incontestável fortaleza institucional do papel dos intelectualistas ortodoxos, o "Estado não mandou a polícia secreta transformar a educação superior num setor empresarial. Fizemos isso nós mesmos..."[28]) É grande a tentação de abandonar o que de qualquer forma parece irremediavelmente perdido e o canto da sereia é convidativo para muitos ouvidos outrora desafinados.

Pierre Bourdieu recentemente gracejou que, uma vez que os homens e mulheres de saber já não podem mais contar hoje em dia com a imortalidade de suas *oeuvres*, buscam o máximo de aparições na TV – versão atualizada da famosa frase de Berkeley, "ser é ser visto na TV". A televisão, segundo Bourdieu, virou o equivalente intelectual do espelho de Narciso. A busca da eternidade foi substituída, na estratégia dos homens e mulheres de saber, pela disputa de convites para os programas de TV; o trabalho cotidiano tende a se modelar de modo tal que os convites sejam mais prováveis. Mas a prática dos *shows* de TV e a do trabalho intelectual diferem radicalmente. A da TV é guiada por índices de audiência e velocidade, mas a rapidez e a audiência de massa são inimigas do pensamento. A "comunicação" com o grande público é instantânea na TV, mas, como assinala Bourdieu, é "instantânea porque não existe, não passa de um fantasma. O intercâmbio de lugares-comuns é um tipo de comunicação que só tem por conteúdo o fato mesmo de comunicar." Essa pseudocomunicação alimenta o "pensamento rápido", que fornece a "*fast food*" intelectual...[29]

Uma visão bastante comum, talvez predominante, entre os escritores sobre a sina histórica dos intelectuais é de que não se pode resistir ao que está efetivamente ocorrendo e que, mesmo se a aventura intelectual de assumir responsabilidade pelos valores de vida das pessoas não fosse, para começo de conversa, um grave equívoco ou ilusão de grandeza, o fato é que está superada. Como consolo (se precisamos de algum) ressurge uma variante da "mão invisível". Mais uma vez espera-se que essa mão, hábil e benevolente por definição, manipule por cordéis os operadores do mercado financeiro e de *commodities*, mas se os fatos tornam a expectativa um tanto inacreditável demais, a mão é deslocada para o mercado de idéias e interesses chamado democracia. Graças à mão, que deve permanecer invisível para fazer um bom trabalho, a ágora desassistida e abandonada a si mesma (recorrendo apenas a consultores contratados) será guiada ou arrastada rumo a todas as soluções corretas para todos os verdadeiros problemas, junto com os valores e princípios que as informam.

Sem dúvida, essa visão é excelente advogada da nova postura de desengajamento e desinteresse, o que significa uma renúncia às responsabilidades extraprofissionais, àquela ânsia de "fazer mais do que pede o dever" que foi a marca registrada dos intelectuais modernos. Ela resume bem o que sentem os intelectuais quando são definidos e se definem como órfãos da hoje extinta ou desaparecida eclésia (fico tentado em dizer eclésia *disparue* ou eclésia *abscondita*) ou quando o seu papel na ágora é identificado com o dos agentes, parceiros ou plenipotenciários da eclésia e não se divisa nenhum outro papel. Essa visão não contempla a possibilidade de que o casamento entre saber e eclésia tenha sido um fato histórico e não celestial e de que a missão dos intelectuais possa sobreviver ao divórcio.

Permanece contudo o fato de que, assim como a "mão invisível do mercado" não conseguiu produzir para todos uma existência afluente, a perspectiva de que a "mão invisível da democracia" vá produzir indivíduos seguros numa sociedade justa está longe de ser uma conclusão dada. Lembrando Aristóteles, Castoriadis observa que a mera adesão ao processo democrático não garantiria por si nem o "Estado de Direito" nem o "Estado de Direitos":

> O governo da maioria só se justifica se dermos igual valor, no terreno do contingente e do provável, aos *doxai* de indivíduos livres. Mas se a igualdade de valor das opiniões deixa de ser um "princípio contraditor", uma espécie de dispositivo pseudotranscendental, então o trabalho permanente de instituir a sociedade deve ser o de tornar os indivíduos tais que razoavelmente se possa postular que todas as opiniões têm o mesmo peso no terreno político. Mais uma vez, a questão da paidéia se mostra inextirpável...
>
> Tais indivíduos só podem se formar numa paidéia democrática e por meio dela, paidéia que não cresce feito planta mas que deve ser um dos principais objetos de preocupação política da sociedade.[30]

A sociedade não pode fazer felizes os seus indivíduos; todas as tentativas (ou promessas) históricas nesse sentido geraram mais miséria que felicidade. Mas a boa sociedade pode – e deve – tornar livres seus integrantes, não apenas livres de um ponto de vista *negativo* – no sentido de não serem coagidos a fazer o que não fariam por espontânea vontade – mas *positivamente* livres, isto é, no sentido de serem capazes de fazer algo da própria liberdade, de serem capazes de fazer coisas... E isso significa primordialmente poder influenciar as condições da própria existência, dar um significado para o "bem comum" e fazer as instituições sociais se adequarem a esse significado. A "questão da paidéia" não pode ser eliminada porque há ainda o projeto democrático não realizado de termos uma sociedade livre constituída por indivíduos livres.

Os indivíduos só são livres quando podem instituir uma sociedade que protege e promove sua liberdade, a não ser que instituam juntos um agente capaz de alcançar exatamente isso. Portanto, a tarefa na ordem do dia é fazer a ágora retomar a eclésia.

Essa tarefa abre vasta área de ação para as classes cultas. Mas para que se empreenda essa ação faz-se necessária uma reorientação da eclésia para a ágora, para esse espaço político em que o público e o privado se encontram, onde não apenas se faz uma escolha dentre as opções disponíveis como se examina, questiona e renegocia a gama de opções. E o primeiro passo assim que tem lugar a reorientação é reconstruir a ágora para adaptá-la a essa tarefa. Não será coisa fácil, considerando o perigoso estado atual da esfera público-privada, da qual "o público" recuou para buscar abrigo em lugares politicamente inacessíveis e "o privado" está a ponto de retirar-se para a própria auto-imagem. Para adaptar a ágora aos indivíduos livres e à sociedade livre, é preciso interromper ao mesmo tempo sua privatização e despolitização. É preciso restabelecer a tradução do privado para o público. É preciso retomar (na ágora e não apenas em seminários de filosofia) o discurso interrompido do bem comum – que torna a liberdade individual tanto factível como digna de luta.

Não é tarefa fácil, repito, considerando o paradoxo apontado por Offe: "Os novos movimentos sociais tomaram por alvo de crítica exatamente esses arranjos institucionais de ordem política, produção material e inovação tecnocientífica com a ajuda dos quais se poderia atender às reivindicações dos movimentos mais antigos..." Em conseqüência, os movimentos que aspiram a ocupar o espaço público-privado perderam a chance de tocar na "raiz" do problema atual e de construir uma agência que tornaria plausível qualquer mudança na esfera pública. "[O]s movimentos ecológicos, pacifistas, feministas, regionalistas e de autonomia local estão longe de ter desenvolvido um esboço mesmo de programa para a transformação social com o mesmo grau de consistência e abrangência dos movimentos sociopolíticos anteriores."[31]

Ulrich Beck sugere, de forma perspicaz, que a dúvida é o mais precioso dom que os pensadores podem oferecer às pessoas que tentam desesperadamente encontrar o caminho sob o peso morto da falta de alternativa e em meio aos azares da política de privatização da vida.

> O ceticismo, ao contrário da equivocada suposição geral, torna tudo possível de novo: a ética, a fé, a moralidade, a sociedade e a crítica, só que em formatos diferentes, um pouco menores, mais experimentais, mais revisáveis e capazes de aprender, portanto mais curiosos, mais abertos ao imprevisto e incomum, com uma tolerância baseada e ancorada na certeza definitiva do erro. Depois de Marx, Engels e Lenin, depois de Horkheimer e Adorno, talvez se deva redescobrir Montaigne como pai fundador da teoria social da nova modernidade reflexiva.[32]

DIGRESSÃO 1: *Ideologia no mundo pós-moderno*

Habent sua fata verba [as palavras têm destino próprio], embora algumas o tenham mais bizarro que outras. A palavra "ideologia" estabeleceu, porém, um recorde difícil de bater. Encontrar um denominador comum para os usos históricos radicalmente diferentes do termo ou uma lógica da transformação produtora dos seus sucessivos avatares é tarefa notoriamente árdua. Mas há outra dificuldade além dessa de chegar a um acordo sobre a carga e usos semânticos do termo. "Ideologia" é um conceito discursivo que em diferentes épocas foi utilizado de forma diferente pelas pessoas, mas a noção de ideologia procura também captar certos aspectos mutáveis do mundo habitado pelos homens e mulheres modernos e isso já é alvo de contínua reavaliação e também de discórdia e contestação. A ligação entre as reviravoltas históricas do termo e o destino histórico desse aspecto da realidade humana não é imediatamente visível enquanto os dois fenômenos a que se refere o mesmo termo não são fáceis de separar e distinguir.

O conceito contestado na essência

Etimologicamente, a palavra "ideologia" significa "ciência das idéias" e deveria ter mesmo esse sentido quando foi criada, no final do século XVIII, por Destutt de Tracy, fundador e líder do Instituto Nacional Francês, e recebeu lugar de destaque no projeto a que se dedicaria o instituto. O objetivo do instituto era realizar a ambição do Iluminismo: assessorar os governantes na tarefa de legislar uma nova ordem social, uma ordem racional. E o método proposto para isso era recorrer a um conhecimento científico preciso da maneira como se formam as idéias na mente humana de modo a garantir que apenas idéias corretas surgissem, idéias com a chancela da razão.

O papel chave que a "ciência das idéias" estava fadada a desempenhar na construção de um mundo humano governado pela razão e integrado por seres de comportamento racional praticamente não exigia outro argumento. Isso graças a uma série de suposições simples: a conduta humana é guiada pelas idéias que as pessoas têm; as idéias se formam através do processamento de sensações humanas; esse processamento, como tudo o mais na natureza, está sujeito a leis estritas; tais leis podem ser descobertas com a sistemática observação e experimentação; uma vez descobertas, podem ser usadas – como outras leis naturais conhecidas – para melhorar a realidade: nesse caso, para garantir que nenhuma sensação enganosa se ofereça a processamento e que as verdadeiras sensações não se distorçam quando processadas – de modo que se formem e sejam adotadas somente idéias *verdadeiras*, aquelas que passam no teste da razão. Nas palavras de Mercier, um dos luminares do instituto francês, as idéias "são tudo o que existe" e, segundo o próprio Tracy, "só existimos pelas sensações e idéias. Nenhuma coisa existe senão pela idéia que dela fazemos."

Ela mesma uma ciência estrita, precisa, a ideologia foi chamada a ocupar a posição do cão de guarda no mundo da ciência. Sua tarefa era supervisionar e corrigir as obras de todos os outros ramos do conhecimento – investigar, regular e, se necessário, pôr na linha todos os esforços cognitivos do homem. Mas havia outro objetivo escondido na noção de ideologia. Em termos práticos, o papel central da ideologia entre as ciências significava um papel central para os ideólogos entre os condutores e guias de uma sociedade esclarecida: manipulando o ambiente humano e, portanto, também as possíveis sensações nele produzidas e guiando os processos subseqüentes de formação de idéias, os especialistas em ideologia garantiriam o domínio da razão sobre todo o campo das crenças e do comportamento humanos.

A teoria da verdade, em cujos termos se colocava o projeto ideológico, era ao mesmo tempo uma teoria do erro; falsas crenças eram culpadas das sensações erradas provocadas por um ambiente descontrolado ou mal arranjado – isto é, em última análise, na ausência de uma educação programada ou numa educação programada e dirigida em sentido contrário às exigências da razão. Assim, a ideologia seria uma arma da imaginação na batalha desencadeada simultaneamente em duas frentes: contra a ignorância e contra a educação errada (isto é, os professores errados).

Quando Karl Marx escreveu *A ideologia alemã*, ajudado pelo amigo Friedrich Engels, mudou o significado de "ideologia" de maneira bem fundamental: a "ideologia" do título referia-se ao que faziam os autoproclamados "ideólogos", ou melhor, ao que pretendiam ou supunham estar fazendo – isto é, o próprio projeto de estimular as ações humanas adequadas pelo manejo das idéias dos autores. Era a validade da estratégia proposta para "alinhar o mundo à razão" que se examinava. Marx e Engels, aos quais poucos se ombrearam na devoção às ambições iluministas, não discutiram *propósitos* com Tracy e seguidores: era indubitável que o mundo não estava à altura da Razão e que algo precisava ser feito para mudar essa situação lamentável. Mas ridicularizaram e desancaram os "ideólogos" pela grosseira inadequação e inutilidade dos *meios* propostos para a mudança.

Essa foi a mensagem de *A ideologia alemã*: sim, a conduta humana precisa muito mudar para se alinhar mais ao autêntico potencial do homem, que continua, como mostra a razão, extremamente subutilizado, senão desperdiçado. Mas não pode ser mudada pela simples correção das idéias das pessoas, uma vez que as idéias erradas estão aí para ficar enquanto o mundo que fornece essas idéias for mal construído. A onipotência das idéias é uma das muitas ilusões que esse mundo produz em escala de massa. Não apenas as idéias erradas dominantes, mas também o próprio conceito de "ideologia" como suposto antídoto do erro constituíam, na visão de Marx e Engels, um fruto proibido do mundo construído incorretamente. Assim, os "ideólogos" e outros pensadores que partilhavam suas esperanças foram acusados de malbaratar seus esforços, ou melhor, de começar do ponto errado sua viagem rumo a uma sociedade racionalmente ordenada. Em vez de pensar em mudar o mundo combatendo as idéias erradas, deviam primeiro mudar o mundo material, uma vez que ele era e continua sendo a perversa realidade humana que deu e continua dando à luz falsas idéias. A verdade dos pensamentos tem pouca chance de se afirmar se os erros do mundo não forem corrigidos primeiro.

Em outras palavras, Marx e Engels rejeitaram o projeto da "ideologia" pelo fato de não passar de uma versão do *idealismo histórico*, com a mesma inanidade da filosofia idealista e, como o resto de suas variantes, "pondo o mundo de pé na cabeça" enquanto não passa ela mesma, ideologia, de um reflexo da realidade humana virada de cabeça para baixo... A tarefa era novamente colocar de pé tanto o mundo quanto seu reflexo filosófico – e para realizar essa tarefa era preciso expor a ingenuidade dos "ideólogos" e desmascarar a inutilidade das estratégias propostas pelo projeto "ideológico".

Tudo isso, analisado hoje, parece uma briga de família dentro do campo iluminista – um debate sobre os *melhores meios* entre pensadores que concordavam sobre os *meios*, isto é, sobre a urgente necessidade de uma completa reformulação da sociedade humana sob os auspícios da Razão. Acima de tudo, os pensadores de ambos os lados desse *racha* filosófico concordavam com seu próprio papel na realização dessa árdua tarefa, que seria o de porta-vozes da Razão, de educadores de seres humanos racionais e de esclarecedores de todos aqueles já encarregados da tarefa de legislar a nova ordem social racional ou fadados a substituir os legisladores presentes caso estes fossem considerados incapazes de ou não interessados em assumir a tarefa e levá-la a cabo.

Quando, após prolongada ausência do debate filosófico, por quase um século, o conceito de ideologia ressurgiu no final da década de 1920 e se tornou então um dos principais do discurso político e das ciências sociais, tinha significado um tanto diferente (e contrário ao seu sentido etimológico primordial): em parte contínuo, em parte descontínuo com o sentido de seus antecessores do início do século XIX, a essa época amplamente esquecidos (*A ideologia alemã*, lembremos, ainda era um manuscrito inédito e não lido). Aconteceu de combinar com o sentido que Marx e Engels deram a "ideologia" – uma forma essencialmente errônea de pensar – embora esquecido dos argumentos com os quais Marx e Engels justificaram seu veredito. Em especial, o conceito de "ideologia" já não representava a filosofia do "idealismo histórico" como representou para Marx e Engels; nem era a "ciência das idéias", como desejaram os fundadores do Instituto Nacional Francês. Em marcante reviravolta, "ideologia" passou a denotar um pensamento essencialmente não-filosófico ou pré-filosófico, do tipo que não passaria nos testes fundamentais do raciocínio filosófico e da correta forma de pensar enquanto tal; algo que a filosofia só pode encontrar na atividade crítica, espécie de conhecimento comum e inferior que ela é chamada a combater e por fim derrotar.

Como seu antecessor tanto na versão de Destutt de Tracy como na de Marx e Engels, o novo conceito de ideologia surgiu num contexto pós-iluminista, do moderno discurso filosófico da "verdade contra o erro", da "ciência contra a ignorância, o preconceito e a superstição", e deveria traçar e guardar a fronteira entre o conhecimento correto e incorreto. Como seu antecessor, exprimia a promessa dos homens cultos de servir de curadores e árbitros dessa fronteira. Mas ao contrário da idéia precedente, a encarnação da "ideologia" no século XX já não era vista como uma arma que os guardas de fronteira pretendessem usar, com ou sem razão, ao barrar transgressores passados e futuros. Ao contrário, ela passou para o outro lado da barreira, trocando de lugar com o preconceito e a superstição que na sua encarnação original a "ideologia", essa ciência das idéias, deveria com ou sem razão combater, derrotar e manter para sempre fora das fronteiras.

O termo "ideologia" passou assim do domínio do "conhecimento" para o terreno inferior das "crenças". Representava agora as crenças ainda não desarraigadas e ainda não superadas, falsas, equivocadas e perigosas, que arrogantemente resistiam ao teste do conhecimento; as crenças que a ciência jurara desmascarar, desautorizar e por fim eliminar da consciência humana na sua marcha para o inconteste domínio da razão. Nesse segundo estágio da sua história, a teoria da "ideologia" pretendia lidar sistematicamente com o tipo de fenômenos que na aurora da idade moderna foram pinçados e identificados por Francis Bacon como os obstáculos primordiais ao conhecimento racional nas suas sucessivas diatribes contra os "ídolos" da tribo, do teatro e do mercado.

O conceito de "ideologia" nessa nova encarnação foi concebido numa Europa que saía da devastação da Grande Guerra, numa época em que novas e profundas divisões políticas aparentemente insuperáveis e nuvens pesadas de intolerância e violência política minavam a autoconfiança da elite cultural. Foi lançada dúvida sobre a certeza do progresso e a vitória final da razão científica, por definição não sectária, indivisível e universal.

Parecia cada vez menos plausível que a nova casta de déspotas quisesse se instruir ou pudesse ser tentada a isso e que portanto se conseguisse usar o poder que detinham para legislar a razão sobre o mundo. O casamento entre saber e poderes terrenos, abençoado no apogeu das esperanças iluministas, foi submetido a uma pressão brutal. Os investigadores e guardiães da verdade não podiam mais contar com o apoio dos governantes no mesmo nível de confiança total (considerada agora ingênua) que foi outrora privilégio e marca dos *philosophes*. Na sua segunda ocorrência, o conceito de ideologia decorria de uma atitude pessimista e defensiva e era manipulado por dedos dolorosamente chamuscados demais para poderem se mover de novo algum dia com desenvoltura.

Defrontados com um mundo tão evidentemente relutante em seguir o itinerário traçado nos quadros do Iluminismo, os filósofos do século XX impuseram-se a dupla tarefa de formular os critérios para separar o conhecimento verdadeiro, cientificamente autorizado, de todas as demais opiniões e de identificar as causas da relutância ou incapacidade pública – e particualrmente a relutância ou incapacidade dos governantes – de aceitar, abraçar e pôr em prática os vereditos da ciência. Os filósofos do *Wienerkreis* [Círculo de Viena], a escola do positivismo lógico, por exemplo, atribuíram a resistência das falsas crenças à endêmica deterioração das linguagens naturais e viam a salvação da verdade na trincheira de uma linguagem científica exata e precisa, isolada da vida cotidiana e portanto despojada das crenças sem sentido ou comprovação abundantes na linguagem confusa do dia-a-dia e da política partidária. Edmund Husserl, criador da filosofia fenomenológica, foi mais longe ainda: duvidava se a ciência é capaz de realizar essa tarefa, enraizada como está, tanto quanto a vida cotidiana, na "atitude natural", esse caldo de cultura para opiniões tolas e infundadas que se disfarçam de conhecimento verdadeiro. Husserl afirmou que somente um esforço hercúleo de "redução fenomenológica" – que despiria o conhecimento das camadas superpostas de erro sedimentadas pela visão estreita das limitações de tempo e lugar em que se confina a atitude natural – possibilitaria ao filósofo uma percepção do território a-histórico e supracultural da "subjetividade transcendental" onde todos os significados primordiais se constituem intencionalmente e residem na forma pura não maculada pelos volúveis interesses públicos e modas culturais. Desnecessário dizer que provavelmente nada nas atividades diárias das pessoas comuns mergulhadas numa "atitude natural" as instigaria a uma aventura fenomenológica. A busca da verdade não parecia mais ser o potencial kantiano universal de qualquer pessoa racional, mas tarefa de uma casta especial – os filósofos e os filósofos apenas, dos quais era o crachá distintivo e marca de solidão.

Aos poucos e não de forma intencional, as ambições legislativas de outrora foram abandonadas, junto com a ânsia de reformar o mundo e ter um envolvimento direto no exercício do poder. Com o transcorrer do século XX, cada vez menos filósofos importantes repetiriam de boa vontade o gesto de Platão e pediriam aos tiranos da moderna Siracusa que fizessem do discurso filosófico o seu projeto político. Os poucos que fizeram exatamente isso logo descobriram, horrorizados, que a única função na qual os tiranos estariam dispostos a empregá-los era a de cortesãos – mensageiros do rei, poetas e por vezes bufões, porém mais provavelmente como bobos da corte.

E assim o desengajamento tornou-se uma tendência cada vez mais pronunciada da época. Mas sua inevitabilidade, objetivo e duração estiveram todos sujeitos a discussão. As posições polarizadas em que se situaram todas as demais atitudes foram muito bem descritas e mapeadas na famosa correspondência entre Strauss e Kojève. Ambos concordam que a verdade não pode ser buscada em meio à confusão e tumulto típicos da vida cotidiana e que dificilmente haverá um caminho transitável que leve da experiência mundana corriqueira à verdade acessível pela investigação filosófica. Mas se Strauss insistiu que é exatamente assim que as coisas devem ser e permanecer para sempre e que, pelo bem integral da verdade, a ligação entre verdade filosófica e vida mundana não pode ser restaurada ou restabelecida sob hipótese alguma, para Kojève a retirada dos filósofos foi uma medida provisória, uma manobra temporária com a finalidade de reagrupar as tropas, recompor os suprimentos e tentar então reconquistar posições com renovada confiança e uma chance maior de vitória. Nenhum dos missivistas nutria muita esperança, entretanto, de que os poderes instituídos possam ser efetivamente utilizados para promover a causa da verdade e abrir caminho para o seu império. Ambos concordariam, ainda que não o admitissem com todas as letras, que a filosofia faria melhor em não se imiscuir nesses poderes, que se tivesse de encontrá-los deveria fazê-lo exclusivamente no papel de promotora ou juíza.

O conceito de "ideologia" no século XX nasceu dessas preocupações. Era uma maneira de lidar com a defasagem crescente entre as esperanças do Iluminismo e a maré montante da irracionalidade num mundo cada vez mais fragmentado em termos sociais e políticos; e oferecia mais uma legitimação para o novo papel reivindicado pela elite esclarecida. O novo conceito de "ideologia" adequado a essa dupla função foi criado por Karl Mannheim.

A realidade contestada na base

O conceito de "ideologia" de Mannheim foi influenciado pela idéia de "consciência falsa", elaborada dentro da tradição marxista por György Lukács para explicar o espantoso (e desconcertante) fracasso da classe operária ocidental em se unir na causa socialista, que segundo a visão marxista de progresso constituía tanto a expressão racional dos interesses proletários como a mais plena concretização do projeto de uma sociedade racionalmente organizada. Em linha com a visão kantiana de razão, esperava-se que o casamento da classe operária com o socialismo fosse conseqüência natural dos fatos. Mas na visão de Lukács, inspirada na leitura da teoria leninista e na prática da vanguarda revolucionária, perceber a verdade era tudo menos um processo natural conduzido pela humaníssima e universalmente disponível faculdade racional. Sem a ajuda de cientistas sociais aptos a elevar a visão deles acima do nível da experiência cotidiana estreitamente circunscrita e acessível aos operários individual ou mesmo coletivamente, esses trabalhadores continuariam a refletir em sua consciência uma imagem falsa do capitalismo, uma realidade forjada na qual a verdade do seu sofrimento é disfarçada ou negada; e quanto mais racionalmente (no sentido legitimado, de mercado) se portassem, mais afundariam na ilusão abissal.

Mannheim elevou a hipótese de Lukács a princípio universal. (Para ser preciso, "generalizou" a teoria do conhecimento lukacsiana, baseada na divisão de classes, glosando sua distinção entre consciência "falsa" e "trágica".) Cada grupo na sociedade, distinguido e identificado por sua perspectiva cognitiva específica, determinada pela posição de classe, nacionalidade e prática profissional, é confinado numa realidade *parcial* que não permite ver a *totalidade*. Enquanto reflete a realidade truncada acessível através de sua experiência, *todos* os grupos tendem a criar, a partir de sua perspectiva cognitiva própria, distorções *específicas* da verdade "objetiva" (isto é, universal mas invisível para todos).

Foi a esse conhecimento distorcido concebido dentro de uma perspectiva cognitiva limitada que Mannheim deu o nome de "ideologia" (semanticamente paralelo à "consciência classista" lukacsiana, distinta de "consciência de classe"). O drama desenrolava-se no teatro do conhecimento e nele a ideologia se opunha à verdade como sua maior inimiga. Uma vez que a diferença entre verdade e distorção ou mentira era paralela à que opunha totalidade e parcialidade, a verdade foi identificada por definição à exclusão e descompromisso: o conhecimento não ideológico só pode ser descomprometido, desligado de quaisquer posições cognitivas socialmente isoladas. O conhecimento verdadeiro da realidade social deve ser imparcial e antiparticularista, de modo que só pode ser obra de pessoas capazes de se colocarem em qualquer das posições cognitivas por não estarem presas a grupamento algum de classe, nação ou religião – de um grupo cujos integrantes provêm de todos os outros grupos e portanto não está limitado por nem deve lealdade a nenhum deles; uma categoria que encarna a oposição a todo particularismo por se colocar de fora de todos os grupos estabelecidos e ter uma visão distanciada de cada um, sendo assim capaz de confrontar todas as crenças concebidas a partir de diversas perspectivas cognitivas e de expor o caráter parcial, limitado e relativo de cada uma. Tais pessoas, na visão de Mannheim, eram integrantes da *intelligentsia* que, graças a sua *soi-disante* extraterritorialidade social e origens variadas, eram chamados a desempenhar o papel de crítico coletivo imparcial das práticas políticas fundadas em distorções ideológicas – mas também o papel de promotores da política científica baseada na verdade objetiva universal. O instrumento para o desempenho adequado dos dois papéis deveria ser a *sociologia do conhecimento*: a sistemática exposição da relação entre as ideologias e certas vantagens sociais e interesses de grupo.

Apesar da reviravolta aparentemente total do seu significado original, o conceito de ideologia na versão de Mannheim está ainda inteiramente imerso no discurso de poder pós-iluminista. Como seus predecessores, tem tudo a ver com a relação entre saber e poder ou, mais precisamente, com a prerrogativa legislativa dos produtores e portadores do saber. A unidade de interesses e propósito entre estes e os detentores do poder político já não é mais afirmada, porém, e assim os homens de saber passam de funcionários e conselheiros dos detentores do poder a seus cães de guarda e críticos.

Foi somente o "conceito positivo de ideologia", invenção relativamente recente que ganhou terreno nas duas últimas décadas, que propôs uma ruptura radical com o programa iluminista de fundamentar o conhecimento verdadeiro na universalidade da condição humana. Um por um foram apagados os itens da agenda intelectual em vigor desde o início dos tempos modernos e revertidos os sinais de avaliação que se mantinham imutáveis desde o Iluminismo. O "conceito positivo de ideologia" resume essas rupturas fundamentais.

Na sua versão "positiva" hoje em moda, a ideologia representa precondição indispensável de todo conhecimento, incluindo a variante científica (isto é, o tipo de conhecimento fundado na e endossado pela comunidade científica). O nome "ideologia" foi conferido às molduras cognitivas que permitem encaixar vários fragmentos da experiência humana num desenho reconhecível e que faz sentido. As molduras são condições de conhecimento, mas não constituem elas mesmas partes dele; raramente, se é que alguma vez, são objeto de reflexão e formulação ou recebem um olhar de destaque "de fora". Pode-se dizer que essas estruturas cognitivas são, essencialmente, instrumentos de "monitoração", "peneiramento" ou talvez "diminuição" – elas interrompem o fluxo de sensações de outro modo irrefreável, retendo aquelas que se encaixam no padrão da estrutura e deixando passar as demais. Pela mesma razão, preservam a percepção padronizada e estruturada da realidade vivida em meio à velocidade crescente da informação, que ameaça explodir todas as estruturas e aniquilar assim todos os significados.

Como reza a narrativa predileta hoje em dia, ter uma estrutura cognitiva é tão universal quanto ter uma língua; e no entanto, de novo como as línguas, o fato de ter uma estrutura ao mesmo tempo une e divide a espécie humana. Todos os seres humanos carregam estruturas cognitivas, mas homens diferentes têm estruturas diferentes. Os encontros e diálogo humanos são por isso processos de tradução contínua e na verdade infinitos: de uma língua para outra, de uma estrutura cognitiva para outra. O "conceito positivo de ideologia" é, em última análise, fundado na analogia lingüística. E assim como a existência de uma infinidade de línguas não constitui um defeito da condição humana nem um impedimento para a convivência, também a pluralidade de ideologias – de estruturas pré-reflexivas de conhecimento – é uma característica do mundo humano com a qual se pode viver e estamos provavelmente fadados a viver para sempre.

A ideologia na sua encarnação "positiva" é afim da idéia kantiana de conhecimento transcendental, isto é, a idéia de que, não fosse o sujeito do conhecimento dotado de antemão da capacidade de ordenar as sensações, nenhum conhecimento seria possível. A diferença no caso de Kant, naturalmente, é entre a universalidade atemporal/extraterritorial e a particularidade moldada social e historicamente. A transcendentalidade do conhecimento recuou um ou mais passos abaixo do nível da espécie (ou do sujeito onisciente), onde Kant a situara.

A mudança, no entanto, é fundamental. Quando inclui a ideologia, o "conhecimento transcendental" não se limita a idéias genéricas como as de espaço, tempo ou causalidade, sem as quais não se pode formar imagem alguma de um fenômeno. Ao contrário, passa a incluir as idéias que tornam as imagens diferentes e diversas. Na versão de Kant, a transcendentalidade é aquilo que une os sujeitos cognitivos e pode portanto servir de fundamento para o conhecimento unificado e uma espécie humana unida e, portanto, também para a satisfação das esperanças universalizantes do Iluminismo. As estruturas ou molduras cognitivas são, ao contrário, divisoras. A contínua e irremediável diferenciação e diversificação do conhecimento e, conseqüentemente, da vida está embutida na noção positiva de ideologia, assim como a perspectiva da universalidade está embutida na idéia kantiana de que todo conhecimento é transcendental.

A noção positiva de ideologia, em outras palavras, faz uma virtude daquele aspecto do conhecimento que Mannheim ainda consideraria o seu vício. Não apenas sinaliza uma reconciliação com a variedade de visões do mundo, hoje considerada um fato inevitável e mesmo indispensável, como proclama a nova atitude neutra e desinteressada da classe culta e a intenção de renunciar ao antigo projeto de retificar a confusão lingüística pós-Babel, de fazer proselitismo para corrigir, homogeneizar, unificar o que foi indevida e perigosamente separado e posto em conflito.

Que tipo de experiência intelectual coletiva se reflete nessa idéia "positiva" de ideologia? E que tipo de estratégia intelectual isso implica?

Um aspecto notável do mundo contemporâneo é a tensão entre duas tendências intimamente relacionadas mas na aparência contraditórias: as da globalização e da localização. A íntima relação entre elas foi bem captada no termo "glocalização", criado por Roland Robertson: as duas tendências têm a mesma raiz e só são concebíveis e compreensíveis na sua unidade.

Globalização significa, entre outras coisas, a progressiva separação entre poder e política. Como assinalou Manuel Castells no seu recente e monumental estudo em três volumes sobre a "sociedade da informação", o capital, e especialmente o capital financeiro, "flui", não mais limitado pelo espaço e a distância, enquanto a política continua como sempre localizada, presa ao território. O fluxo escapa cada vez mais ao alcance das instituições políticas. Podemos dizer que o poder e a política ocupam espaços diferentes. O espaço físico, geográfico continua sendo a casa da política, enquanto o capital e a informação habitam o ciberespaço, no qual o espaço físico é abolido ou neutralizado.

Foi provavelmente esse tipo de espaço – cibernético – que Paul Virilio tinha em mente quando escreveu que, se a famosa afirmação de Francis Fukuyama sobre o fim da história é prematura, podemos falar pelo menos no fim da *geografia*. Espaço é a porção de tempo necessária para superá-lo e, quando a velocidade do movimento de capitais e de informação equivale à do sinal eletrônico, a superação da distância é praticamente instantânea e o espaço perde sua "materialidade", a capacidade de reduzir, de interromper, de resistir ao movimento ou forçá-lo – qualidades vistas normalmente como aspectos característicos da realidade.

A "localidade" é desvalorizada nesse processo. O capital tornou-se extraterritorial, não mais submetido às fronteiras do Estado e aos custos proibitivos de viagem. Do mesmo modo a informação – o que é simbolicamente representado pelas taxas "locais" iguais que pagam os que recebem informação de qualquer *web* mundial, seja ela produzida na casa pegada ou do outro lado do planeta. Nos dois casos a localidade perde o privilégio da comunicação direta, face a face, e já não oferece sobre lugares longínquos as vantagens outrora decorrentes da dificuldade e alto custo do transporte e da relativa lentidão da comunicação indireta, mediatizada. Uma empresa local de informação, uma "indústria de quintal", tem pouca chance de êxito competindo com qualquer fluxo de dados no ciberespaço. A localidade é logo expropriada de seu outrora formidável "poder de influência", perdendo importância como território de uma economia ou cultura auto-suficiente, contida em si mesma.

É uma situação radicalmente diferente da antiga "era do *hardware*", quando o poder e o saber, assim como seus objetos, eram essencialmente "locais" e apegados à terra. A indústria fabril de massa, o exército aquartelado em massa, a educação escolar em massa mantinham os detentores do poder e seus súditos no mesmo lugar, juntos e colocados face a face. O poder e o saber, o capital e a informação eram tão arraigados, dependentes do espaço e limitados pela distância quanto as forças de trabalho e militar ou a população treinada, instruída e vigiada que contratavam, governavam e supervisionavam. O capital aplicado em maquinaria pesada e nas grossas paredes das fábricas, assim como nos mercados locais de mão-de-obra e produtos sob estrita proteção, não era mais livre para se mover que o proletariado ou os recrutas em potencial. O capital era forçado a arraigar-se, por bem ou por mal, e o que quer que acontecesse naquele lugar era para os seus investidores, proprietários e administradores, assim como para todos os demais habitantes, uma questão de sucesso ou derrota, talvez até de vida ou morte.

Isso aplicava-se também em grande parte aos detentores e guardiães do saber e dos valores. No "estágio *hardware*" dos tempos modernos, a ordem racional que os intelectuais deviam ajudar a construir e à qual serviriam no trabalho do dia-a-dia era forçada a ser, como de fato era, "localmente orientada". O Estado territorial, entidade política, e a nação, entidade cultural, tendiam a convergir ou se superpor: os dois conceitos iriam tornar-se sinônimos. A tarefa de construir a nova ordem politicamente segura era idêntica ao esforço de construção nacional; cruzadas culturais, a substituição de uma língua unificada por uma variedade de dialetos e dos costumes e calendários locais por um calendário nacional de festas e feriados públicos foram seus principais veículos. Para todos os efeitos práticos, os projetos de cidadania e nacionalidade fundiam-se num só, ainda que teorizados em separado e confiados ao cuidado de diferentes setores da elite do poder.

Por todas essas razões, aquela época foi a do compromisso entre a elite do poder e a populaça. As principais preocupações dos governantes políticos eram equilibrar o orçamento, prover a defesa coletiva, impor obediência a regras universais e a garantia comum do bem-estar individual, além de cuidar da capacidade de produção do capital e da força de trabalho locais, tudo isso combinando com a noção de que as elites econômicas e culturais são de fato tão territoriais quanto o poder político do Estado e, como este, empenhadas em engajar a população residente no território sob soberania estatal. Moldar em mão-de-obra industrial o frouxo conjunto de adultos aptos a trabalhar era a forma de engajamento a cargo da elite econômica; moldar o heterogêneo conjunto de grupos "locais" díspares num corpo culturalmente unificado como nação, com uma história, tradição e inimigos comuns, era a forma de engajamento que competia à elite cultural. O que era legislação e administração para a elite econômica e seus padrinhos políticos vinha a ser ideologia e doutrinação ideológica para a classe culta. Nos dois casos, a dependência era mútua. Em ambos, um dos lados constituía-se pelo engajamento com o outro. O capital era territorial na medida em que podia constituir-se e reproduzir-se apenas como empregador de mão-de-obra local. Também as classes cultas, a "*intelligentsia*" de Mannheim ou pelo menos sua vanguarda "intelectualista", constituíam-se por sua relação educacional com "o povo".

Testemunhamos hoje o fim ou pelo menos a agonia terminal desse engajamento. Estamos no geral entrando em uma era "pós-engajamento". O capital e o saber foram ambos emancipados de seu confinamento local. A localização geográfica dos seus detentores conta pouco quando 99 por cento das transações financeiras produtoras de riqueza não dependem mais do movimento de mercadorias materiais e quando a circulação de informação está em grande parte encerrada no espaço da rede cibernética. Nem os detentores do poder econômico nem os do poder cultural estão presos hoje ao lugar: eles cortaram as amarras que os atrelavam à "populaça" em geral, que continua tão local como nos tempos áureos da moderna construção industrial e nacional. Os detentores do poder ocupam o ciberespaço, isolados do resto da população, em termos que ainda deixam claro para esse resto que eles se tornaram autenticamente *extraterritoriais*. Os locais não desempenham um papel na autoconstituição e reprodução das elites e, se alguns porventura recebem esse papel durante algum tempo, já não se tornam indispensáveis e insubstituíveis para o seu desempenho. Não admira que raramente se encontre hoje o conceito de "povo" num discurso intelectual; o único abrigo para esse conceito está na retórica política, última faceta "local" do poder moderno.

À luz das últimas tendências poder-se-ia perdoar a suspeita de que o mútuo compromisso entre as elites e as populações locais não passou de um episódio histórico relativamente breve.

O mundo já não contestado essencialmente

Os operadores de capital de nossa época têm notável semelhança com os proprietários de terras pré-modernos que viviam longe de suas propriedades. Sua ligação com as localidades das quais retiram o excedente de produção é, no entanto, ainda mais tênue do que os laços que uniam aqueles proprietários fundiários a suas terras distantes.

Mesmo quando fisicamente ausentes e não integrando nem social nem culturalmente a localidade, os antigos senhores de terras eram assim mesmo proprietários *fundiários*, daí ser necessária certa preocupação em preservar a capacidade da terra em produzir riqueza, caso contrário secaria a fonte de sua riqueza e poder. No caso desses senhores de terras dos tempos pré-modernos, o poder era acompanhado de obrigações, ainda que diluídas, e a exploração andava de mãos dadas com algum tipo de solidariedade – ainda que frágil e pouco confiável – para com a sorte dos explorados. Já não é mais esse o caso ou pelo menos não tem que ser – e as pressões globais combinadas dos todo-poderosos mercados financeiro, acionário e bancário cuidam para que não seja mesmo.

O poder do capital perde cada vez mais sua materialidade, torna-se mais e mais "irreal" quando visto a partir do significado que a realidade tem para as pessoas que não integram a elite global e têm pouca chance de juntar-se a ela. Uma nova habilidade para evitar, elidir e escapar substituiu o engajamento da vigilância, treinamento e administração como recurso primordial e essencial do poder. Tornou redundante todo e qualquer engajamento – por mais benigna ou cruel a forma que assumisse. Sobretudo, a capacidade de evitamento tornou disponível a outrora suprema forma panóptica de engajamento através do esforço de vigilância, treinamento e disciplina. O custeio do controle de tipo panóptico é hoje considerado um gasto desnecessário e injustificável, irracional mesmo, a ser descartado ou, melhor ainda, completamente eliminado. O sinóptico – um panóptico tipo faça-você-mesmo, que seduz muitos a se embasbacarem com poucos, em vez de contratar uns poucos para vigiar muitos – mostrou-se um instrumento de controle muito mais eficaz e econômico. Os remanescentes do velho panóptico ainda atuantes não visam ao treinamento corpóreo nem à conversão espiritual das massas, mas a manter no seu lugar aqueles setores das massas que não devem seguir a elite no seu novo gosto pela mobilidade.

As classes cultas do nosso tempo, produtoras e detentoras de saber, também se parecem às congêneres pré-modernas à época em que estas se postavam em segurança atrás das impenetráveis muralhas do latim, isolando-se da gente simples. Com efeito, o ciberespaço da *web* mundial é sob muitos aspectos o equivalente atual do latim medieval. Ela torna os integrantes das classes cultas pessoas sem território e fora do alcance daqueles que lhes são próximos no espaço físico, ao mesmo tempo que lança o alicerce tecnológico de um outro universo, um universo virtual que aproxima os membros da classe culta. Na qualidade de homens e mulheres de saber eles habitam o ciberespaço, no qual as distâncias são medidas por padrões inteiramente diferentes daqueles usados no espaço geográfico comum; no ciberespaço criam-se pistas independentes das rotas seguidas pelos outros e a sinalização é disposta de maneira apenas, quando muito, superficial e casualmente relacionada à cartografia e topografia usuais.

Fosse lá o que fosse além disso, a ideologia era uma declaração de intenções dos que a pregavam, uma intenção de compromisso com a sociedade a que pertenciam e da qual se consideravam membros. Era também uma promessa de responsabilidade por essa sociedade, expressão da disposição de assumi-la ou partilhá-la. Por fim, mas de forma alguma menos importante, era um sinal de desapreço pelo mundo tal como se apresentava, de uma atitude crítica face ao estado atual das coisas e o desejo de melhorar ou transformar esse quadro. Todas as ideologias, incluindo as mais conservadoras, eram lâminas agudas ameaçando a realidade tal como se apresentava: heresias mesmo que disfarçadas de ortodoxias, a tirar sua energia de alguns ideais *noch nicht geworden* [ainda não concretizados]. Em suma, a percepção de que nem tudo na realidade social é como deveria ser, de que algo deve ser feito para corrigir o estado de coisas vigente e de que, seja o que for que tiver de ser feito, deve sê-lo de forma sistemática e consistente, tal percepção era a principal razão para o compromisso de tecer a tela da ideologia. Todas as ideologias nasceram da não aceitação do *status quo* e, sobretudo, da descrença na capacidade da própria realidade para se retificar. Todas as ideologias nasceram como projetos a serem implementados de modo atuante e conjunto, mesmo quando projetavam o futuro (visualizado) no passado (imaginado) e retratavam a novidade como uma volta e a reforma como restauração.

É a ausência de tais projetos que dá certa substância aos diagnósticos do crepúsculo ideológico; a era da ideologia pode não ter ainda terminado, sua agonia pode ainda não ser terminal, mas com toda certeza sua condição atual mudou de forma quase irreconhecível a imagem que carregava desde a aurora da modernidade. Uma ideologia sem projeto – algum projeto que por ser projeto e plano de ação expressa um futuro diverso do presente – é um oxímoro, uma contradição em termos.

A "ideologia" almejada na décima-primeira tese de Marx sobre Feuerbach ("os filósofos até aqui explicaram o mundo; a questão é como mudá-lo") só pode ser comparada a suas antecessoras modernas se perdermos de vista os aspectos constitutivos decisivos da razão ideológica. Está em jogo, porém, mais do que isso. A visão de mundo disseminada, intencionalmente ou não, nas mensagens transmitidas hoje em dia pela elite culta é a de um tempo sem dimensão histórica, um tempo achatado, plano, ou um tempo giratório, continuamente reciclado, que vai e vem mas não muda muito de posição, tempo de repetições, que quanto mais muda mais é a mesma coisa. Não se trata de uma mensagem que perdeu o sentido da sua própria historicidade – é uma mensagem que nega a história.

Cornelius Castoriadis afirmou numa de suas últimas entrevistas que o problema da nossa civilização é que ela parou de se questionar. Podemos dizer, com efeito, que a proclamação da morte das "grandes narrativas" (ou, para Richard Rorty, o recuo dos "movimentos políticos", da política que estudava cada passo em termos de encurtamento da distância que nos separa de um estado de coisas ideal, em troca da solução de problemas imediatos, que é o princípio das "campanhas políticas" do tipo uma-questão-por-vez) anuncia o descompromisso das classes cultas, a grande recusa da vocação intelectual moderna.

Há duas maneiras, na aparência diametralmente opostas mas na verdade convergentes, de as classes cultas lavarem as mãos e se livrarem do questionamento social que outrora foi sua marca registrada.

O "conceito positivo" de ideologia é uma delas. Se todo conhecimento é ideológico, se só podemos enfrentar uma ideologia com outra, se não há como fugir à ideologia e nenhum padrão externo pode medir e comparar a validade de ideologias diferentes, então não existe "problema ideológico", nada que os estudantes de ideologia precisem ou devam fazer além de descrevê-las *sine ira et studio.* Sobretudo, não se exige nenhuma tomada de posição. Uma vez que não há como estabelecer a superioridade de uma visão de mundo sobre outras, a única coisa a fazer é aceitá-las como são e conviver com o fato básico de sua ampla e irredutível variedade. Se não é permitida nenhuma crítica à ideologia, então a tarefa de refletir socialmente termina quando se constata que a ideologia está por toda parte e que tudo é ideológico. A idéia de um engajamento ativo com a sociedade perde, desse modo, justificação e urgência.

Por ironia, a visão supostamente oposta leva às mesmas conclusões práticas. Essa outra visão, que nunca esteve de fato ausente do discurso moderno e que agora ganha força, é de que a presença da ideologia é sinal de uma sociedade ainda não inteiramente modernizada – ideologia é um tipo perigoso e atrasado de conhecimento. Se persiste, é apenas devido à ignorância ou a uma insidiosa conspiração de autoproclamados reformadores da realidade. Ao entrar para a Academia Francesa, Jean-François Revel definiu ideologia como "uma construção *a priori*, elaborada apesar dos e em desafio aos fatos e leis: é ao mesmo tempo o oposto da ciência e da filosofia, da religião e da moral" (*Le Monde*, 12 de junho de 1998). Só podemos especular por que razão a ciência, a filosofia, a religião e a moral se colocaram ombro a ombro na defesa de fatos e leis. Mas é suposição digna de crédito que o posto de comandante desse exército foi entregue à ciência, que, como assinala Revel, testa suas afirmações confrontando-as com a realidade (ao contrário da ideologia, que, como Revel não diz, testa a realidade confrontando-a com suas afirmações). Revel espera que a ciência um dia substitua finalmente a ideologia. Quando isso ocorrer, a previsão de Castoriadis estará concretizada: a sociedade deixará de se questionar.

O anúncio do "fim da ideologia" pelos comentadores sociais é uma declaração de intenções, mais do que uma descrição das coisas tais como são: não mais uma crítica da maneira como são feitas, não mais um juízo ou censura do mundo pelo confronto da situação presente com uma alternativa de sociedade melhor. Toda teoria e prática críticas devem ser doravante fragmentadas, desregulamentadas, auto-referidas, singulares e episódicas como a própria vida pós-moderna.

Faz-se com freqüência alarde, no entanto, de que a apoteose mercadológica neoliberal dos resultados econômicos, da produtividade e competitividade, com seu culto dos vitoriosos e sua promoção do cinismo ético, é o equivalente atual das grandes ideologias de antigamente – e ideologia que, além do mais, chega mais perto da hegemonia inconteste que qualquer das anteriores. Há muito o que dizer em favor dessa visão. A semelhança entre a visão de mundo neoliberal e uma típica ideologia "clássica" é que ambas servem de molduras *a priori* de todo discurso futuro, estabelecendo o que se destaca e o que passa despercebido, conferindo ou negando importância, determinando a lógica do raciocínio e a avaliação dos resultados. O que, no entanto, torna a visão de mundo neoliberal marcadamente diferente de outras ideologias – na verdade, um fenômeno isolado – é precisamente a ausência de questionamento, sua submissão ao que é visto como a lógica implacável e irreversível da realidade social. A diferença entre o discurso neoliberal e as ideologias clássicas da idade moderna é, diríamos, a diferença que existe entre a mentalidade do plâncton e a dos nadadores ou marinheiros.

Pierre Bourdieu (em *Le Monde Diplomatique*, março de 1998) comparou a aparente invencibilidade da visão de mundo neoliberal à do "discurso forte" do asilo de Ervin Goffman: é sabidamente difícil repelir ou resistir a esse tipo de discurso porque ele tem do seu lado todas as forças terrenas mais poderosas e indomáveis, que já selecionaram e separaram de antemão o que é "real" do que é "irreal", fazendo do mundo o que ele é. A apoteose neoliberal do mercado confunde *les choses de la logique avec la logique des choses*, ao passo que as grandes ideologias dos tempos modernos, com todas as suas controvérsias, concordavam num ponto: que a lógica das coisas tais como são desafia e contradiz o que a lógica da razão dita. A ideologia costumava colocar a razão *contra a natureza*, enquanto o discurso neoliberal desautoriza a razão *naturalizando-a*.

Antonio Gramsci cunhou o termo "intelectuais orgânicos" para definir os membros da classe culta que se incumbiam de esclarecer as autênticas, supostas ou postuladas tarefas e perspectivas de amplos setores da população, dessa maneira ajudando na elevação de uma ou outra *Klasse an sich* a *Klasse für sich*. Tal esclarecimento, que "colocava o destino da classe numa perspectiva histórica", era obra da ideologia e os intelectuais tornavam-se "orgânicos" engajando-se na práxis ideológica. Permitam observar que o acréscimo da qualidade "orgânico" ao conceito de "intelectual" faz do resultado um pleonasmo: é precisamente o fato de ser "orgânico" no sentido gramsciano que faz meros "homens e mulheres cultos" virarem intelectuais.

Ao desenvolverem a *noção de ideologia* como instrumento de mudança do mundo, como alavanca para elevar as classes da sociedade de classes ao nível de agentes históricos conscientes ou, de modo mais geral, como estranho aparato para remodelar e condensar populações heterogêneas em unidades culturais autônomas e homogêneas, os intelectuais desempenharam de fato um papel "orgânico"; nesse caso, porém, agiam como "intelectuais orgânicos" de *si mesmos*, elevando a classe culta não apenas à condição de *Klass für sich* mas ao nível de uma classe muito especial, com uma vocação missionária peculiar, uma espécie de metaclasse ou "classe produtora de classe". Toda noção de ideologia dá um papel histórico crucial às pessoas cultas, proclamando-as responsáveis pela definição dos valores e propósitos adequados e apropriados às classes e grupos étnicos, a cada um dos sexos ou às nações, e também pela eficácia histórica de suas descobertas. Essa suposição crucial subjacente ao conceito de ideologia coloca os intelectuais no papel de criadores de cultura, de professores e guardiães de valores; requer um compromisso direto com a sociedade ou determinados setores dela e confere na verdade sentido à própria idéia de "intelectual" como sendo a mulher ou o homem cultos *com uma missão a cumprir*, assim como reforça o compromisso coletivo da classe culta com uma posição de autoridade que goza dessa vocação coletiva.

Resta saber se o clima hoje generalizado e talvez dominante de "fim da ideologia" ou "morte das grandes narrativas" (e, sobrepujando a tudo, de "fim da história") é uma rendição das classes cultas e uma retirada do compromisso coletivo ou se, ao contrário, pode ser vista como uma nova versão atualizada da estratégia "auto-orgânica" e, conseqüentemente, da ideologia que a justifica e é sua *raison d'être*.

Parece que se de alguma forma a classe culta do final dos tempos modernos e da era pós-moderna assume de fato o papel de intelectualidade orgânica, é apenas o papel de intelectualidade orgânica de si mesma. O que mais evidentemente marca o pensamento atual das classes cultas é seu caráter auto-referenciado, a aguda preocupação com as condições de sua própria atividade profissional e a atitude cada vez mais descompromissada em relação a outros setores da sociedade, na verdade seu quase total abandono do tradicional papel "sintetizador" – o desinteresse em ver no resto da sociedade outra coisa que não um agregado de indivíduos, com a tendência a teorizá-los como agentes solitários e não coletivos. A "privatização" da noção de agente é um dos muitos pontos em questão no pensamento sociológico atual.

Seria ingênuo ver na ruptura fundamental de hoje mais um exemplo da *trahison des clercs* e buscar revanche numa invocação ortodoxa do engajamento obrigatório. A troca de uma agenda pública por abrigos profissionais dificilmente poderia ser explicada por uma súbita (e igualmente, por assim dizer, inexplicável) mudança de opinião ou como manifestação de individualismo. Com toda probabilidade, as causas estão mais embaixo, nas profundas transformações da maneira como são distribuídos e exercidos na sociedade pós-moderna o poder e a capacidade de agir – e de agir com eficiência – que o poder implica, assim como na maneira com que se reproduzem as condições sociais de vida, inclusive das classes cultas.

Analisando as causas do rápido afrouxamento dos laços entre as preocupações das classes cultas e a agenda pública, Geoff Sharp apontou recentemente (em *Arena*, outubro de 1998) como de suprema importância "o isolamento do 'discurso' social teórico face à linguagem cotidiana". E esse isolamento também não é apenas conseqüência de uma opção eventual nem uma falha de caráter. Ele ocorre no rasto de uma nova utilização dos recursos intelectuais e da mudança na maneira como é conduzido o trabalho intelectual. Nos termos que me proponho usar, podemos dizer que o isolamento em questão pode muito bem ser a única forma que a ideologia auto-referenciada dos intelectuais deve assumir se continuarem sendo, em contexto pós-moderno, os "intelectuais orgânicos" de si mesmos que foram durante todo o período moderno, embora esse modelo exija ao mesmo tempo que os indivíduos cultos deixem de ser "intelectuais orgânicos" de quaisquer outras pessoas.

A questão mais geral, diz Sharp,

> é que a prática intelectual enquanto tal depende radicalmente da mediação tecnológica para exercer sua característica forma de vida. A ação mediatizada é sua marca registrada... Isso vale também para as tecnociências, pela maneira mediatizada com que constituem e se apossam de seus objetos: isto é, por meio de um aparato de intervenção que permite a representação e compreensão desses objetos de modo inacessível a um senso mais comum. A mediação permite, por fim, que todas as expressões da prática intelectual constituam seus objetos de forma mais abstrata, quer dizer, em categorias diferentes e tipicamente mais inclusivas do que o normal nas relações de influência mútua.

Permitam acrescentar que, com toda a sua ostensiva inclusão e tipicidade, as categorias em questão não incluem a totalidade dos seres humanos enquanto atores da vida cotidiana. Ao contrário, tomando a parte pelo todo e generalizando aspectos abstratos dos agentes humanos, essas categorias separam e dividem em vez de "unificar" e atravancam o caminho para a vida humana alcançar algum dia a totalidade a que aspira. Seja qual for o caso, porém, ressaltemos com Sharp "o modo sem precedentes como as práticas de ordem intelectual estão reconstruindo o mundo pós-moderno à imagem delas: de forma mediatizada, abstrata e via registro textual".

A *web* mundial habitada pelas classes cultas, processada por elas e pela qual são processadas, deixa de fora o *Lebenswelt* – o mundo da vida; só admite pedaços desse mundo quando devidamente fragmentados e prontos para processamento, devolvendo-os depois ao mundo exterior numa forma abstrata devidamente processada. O ciberespaço, lugar da prática intelectual pós-moderna, alimenta e promove a fragmentação, sendo ao mesmo tempo seu produto e causa eficiente (*causa efficiens*) maior.

A ascendência da ideologia no auge da modernidade foi notoriamente uma bênção contraditória. Mas pode-se dizer o mesmo de sua morte. Sábios pós-fato, sabemos agora dos custos humanos de se colocar a sociedade na camisa-de-força ideológica, de cair na tentação de combinar as marcas da ideologia com o fervor do poder executivo – e somos inclinados a avaliar esses custos cuidadosamente antes de assumirmos novos compromissos. Mas ainda temos que aprender quais são os custos de viver sem alternativas, sem sinalização e marcos miliares, o custo de "deixar rolar" e declarar as conseqüências tão inevitáveis quanto imprevisíveis. A visão de empreendimento de risco (*Risikogeselschaft*) de Ulrich Beck é um relance desse tipo de vida: a que passa de uma crise a outra, tentando lidar com um problema conhecido apenas para provocar uma quantidade desconhecida de problemas desconhecidos, enfocando a administração de questões locais e perdendo de vista sua contribuição para o caos global. É muito cedo para celebrar o fim das "grandes narrativas", assim como é estranho e talvez mesmo antiético, à luz da experiência moderna, lamentar o seu desaparecimento.

DIGRESSÃO 2: *Tradição e autonomia no mundo pós-moderno*

Falamos de tradição – essa "mensagem do passado" – quando já não é mais claro o que a mensagem transmite e como interpretá-la, quando há tantos intérpretes ávidos que é fácil ficar confuso e o coro é tão grande que já não se pode mais ouvir o tom em meio à cacofonia. O conceito de tradição é paradoxal, uma vez que fala de uma coisa mas prevê outra completamente diferente e não pode fazer senão isso; ele nega na prática o que afirma na teoria. Induz a crer que o passado *amarra* o presente; prevê, no entanto, (e desencadeia) nossos esforços presentes e futuros de *construção* de um "passado" pelo qual precisamos ou queremos ser *amarrados*.

"Tradição" não é sinônimo de "hábito" ou "costume", embora essas palavras tendam a ser com freqüência confundidas. Na verdade, tradição é exatamente o oposto de hábito e costume. O comportamento costumeiro ou habitual é automático, impensado: não pede explicação nem escusa e, quando pressionado a justificar-se, resiste a fazê-lo. A frustração que se segue à pergunta pode ser mesmo paralisante, como no caso da centopéia da famosa história de Rudyard Kipling que, cumprimentada por um puxa-saco por sua estranha facilidade em lembrar qual de suas cem pernas deve mover antes e qual depois, não foi mais capaz de dar um só passo. A gente não se comporta de uma forma habitual *por acreditar* que fazê-lo é bom e não fazê-lo é mau. Aliás, só nos comportamos de maneira habitual se não consideramos e sequer imaginamos comportamentos alternativos.

"Tradição" refere-se, ao contrário, a uma situação opcional: o conceito nasceu como denominação de uma tarefa; a "questão" da "tradição" desperta nossa atenção quando temos que escolher uma forma de conduta dentre muitas possíveis, plausíveis e factíveis, sabidas ou adivinhadas. "Tradição" é uma questão de pensamento, raciocínio, justificação e, acima de tudo, *escolha*.

Eric Hobsbawm introduziu em nosso vocabulário o conceito de "tradição inventada": os que aspiravam à liderança política de comunidades ainda informes comumente inventavam, como mostrou Hobsbawm, um passado comum que a seu ver mantém a comunidade unida e força essa união. Pegavam argumentos do passado para amarrar o futuro e o fato de não haver passado de onde extrair argumentos que se encaixassem no seu projeto não era obstáculo para eles; afinal, o que importa são o presente e o futuro comuns; a única importância de um passado comum é modelar o presente e o futuro e manter o curso com um pouco mais de facilidade. A "invenção", porém, marca a origem apenas das tradições escolhidas. Em certo sentido, toda tradição, pelo menos toda tradição em nosso tipo de sociedade, tem que ser inventada e não pode ser senão inventada.

Vivemos, como diz Anthony Giddens, numa "sociedade pós-tradicional" ("Living in a post-traditional society", em Anthony Giddens, *In Defence of Sociology: Essays, Interpretations & Rejoinders*, Cambridge, Polity Press, 1996). Temos que ter o cuidado, no entanto, de não interpretar essa frase contundente como afirmação de uma suposta perda de autoridade da tradição ou falta de respeito por ela, como se houvesse esgotado ou fenecido a nossa demanda de "herança" e "memória histórica" ou como erosão da crença de que o velho é belo e deve ser venerado exatamente por ser velho — embora tais explicações sejam comuns nas definições de modernidade como estilo de vida fundamentalmente hostil a tudo o que é antigo, um estilo no qual "velho", "ultrapassado" e "obsoleto" são sinônimos e que se recusa a aceitar a longevidade como direito à autoridade. A idéia de "sociedade pós-tradicional" é melhor entendida como referência não a ter saído de moda a tradição, mas a um *excedente* de tradições: o *excesso* de leituras do passado competindo pela aceitação, a ausência de uma leitura única da história merecendo possivelmente a confiança universal ou quase universal. Como diz Giddens, "[n]um sentido fundamental, todo o aparato institucional da modernidade, depois de romper com a tradição, depende de mecanismos de confiança potencialmente voláteis". Eu modificaria ligeiramente essa seqüência: não são tanto os mecanismos para despertar confiança quanto a confiança mesma que tendem a se volatilizar, e não há mecanismos em vista para pôr fim a essa volatilidade, porque há muitas tradições competindo e nenhuma consegue angariar adesão duradoura e exercer autoridade suprema. Em outras palavras, a instabilidade da confiança, que resulta no enfraquecimento do domínio que qualquer tradição pode manter na sociedade contemporânea, está intimamente ligada ao caráter essencialmente *policêntrico* da sociedade moderna.

Não que tenhamos nos tornado, enquanto modernos, particularmente tediosos e meticulosos, desenvolvendo um gosto especial pela escolha. Antes o fato é que, gostemos ou não, estamos fadados a escolher, a continuar escolhendo e a justificar nossas escolhas, dolorosamente conscientes de que escolher e ser pressionados a provar que escolhemos certo é a nossa sina, uma vez que num cenário policêntrico somos continuamente expostos a variadas imagens do que vem a ser uma vida boa e correta, a diversos padrões de ideal pessoal, a diferentes noções do que "deve" ou "não deve" ser feito, a inúmeras visões de mundo dignas de crédito, passadas ou atuais, todas buscando justificar uma proposta alternativa combinada com a rejeição de outras.

Se conseguimos adquirir hábitos estáveis e praticá-los por um período de tempo em detrimento de outros, então a semelhança superficial desse padrão de comportamento à conduta descrita como "observância da tradição" esconde uma profunda diferença entre os dois. O primeiro pode ocorrer unicamente numa situação *sem opções*, na qual a própria ausência de alternativas viáveis impede que se questione o caminho seguido, quanto mais encará-lo como opção. O segundo é *resultado* da escolha: a profusão de alternativas visíveis e aparentemente viáveis abole efetivamente a possibilidade de esquecer que o caminho seguido é na verdade uma opção e poderia ser substituído – em cima da hora ou sem aviso prévio – por outro estilo de vida, talvez até mesmo bem diferente.

Por necessidade e não por vontade, nossa sociedade é uma sociedade de optantes – de optantes, ademais, que em geral aprendem a fazer dessa necessidade uma virtude. Sem dúvida, os fornecedores do mercado evidenciam essa tendência: eles descobriram (e não é provável que esqueçam) o tremendo poder sedutor da diversidade e a atração que exercem as vitrinas ricas e variadas. Da mesma forma os criadores e distribuidores de todo tipo de produtos artísticos, que elevam a escolha ao nível de valor em si e consideram-na um aspecto da realidade bastante adequado para determinar o conteúdo e a forma das obras de arte. E o mesmo ocorre com os membros de uma florescente profissão chamada consultoria, fornecedores de um novo tipo de habilidade vendável nascida da necessidade de optar e que prospera na medida direta da profusão de itens a escolher, quanto mais espantosa e desconcertante ela for. Como um conhecido consultor profissional aconselha os que se sentem perdidos sem a assessoria de especialistas e por isso procuram insistentemente os seus serviços,

> observe o que você pode fazer, a qualquer momento, se escolher com consciência e *dinamismo* toda vez que uma oportunidade se apresentar. É o que fazemos com essas opções (e muitas outras iguais) que vai determinar sempre não apenas como será cada um dos nossos dias mas também o sucesso que teremos em qualquer atividade. (S. Helmsletter, *Choices*, Nova York, Product Books, p.104, citado aqui a partir de Giddens.)

Depois de fazer suas opções, os optantes podem se comportar de modo extremamente reminiscente do comportamento compulsivo, tipo de conduta com freqüência (e erroneamente) imputado aos que vivem sob as garras da tradição. Essa semelhança é mais uma vez superficial e equivocada. A compulsão, na perspicaz expressão de Giddens, é *confiança congelada* – mas qualquer confiança é logo descongelada na sociedade dos optantes e, mesmo quando congelada, leva no rótulo a indicação de uso em letras garrafais. A única compulsão que resta de fato na sociedade dos optantes, a única forma de comportamento repetitivo cego para todas as demais alternativas ou esquecido delas é a compulsão de optar. Todas as demais quase-compulsões são melhor definidas, para Giddens, como *vícios*.

O vício é o oposto mesmo do investimento fixo e permanente da confiança: nada tem de "confiável", é por natureza frágil, inseguro de sua própria sabedoria e carente de confiança, insatisfeito consigo mesmo, constantemente precisando de um renovado reconhecimento, aberta ou veladamente envergonhado e arrependido. O vício, diz Giddens (segundo A.W. Schaeff), "é aquilo sobre o que precisamos mentir". Sendo o que é, o vício é "o inverso da integridade que a tradição outrora conferia e que todas as formas de confiança também supõem". O vício não é somente o que fui *forçado* a fazer, é o que *escolhi* ser forçado a fazer; a consciência da escolha e da responsabilidade pelo que foi escolhido é inerente ao vício e não pode ser extirpada dele. Daí a incerteza constante e inevitável sobre a inteligência da opção feita (por mais firme que tenha sido a escolha) e a propensão a indignar-se consigo mesmo, à auto-reprovação, lamento e arrependimento – tudo isso ausente da obediência à tradição...

Em suma, a diferença última entre a conduta aparentemente compulsiva na sociedade de consumidores que optam e a mesma conduta na "sociedade tradicional" mítica onde hábitos e costumes eram a mola exclusiva do comportamento é a diferença entre estratégia opcional e destino sem escolha ou, simplesmente, entre opção e falta de opção.

O sentido próprio de "tradição" (não o sentido distorcido, manipulado e reciclado para uso de uma sociedade que não é o seu habitat natural) está ligado à sociedade *heteronômica*, a qual, como insistiu Castoriadis, é aquela que se nega a reconhecer ou lamenta a origem humana das regras e normas que seus membros são instados a obedecer, sociedade que por isso imagina-se modelada e guiada por comandos que não produziu – comandos exteriores, dados por uma força *externa*. Na última entrevista concedida antes de morrer ("L'individu privatisé", a Robert Redeker, em Toulouse, no dia 22 de março de 1997), Cornelius Castoriadis ressaltou que as sociedades heteronômicas (quer dizer, praticamente todas as sociedades conhecidas da história)

> incorporaram nas instituições uma idéia que seus membros não devem contestar: a de que as instituições não foram criadas pelo homem, pelo menos não pelos seres humanos atuais. As instituições foram criadas por espíritos, por ancestrais, por deuses ou heróis – não são produto humano.

O sentido próprio de "tradição" implica exatamente essa qualidade institucional "inerente": o reconhecimento de que não há nada que as pessoas vivas possam fazer para mudar as instituições herdadas e que se tentarem, esquecidas de sua impotência, intrometer-se com esse legado, ocorrerão desastres inimagináveis, produzidos por punição divina ou pelas leis da natureza, que não admitem nem toleram qualquer violação.

O convite para passar da sociedade heteronômica a uma sociedade autônoma (primeiro passo para a autonomia social, que estabelece sua condição necessária mas não suficiente) é feito depois que se reconhece que as leis da sociedade só podem se apoiar na vontade do povo que as adotou e que tudo o que o homem faz pode ser também desfeito por ele. Esse convite surgiu primeiro entre os gregos, assim que introduziram a fórmula *edoxe te boule kai to demo* – "é considerado bom pelo conselho e pelo povo" – no preâmbulo das leis que o povo era instado a obedecer. As leis precedidas por essa fórmula exigiam obediência em nome do bem comum, mas o próprio fato de tentarem justificar sua exigência, "fornecendo a base" para essa obediência, convidava também à *reflexão*, a uma *reflexão responsável* e a uma *refletida responsabilidade*: olhe, aqui estão leis que a maioria acha boas, mas... será que são boas mesmo, haverá algo que podemos ou devemos fazer para melhorá-las? A fórmula nos lembra a *opção* que serviu de fundamento a tudo o que teve autorização para governar a nossa conduta. E nos lembra a responsabilidade de tornar boa essa opção, responsabilidade da qual não podemos nos livrar e jogar sobre os ombros de outro poder, externo e inatingível.

Não admira que Castoriadis insista em afirmar que uma sociedade *realmente autônoma* (não apenas uma sociedade que presta reverência formal ao princípio de autonomia assim entendido, ou uma sociedade que recusa seu próprio convite à autonomia) é feita de *indivíduos autônomos*. Não há autonomia social se não há autonomia dos indivíduos que a compõem. A sociedade só pode ser autônoma, isto é, livre para optar e se governar, se seus membros têm o direito e os meios de escolher e jamais renunciam a esse direito nem o entregam a outros (ou a alguma outra coisa). Uma sociedade autônoma é autoconstitutiva e os indivíduos autônomos constituem a si mesmos. Em ambos os casos, a autoconstituição é uma questão de grau, mas o grau de autoconstituição só pode aumentar simultaneamente nos dois níveis, social e individual.

Mas o que é um "indivíduo autoconstituído"? Podemos dizer que o primeiro passo para a constituição própria, sua condição necessária mas não suficiente, é o reconhecimento de que o indivíduo não recebeu pronta a sua identidade, que a identidade é algo a ser construído pelo próprio indivíduo, que assumiu responsabilidade por ela. Em outras palavras, mais do que "ter uma identidade", os indivíduos são confrontados com a longa e árdua *identificação* de si próprios, jamais concluída. Ao contrário da idéia de identidade prévia, o projeto de identificação, nas palavras contundentes de Stuart Hall,

> *não sinaliza* um núcleo estável do eu a desdobrar-se inalterado do início ao fim através das vicissutudes da história, um fragmento do eu que permaneça sempre e desde sempre "o mesmo", idêntico a si

mesmo, através dos tempos... Nem [...] é o eu coletivo ou verdadeiro que se esconde dentro dos muitos outros "eus", mais superficiais ou artificialmente impostos, partilhados por um povo com história e antepassados comuns, um eu coletivo que possa estabilizar, fixar ou garantir uma "unidade" ou inclusão cultural imutável subjacente a todas as demais diferenças superficiais. Ele aceita que as identidades não se unificam jamais e que no final dos tempos modernos se fragmentaram e fraturaram cada vez mais; que nunca são singulares mas construídas de formas múltiplas através de diferentes discursos, práticas e posições que se interseccionam e com freqüência antagônicos. ("Who needs identity?", em *Questions of Cultural Identity*, org. Stuart Hall e Paul du Gay, Londres, Sage, 1997, p.3-4.)

Substituir a admissão de uma identidade "sempre e desde sempre a mesma" pela perspectiva de um esforço interminável de identificação significa, em princípio, a aceitação de que não existem fundamentos prontos e exteriores do eu, assim como a aceitação de uma responsabilidade plena e indivisível pelo eu a ser ainda escolhido: "Sou o que consigo fazer de mim mesmo."

Isso não significa, claro, que a escolha é feita no vazio e que parte ou poderia partir do zero, de circunstâncias mais favoráveis. Toda opção é feita a partir do que nos é oferecido e poucas pessoas, se é que alguma, podem gabar-se de ter começado sua auto-identificação do nada. Indivíduos assim excepcionais continuarão a ser poucos e isolados até uns dos outros, uma vez que, embora sendo uma *tarefa individual*, a "identidade" é também um *fenômeno social*. Identidade é o que *se reconhece socialmente* como identidade: está fadada a continuar uma ficção da imaginação individual a não ser que se comunique a outros em termos socialmente legíveis, expressa em símbolos socialmente compreensíveis.

O reconhecimento de que não há fundamento ou garantia externos da identidade *significa*, no entanto, que o que quer que se escolha é questão de decisão individual e será mérito ou fardo do indivíduo. O modelo que escolhi poderia ter sido construído por outro, mas a responsabilidade da escolha é minha e somente minha.

Reconhecido isso, deu-se o primeiríssimo passo para a autonomia individual e a "tradição" só pode entrar no projeto de identificação sob a forma de *tradicionalismo*, isto é, de preferência por "nossa herança comum", pelas maneiras e jeitos partilhados no passado ou que se acredita partilhados por um grupo de pessoas com as quais gostaríamos de nos identificar, grupo que reivindica esses jeitos e maneiras como seu dom e legado coletivos. Mesmo que a preferência seja justificada por um argumento do tipo "o que é velho é belo", o próprio fato de se considerar necessário argumentar e efetivamente fazê-lo prova que foi antes de mais nada uma decisão individual que produziu essa preferência. A beleza do antigo está nos olhos de quem vê e aceitar uma tradição sempre significa, na prática, para um indivíduo livre ou supostamente livre, "nascer de novo". É a força da adesão que faz a preferência suportar a concorrência.

Daí a segunda dimensão do paradoxo endêmico à idéia de tradição. A tradição só pode entrar na consciência humana introduzida pelo tradicionalismo. Recomendação da escolha a ser feita e implicando pois a escolha e a necessidade humana de escolher, o tradicionalismo está portanto organicamente ligado à sociedade autônoma; sua presença, de fato, é prova da autonomia da sociedade em que ocorre. Mas o tradicionalismo é um sintoma da sociedade envergonhada da própria autonomia, que não se sente à vontade com isso e sonha em escapar dessa liberdade. Assim como a hipocrisia é um tributo indireto pago à verdade pela mentira, da mesma forma o tradicionalismo é um tributo enviesado, embaraçado e envergonhado pago à autonomia pela heteronomia.

DIGRESSÃO 3: *Pós-modernidade e a crise moral e cultural*

Poucos se lembram hoje em dia que a palavra "crise" foi cunhada para designar o momento de tomar decisões. Etimologicamente, tem muito mais a ver com o termo *criterion* – princípio que usamos para tomar a decisão certa – do que com a família de palavras associadas a "desastre" ou "catástrofe" na qual costumamos hoje localizá-la.

Foi Hipócrates quem usou o verbo grego κρινειη (decidir, determinar) para criar um termo que designasse o aumento dos quatro humores do corpo – fleuma, sangue, cólera e atrabílis – que, segundo seus ensinamentos, é o momento adequado para aquele que cura decidir como deve provavelmente evoluir o estado do paciente e determinar a terapia adequada para ajudá-lo na recuperação. É o momento da κρισιζ – isto é, da maré cheia, não da vazante – que é o melhor para tomar decisões. A visão de como o corpo humano funciona mudou muito desde Hipócrates, a ponto de se tornar comparativamente irreconhecível, mas o antigo significado da palavra "crise" como o momento em que se decide o rumo dos acontecimentos permanece, embora sobretudo na linguagem médica. Em outros contextos, onde é usado como metáfora e particularmente na fala cotidiana, o termo evoca a situação bem oposta – um momento de pegar e largar, de indefinição e indecisão, de ignorância sobre o rumo das coisas e de impotência para levá-las adiante no rumo que se gostaria... Somos tentados a dizer que hoje em dia a própria idéia de crise (como a utilizamos outrora mas acabamos esquecendo) está em crise. Mas, se disséssemos isso, não usaríamos a palavra "crise" no sentido que Hipócrates quis lhe dar.

Para colocar a coisa de maneira mais precisa, ainda pensamos atualmente em crise como um momento de mudança decisiva para melhor ou pior, mas não mais como o momento em que decisões sensatas podem ser tomadas com autoconfiança para garantir uma virada para melhor. Em estado de crise não sabemos que rumo as coisas irão tomar; em estado de crise as coisas escapam ao controle, não temos domínio sobre o fluxo dos acontecimentos; podemos tentar desesperadamente encontrar a saída para a situação angustiosa, mas todos os nossos esforços não passarão de uma sucessão de tentativas e erros, de experimentação no escuro, à espera de que algo resulte por fim disso. Seja qual for a maré montante em época de crise, não é a da autoconfiança e segurança pessoal. O mais provável é que a confiança esteja em seu nível mais baixo, enquanto as sensações de incerteza e impotência e a intuição da inadequação dos instrumentos mentais e/ou materiais de ação alcança seu nível mais alto.

No seu estudo outrora muito influente sobre a "crise de legitimação", Jürgen Habermas sugeriu que a percepção de certo estado de coisas como "crise" é uma questão de teoria. Para falar de crise é preciso primeiro uma teoria – uma imagem do estado normal de coisas, sem problemas; a "crise" ocorre quando esse estado normal, corriqueiro e familiar desmorona, quando as coisas se desconjuntam e o acaso aparece onde a regularidade deveria governar e os eventos já não são rotineiros e previsíveis; antes nos sentíamos no comando das coisas mas agora nos sentimos à deriva. Em outras palavras, chamamos de "crise" uma situação na qual os eventos desafiam o que quer que tenha passado por normalidade e as ações rotineiras já não produzem mais os resultados com que nos acostumamos no passado.

Em termos lógicos, o raciocínio de Habermas é impecável. Mas os caminhos tortuosos da nossa consciência não seguem necessariamente uma sinalização lógica. Para deslindar esses caminhos seria talvez melhor reverter a ordem proposta de descoberta e dar à idéia de "crise" prioridade conceitual sobre a percepção da "normalidade". Com efeito, é através do extraordinário que reconhecemos o que significa o "normal", ordinário. Como explicou Martin Heidegger muito tempo atrás, somente quando algo "dá errado" é que colocamos a questão do certo e adequado e lhe damos um olhar mais atento; somente quando o martelo quebra e buscamos febrilmente um substituto é que passamos a questionar a "essência" do martelo, as características que deve possuir um objeto para ser um martelo. Buscamos a teoria quando as coisas que temos preciosamente nas mãos nos escapa.

Em desafio à lógica mas em sintonia com a forma como funcionam as faculdades cognitivas, a percepção da crise *precede* a consciência da norma. E assim, ao contrário do que diz Habermas, é a percepção de uma crise que estimula a busca de uma teoria do "normal" que coloca a imagem da "normalidade" – e não o oposto. Sem essa percepção da crise poderíamos continuar, talvez indefinidamente, sem refletir nem teorizar, sem analisar mais atentamente a "normalidade"; assim, os hábitos e a rotina seriam perfeitamente suficientes e não precisam ser expressos para nos prender em suas garras.

A normalidade vê-se mais forte e protegida quando não é notada; quando a lida diária não coagula na mente das pessoas como visão da norma. Podemos tornar ainda mais aguda essa afirmação dizendo que sempre que a idéia de uma norma ou regra vem à tona na consciência, pode e deve ser vista como uma prova indireta de eventos que não se ajustam bem às expectativas habituais, da discrepância entre o espalhafatoso "é" e o tácito "deve". Quando falamos de crise no sentido moderno de incompreensão e incerteza, a mensagem que passamos às vezes abertamente, porém mais comumente de forma implícita, é de que os instrumentos que nos acostumamos a usar com bons resultados e sem refletir parecem agora estranhos em nossas mãos e não parecem funcionar. Sentimos assim a necessidade de descobrir quais eram as condições que os tornavam eficazes no passado e o que deve ser feito para restaurá-las ou, então, mudar de instrumentos.

Por mais freqüente e disseminado que se tenha tornado o uso da palavra "crise" em nossa época, o estado mental que ela designa foi e é mais freqüente ainda. A sensação de que as coisas "vão mal", de que não batem com o que era esperado, e a desorientação resultante sobre a maneira de prosseguir são freqüentes, comuns, talvez um acompanhamento universal da experiência existencial humana. Todo ser-no-mundo humano é reflexivo, sempre implica a recapitulação e análise, não pode durar muito sem autocrítica.

Que deve ser esse o caso já percebemos ao analisar a discussão de Ortega y Gasset sobre o impacto das gerações (em *Esquema de las crisis*, 1942). Se é verdade que nenhum de nós reinventa o mundo nem acumula conhecimento sobre ele a partir do nada, mas deve a maioria dos conteúdos a artefatos prontos, frutos do esforço comunitário, então é também verdade que sucessivas gerações aderem a esse esforço em pontos diferentes e, assim, construindo seus próprios *Lebenswelte*, usam diversos conjuntos de artefatos. Tudo isso é trivial e bastante claro; o que é levado em conta com menos freqüência, porém, é o fato de que a cada momento na história várias gerações convivem, interagem, fazem intercâmbios e enfrentam assim a tarefa de coordenar suas ações e comunicar-se. Já por essa razão a sociedade está permanentemente em "estado crítico" e as gerações mais velhas, pessoas que estão no mundo há mais tempo e tiveram mais tempo para desenvolver hábitos e expectativas, tendem a ser as primeiras a perceber o estado atual de coisas como um "estado de crise". A "sociedade" é de qualquer forma uma entidade imaginada, mas imaginada de formas muito diferentes, por vezes marcadamente diferentes e não prontamente traduzíveis. Somente por essa razão, não considerar a resultante pluralidade, as fricções e tensões quando se deixa o quadro de um "sistema social" é um erro gravemente desconcertante.

Permitam-me frisar ainda mais esse ponto: *a crise*, na media em que a noção se refere à invalidação dos jeitos e maneiras costumeiros e à resultante incerteza sobre como prosseguir, *é o estado normal da sociedade humana*. De forma paradoxal podemos dizer que não há nada crítico no fato de a sociedade estar em crise. "Estar em crise" é a maneira costumeira e talvez a única concebível de autoconstituição (Castoriadis) ou *autopoiesis* (Luhmann), de auto-reprodução e renovação, e cada momento na vida da sociedade é um momento de autoconstituição, reprodução e auto-renovação.

Tudo isso harmoniza-se com a razão. Além disso, dificilmente o que foi dito até aqui contém uma única idéia nova, quanto mais surpreendente – uma vez que pelo menos há algumas décadas o fato de que a sociedade existe por um constante desequilíbrio e não por um eterno retorno ao estado de equilíbrio é amplamente encarado pelos cientistas sociais como o ponto de partida de toda teorização sensata. Se é esse o caso, porém, então é necessário explicar por que o pânico e alarme público com a crise têm uma distribuição desigual no tempo e as preocupações com a crise emergem de forma intermitente e com variada intensidade. O que precisa ser explicado, em especial, é a intensidade incomumente alta da preocupação pública atual com a "crise da ordem mundial", a "crise de valores", a "crise da cultura", a "crise das artes" e inúmeras outras crises descobertas diariamente em áreas sempre novas da vida humana.

A resposta óbvia e simples (que parece óbvia *porque* simples) a essa inquietação seria apontar o pequeno volume de idéias estranhas e sem precedentes que destroem expectativas geradas e nascidas em épocas quando as coisas mudavam muito mais lentamente. Diz-se que, embora o mundo tenha estado sempre em mudança, nunca antes as mudanças foram tantas nem tão profundas e que o rápido aumento da quantidade e profundidade das mudanças torna muito mais difícil a permanente tarefa humana da auto-orientação.

Um pouco menos óbvia mas resposta também relativamente simples seria assinalar que nunca antes eventos e transformações fundamentais que marcam as gerações envelheceram e desapareceram tão rápido quanto hoje, sucedendo-se com enorme velocidade, e que conseqüentemente os períodos de tempo de gerações específicas são hoje mais curtos do que nunca – alguns anos e não algumas décadas. E portanto o número de gerações diferentes, cada uma preservando suas experiências e expectativas mas convivendo e interagindo dentro de um espaço social comum, aumentou enormemente. Esse fato explica em parte a impressionante polifonia (alguns diriam cacofonia) da cena pública e a conseqüente dificuldade de comunicação e de se chegar a um acordo apesar de todo o inegável progresso da tecnologia da tradução.

As duas respostas passam uma idéia semelhante: a de que as crises são um pouco mais profundas e freqüentes mas carregam ainda no essencial o mesmo significado de antes. Talvez, no entanto, essas respostas não cheguem longe o bastante; talvez a atual preocupação assinale uma mudança no próprio significado de "crise". Talvez usemos um velho termo para expressar um novo tipo de ansiedade. Talvez o que chamamos "crise" hoje em dia difira essencialmente, não apenas em grau e freqüência, do que costumávamos chamar de "crise" meio século atrás, ou antes.

Pode ser esse com efeito o caso. Há um significado extra que assoma com o atual alarme. O que hoje chamamos "crise" não é apenas a situação em que se chocam forças de natureza conflitante – o futuro está no equilíbrio e a vida está a ponto de adquirir um formato novo mas imprevisível – mas antes e acima de tudo um estado no qual *provavelmente nenhum formato emergente se consolida e dura muito tempo.* Em outras palavras, não é o estado de *indecisão*, mas o de *impossibilidade de decisão.* Os medos que pulsam por baixo de toda essa conversa sobre "crise" são semelhantes ao horror dos passageiros que não apenas sentem o avião tremer e oscilar como também descobriram que a cabine do piloto está vazia. Quando falamos hoje da crise mundial da ordem ou de crise de valores, das artes ou da cultura, não queremos dizer que todas essas coisas não estão por enquanto decididas, mas que *não têm decisão possível* – que não há como fazer uma opção sensata, quanto mais aglutinante, e que mesmo se isso fosse possível, não haveria agentes capazes ou ao menos interessados em levar a decisão à prática.

O mundo parece-nos uma versão monstruosamente obesa e pantagruélica da Internet: por toda a parte, todo mundo aumenta o monturo universal de lixo mas ninguém parece visualizar as conseqüências, quanto mais controlá-las. Por toda a parte desenrola-se um jogo sem árbitro e sem regras legíveis a governá-lo. Por toda a parte, cada jogador ou jogadora joga um jogo particular mas ninguém sabe com certeza que tipo de jogo está jogando, se é que há algum. O mundo não é mais o marco de "realidade" contra o qual medir a correção de cada lance jogado; o próprio mundo é um dos jogadores, como todos os demais escondendo o jogo, com uma manga cheia de cartas, blefando e – havendo a oportunidade – trapaceando. Ou, como a *web*, o mundo não está apenas fora de controle: é *incontrolável*.

Fazendo a mesma proposição de forma diferente: parece agora que obter controle sobre o curso dos acontecimentos ou pelo menos distinguir a tempo o cavalo vencedor e assim controlar as conseqüências dos próprios movimentos não é uma questão de adquirir algum conhecimento atualmente em falta. A confusão atual não é resultado de negligência subjetiva ou erro, retificável através de um esforço maior e uma melhor lógica. O aspecto assustador do mundo contemporâneo é que, quanto mais inteligentes tendem a ser as ações, mais elas se acrescentam ao caos. Para usar o termo feliz cunhado por Anthony Giddens, a nossa incerteza é *fabricada*. A incerteza não é algo que *reparamos*, mas algo que *criamos* e criamos sempre de modo novo e em maior quantidade, e *criamos através dos esforços para repará-la*.

Talvez tenha sido sempre assim ou talvez tenha sido assim por longo tempo. Mas se era assim no tempo dos nossos avós, com certeza eles não sabiam disso. Para empregar a frase usada por George Steiner em outra ocasião, sua ignorância era um privilégio. Graças a sua ignorância, podiam crer que qualquer confusão em que se metessem era apenas temporária e acreditavam que sabiam bem o que fazer para superá-la, supondo que adquirir mais conhecimento e técnica era a maneira de alcançar isso. Tais crenças devem ter sido falsas e por fim desnorteantes, mas graças a elas nenhum desespero, por maior que fosse, era infinito – havia sempre uma esperança razoável de que escapar ao desespero profundo era algo acessível ao ser humano, ainda que não de imediato. E com essa esperança acima de tudo na mente de todos, era possível escalar o abismo com redobrado vigor mesmo que o topo estivesse fora de vista ou não parecesse se aproximar.

Como era apenas de se esperar, para olhos assim educados as crises pareciam um mal, mas um mal transitório e reparável: obstáculos, feridas ou espinhos momentâneos ainda não removidos do corpo basicamente saudável, defeitos temporários em um mecanismo que no essencial funcionava bem. As crises passadas podiam ser superadas como capítulos na longa história da ignorância e estupidez humanas. Mas sendo a história a crônica de sucessivas vitórias da ciência sobre o preconceito e da razão sobre a superstição, era possível também prever que essa estupidez um dia cessaria, que haveria cada vez menos crises no futuro e que o conhecimento pleno, uma vez alcançado, significaria sem dúvida o fim das crises.

Não temos mais o benefício dessas crenças benignas e reconfortantes. E pagamos a perda da ingenuidade infantil de nossos ancestrais na moeda da ansiedade, uma ansiedade que esses antepassados não tão distantes raramente ou nunca sentiram.

Pensem, por exemplo, na recente substituição pelo termo "risco" de um outro, "perigo", que por longo tempo serviu para denotar os nossos medos e apreensões. Os "perigos" diferem dos "riscos" porque podem ser localizados mais ou menos com exatidão e nos permitem assim tomar medidas para evitá-los ou pelo menos resistir a eles. Mas, acima de tudo, os perigos vão e vêm, são acidentais e independem do que fazemos ou não: são distúrbios na busca em geral suave de nossos objetivos, provêm de fora e não têm nada a ver com o que perseguimos. Os riscos são algo inteiramente diferente: trata-se de aspectos inerentes a nossas ações, estão presentes no que quer que façamos e decorrem dos nossos atos; podem talvez ter seu tamanho reduzido, mas jamais são inteiramente eliminados. De uma situação alternativa ("ou... ou") passamos a um quadro aditivo ("e... e") ou adversativo ("sim, mas"), um quadro de troca permanente, em que os ganhos só acontecem acompanhados de perdas, na qual temos que escolher não entre soluções boas ou más mas entre males maiores ou menores. Antes e acima de tudo, podemos tentar calcular o risco envolvido nos nossos empreendimentos – mas não mais em termos de probabilidade, o que significa que jamais podemos estar muito certos do resultado das nossas ações e se as precauções que tomamos não redundarão no fim em mais prejuízo que benefício.

Ulrich Beck ganhou merecida fama por inventar a expressão *Risikogesellschaft* [empreendimento de risco], mas o que se depreende da sua incisiva e minuciosa descrição desse tipo de negócio é que a condição humana é a de uma vida de risco (*Risikoleben*), uma vida em que provavelmente nenhum passo será inequivocamente "um passo no rumo certo", de modo que a incerteza sobre a correção ou propriedade de nossos empreendimentos jamais é eliminada, mesmo em retrospecto. Muitos ditados populares referem-se a essa condição de vida – adágios sobre "tatear no escuro", "viver para aprender" e "brincar com fogo"; a sabedoria popular condena esse tipo de vida, lamenta a sorte dos que a levam e indica a necessidade de evitá-la. Também afirma que esse tipo de vida é uma escolha errada que *pode* e *deve*, portanto, ser evitada. Mas o que se segue da análise de Beck é que a *Risikoleben* não é uma escolha da aventura ou do erro da pessoa temerária, mas o nosso destino comum, quer gostemos ou não, quer apreciemos seus prazeres e alegrias ou condenemos seus desconfortos e armadilhas.

A substituição da idéia de "perigo" pela de "risco" retrata fielmente (e permite que captemos melhor) a fatal mudança no significado de "crise". "Estar em crise" já não é visto mais como uma lamentável reviravolta do destino ou um infortúnio, mas como um atributo inevitável da condição humana. Vivemos constantemente uma situação imprevisível, assumimos riscos em tudo o que fazemos – nossas decisões podem ser, sob certos aspectos, melhores ou piores, mas dificilmente seriam impecáveis ou melhores em *todos* os sentidos.

O que decorre de tudo isso, se pensarmos bem, é que o conceito de "crise" tornou-se redundante... A palavra significa, afinal, a condição permanente das coisas, um atributo indispensável do que quer que aconteça. As expressões com a palavra "crise" são em geral, portanto, pleonásticas, do gênero "manteiga de leite" ou "água líquida". Por exemplo, as expressões "crise cultural" ou "crise das artes" não distinguem do resto uma forma peculiar de cultura ou um momento específico na história das artes. São na verdade afirmações analíticas que revelam a natureza da cultura ou das artes, ou melhor ainda, suas definições indiretas.

Se foi sempre assim e só agora começamos a ver com clareza ou se o tipo de cultura e o cenário artístico dos quais extraímos hoje nossas noções de cultura e arte são de fato novos e diferentes dos anteriores, é algo a discutir. Quanto a mim, no entanto, em vez de me lançar numa discussão sabidamente difícil de resolver devido às inevitáveis interferências entre "os fatos da questão" e os moldes intelectuais que modelam "a questão" nos "fatos", acho melhor me limitar a rastrear as conseqüências que nossa nova *percepção* da "crise" pode ter para as nossas idéias ortodoxas de valor, cultura, arte e seja lá o que for que hoje vemos em crise.

Examinemos primeiro a idéia de "crise de valores". Nisso, a idéia de Habermas de que a percepção da crise é um derivativo ou projeção da teoria do setor supostamente em crise pode de fato vir a calhar.

A teoria, por assim dizer, é um modo de ver e também de evitar o olhar – ela concentra a vista sobre alguns aspectos da realidade borrando o resto. A percepção da "crise de valor" é um artefato do conceito – explícita ou implicitamente fundamentalista – de ética. De acordo com tal conceito, os padrões morais só podem ser observados em sociedade com a condição de que as pessoas sejam sistematicamente postas numa situação "sem alternativa" – por meio da manipulação do ambiente em que atuam de modo a tornar irreal ou cara demais a conduta imoral ou doutrinando as pessoas e incutindo-lhes um respeito inquestionável por um código moral e aversão a todos os preceitos alternativos. A percepção da "crise de valor" é produto desse conceito fundamentalista de ética num duplo sentido.

Primeiro, leva-nos a acreditar que a mera abundância de valores concorrentes, tanto escolhidos como escolhíveis, é em si mesma equivalente a um estado de coisas insano ou mesmo mórbido, perverso ou inatural; tal abundância é por si mesma o sinal do fracasso do "projeto moralizador", ao passo que, segundo o espírito e a letra desse projeto, seu próprio fracasso expressa o fim da única moralidade que o projeto reconhece como moralidade – e assim da moralidade como tal. Do ponto de vista fundamentalista, a pluralidade de valores, a diversidade de opções é em si mesma um mal; o argumento freqüentemente acrescentado não passa de uma racionalização do que é em sua essência um sentimento visceral – não passa de falso louvor ao espírito dominante da discussão racional.

Segundo, a ativa promoção da moralidade através de uma legislação ética não gera tanta responsabilidade moral, como a obediência ao mais forte e a conformidade às normas; toda a ênfase está na submissão inquestionável ao que quer que se ordene, na aquiescência à autoridade, enquanto pouca atenção é dada ao conteúdo e qualidade da ordem. Não importa o que se é chamado a fazer; o que importa é o poder e a legitimidade da autoridade sustentada no poder, da autoridade que faz o apelo impositivo. Ao contrário da intenção e, certamente, da promessa, o cultivo da moralidade pela rendição incondicional à norma, seja qual for essa norma, resulta no mesmíssimo niilismo moral que os promotores do código moral único pretendiam evitar. Nada se apóia na própria reflexão da questão moral – a ligação entre o código e a conduta deve ser idealmente imediata, sem mediação, para excluir toda possibilidade de desvio. Tudo depende, ao contrário, do monopólio do poder legislativo, pois a chance de os humanos se portarem moralmente é tida como dependente da eliminação, não do fomento, de sua tendência e capacidade para fazer juízos e opções independentes (e portanto em princípio imprevisíveis). No momento em que o monopólio é abalado e as autoridades se multiplicam, os indivíduos são confrontados com a necessidade das próprias escolhas de acordo com seu poder de julgamento moral – isto é, de acordo com recursos que não se acredita que possuam ou são suspeitos de usar erroneamente e portanto tiveram pouca chance de desenvolver. É isso que querem dizer com "crise de valores" e não admira que isso seja visto com alarme.

A "crise de valores" assim entendida é vista como grande ameaça à (na verdade, o oposto mesmo da) moralidade, sobretudo porque nessa teoria da moralidade e na prática do seu cultivo falta, se não é abertamente negada ou desacreditada, a idéia da própria responsabilidade autônoma do sujeito moral. Direta ou indiretamente, essa teoria define os sujeitos morais por sua conformidade à norma, não pela opção de conduta responsável, enquanto a prática da educação e imposição ética cuida para que os indivíduos vivam de acordo com essa definição.

Há, no entanto, outra maneira de examinar a natureza da moralidade, na qual a responsabilidade do ator independente tem um lugar de honra. Nessa perspectiva, a abundância de valores concorrentes não parece sinal de "crise"; e então, se é crise, longe de tocar um dobre de finados pela moralidade, ela anuncia condições favoráveis para aqueles indivíduos que encarem o fato de sua inevitável responsabilidade pelas opções morais. Tal "crise" não é a marca de uma terra inóspita aos eus morais; ao contrário, sinaliza uma atmosfera auspiciosa a seu nascimento e amadurecimento – situação que mais que qualquer outra instiga os indivíduos a assumir responsabilidade por sua responsabilidade...

Se a multiplicidade de valores que requerem julgamento e escolha é sinal de uma "crise de valores", então precisamos aceitar que tal crise é o lugar natural da moralidade: só nesse lugar a liberdade, a autonomia, a responsabilidade e o juízo – que se destacam entre as características indispensáveis do eu moral – podem crescer e amadurecer. A multiplicidade de valores não garante por si só que os eus morais irão de fato crescer e amadurecer. Mas sem ela têm pouca chance de fazê-lo. O que muita vez chamamos de "crise de valores" revela-se a exame mais acurado o "estado normal" ou a condição moral do homem.

Examinemos agora, também de forma sumária, a noção de "crise cultural". No discurso público, assim como em inúmeros comentários acadêmicos, essa noção veio a significar o alarme e ansiedade provocados por uma aparente falta de coesão normativa, pela ilegibilidade ou ambigüidade de preceitos que deveriam regular ou assistir a seleção de formas, significados e padrões de comportamento preferidos, pelo aparente desacordo sobre o que importa ou vale a pena perseguir, pelo fato de que os sinais contraditórios que chegam ao indivíduo desse misterioso espaço imaginado chamado "sociedade" não compõem uma totalidade coerente, não formam um sistema, e pelo fato de que para cada norma promovida por certas autoridades se podem ouvir outras exortações, diferentes e muitas vezes contraditórias, emitidas por outras fontes não menos autoritárias. Em outras palavras, o conceito de "crise cultural" veio a referir-se ao estado de ambigüidade, ambivalência, inconsistência, obscuridade e indefinição normativas e à percepção desse estado como desconcertante e de uma maneira ou de outra ameaçador do bem-estar social e da prosperidade individual.

Aí também é difícil, talvez impossível, decidir se se trata de uma drástica e recente mudança na situação mundial ou apenas de uma descoberta e admissão tardias da natureza das coisas, em vigor há muito tempo mas até então negada ou despercebida. Acostumamo-nos à idéia de "cultura" como um sistema de normas complementares e mutuamente coerentes, encimadas pela "síndrome do valor dominante", que impregnam, penetram e saturam como o éter mítico todas as normas "específicas", limitadas a uma categoria ou situação, que compõem de alto a baixo o sistema social. Essa idéia também assumiu a "funcionalidade" essencial da cultura; de acordo com ela, a cultura serve para manter padrões, administrar tensões e, de modo mais geral, à tarefa de auto-identificação, continuidade e monótona auto-reprodução da sociedade em sua forma determinada. Codificando essa visão de dois séculos, Talcott Parsons introduziu na sua teoria o conceito de cultura primordialmente como um instrumento para explicar por que as ações voluntárias, embora voluntárias e aparentemente escolhidas pelo indivíduo, teriam ainda assim padrões regulares, exibindo regularidade e repetição.

Falando francamente, a idéia de cultura veio a associar-se a restrições, à redução do número de opções concebíveis, à limitação da liberdade de escolha. Com tal idéia em mente, todo caso de incoerência entre normas culturais teria que ser tomado como uma evidência de "mau funcionamento" e descartado como sendo apenas uma irritação passageira – o distúrbio era visto como temporário, uma vez que se supunha a cultura, como a sociedade que deveria servir, dotada de uma tendência inerente à sistematização e auto-equilíbrio. Os casos de mau funcionamento podiam ser facilmente explicados como manifestações de "defasagem cultural", pela inércia das hoje obsoletas relíquias de cenários sociais ultrapassados ou pelo "choque cultural", a interferência de sistemas culturais de outro modo coesos mas mutuamente incompatíveis.

Quer tal concepção dos fenômenos culturais fosse ou não plausível numa época em que dominou a teoria social, certamente parece insustentável no quadro da mentalidade pós-moderna ou do final dos tempos modernos. Quando falamos hoje de cultura, o que nos vem à mente não é a imagem de uma totalidade coerente e coesa, fechada e auto-sustentada, com partes claramente articuladas e intimamente entrelaçadas, mas o quadro de uma vasta matriz de possibilidades no qual incontáveis combinações e trocas não absolutamente coordenadas podem ser feitas e com efeito o são. Ou melhor ainda, para visualizar a mudança de percepção podemos usar a alegoria de Lotman das duas maneiras pelas quais a energia criativa pode ser distribuída. A energia criativa, a *vis formandi* de Castoriadis, o poder de Luhmann ou a *autopoiesis*, pode fluir como as águas da primavera que descem para o leito do rio e formam uma poderosa correnteza que – se tiver tempo suficiente – varrerá ou arrastará tudo que estiver no seu caminho, destruindo, esmagando e dissolvendo até a mais sólida das rochas. Mas pode também se espalhar por vastos campos minados e com certeza haverá explosões vez por outra, aqui e ali, mas não há como saber onde nem quando. A imagem do rio é semelhante à da cultura moderna ortodoxa; a do campo minado tem óbvia afinidade com o pensamento cultural contemporâneo.

Nesse – nosso – pensamento, a cultura é vista sobretudo como um processo de contínua mudança essencialmente não dirigido que conspira contra toda estrutura e particularmente contra estruturas sólidas e coercitivas, em vez de ajudá-las a vir à luz e sobreviver. Não sendo o campo da cultura visto como uma divisão entre sistemas fechados e harmoniosos em si mesmos, é difícil interpretar as múltiplas incidências de ambivalência cultural e pressões normativas cruzadas como produto do "choque de culturas" e, de forma mais geral, como o impacto de um corpo estranho, como uma influência externa. Falta de coerência e coordenação, a espontaneidade da mudança, a disseminação das novidades, tudo isso combina num estilo de cultura e isso só pode gerar continuamente ambigüidade em grande quantidade, como subproduto e talvez mesmo – não intencionalmente – produto *principal* da própria atividade cultural. Fertilidade, vibração, exuberância, a própria vida cultural depende dessa produção. Mais, é graças a essa forma de existência, a esse perpétuo "mau funcionamento" (como diria o antropólogo ortodoxo) que a cultura sustenta a causa da liberdade humana, em vez de servir, como era de supor, ordens sociais auto-reprodutoras com a ajuda das restrições colocadas à liberdade e de exterminar a inerente variedade e espontaneidade da autocriação humana.

Como anteriormente no caso da moralidade, também no caso da cultura devemos concluir que se for preservado o seu significado costumeiro de indefinição e incerteza, a palavra "crise" não pode ser usada como antônimo de "normalidade". Conclusões semelhantes podem ser tiradas com uma análise mais detida de outros tipos de "crise". Tais conclusões criam uma tarefa teórica que sob aspectos cruciais é o oposto mesmo das tarefas que a teoria social tradicionalmente lutou para desempenhar. Resumindo, a tarefa já não é explicar a crise para expulsá-la, retirando do esconderijo os fatores peculiares responsáveis pela produção de estados extraordinários em sistemas de outro modo regulares e normativamente regulados. Ao contrário, a tarefa é construir uma teoria do ser-humano-no-mundo que não veria a incoerência e a desfuncionalidade como eventos extraordinários que incorporariam na sua definição da existência humana aqueles fenômenos que são inexplicáveis em termos utilitários e portanto não teriam necessidade de uma "teoria da crise" especial.

3 • Em busca de uma perspectiva

Podemos dizer que a democracia liberal é uma das mais poderosas *utopias* modernas que desenharam o modelo pelo qual deveria se estruturar e ser governada uma boa sociedade ou pelo menos uma sociedade garantida contra algumas das suas mais óbvias deficiências de opção. Podemos também falar da democracia liberal *que de fato existe*, que sempre estará aquém do ideal utópico e exibe características que são difíceis de ser assimiladas na noção de uma boa sociedade ou mesmo características que tornam mais do que difícil transformar essa utopia em realidade. Quer falemos de suas formas utópicas ou reais, podemos dizer que a democracia liberal é uma ousada tentativa de realizar um equilíbrio excessivamente difícil, tarefa que poucas sociedades assumiram em outros tempos e lugares e que nenhuma conseguiu de fato materializar, quanto mais tornar seus resultados seguros e duradouros.

A democracia liberal, tanto na sua versão visionária quanto na sua versão prática, é uma tentativa de manter a eficiência política do Estado no seu papel de guardião da paz e de mediador entre os interesses do grupo e dos indivíduos, permitindo a livre formação dos grupos e a livre auto-afirmação dos indivíduos e sua livre escolha do estilo de vida que quiserem seguir. Na maior parte da história e na maioria das regiões do planeta, sabe-se que esses dois objetivos estiveram em geral em total oposição. Reconciliá-los não é façanha menor, mesmo nas melhores condições. Mas quanto às condições que a democracia liberal tenta dar ao Estado, aos indivíduos e aos grupos que os formam, não se contentaria com nada menos que as melhores que se possam conceber.

O objetivo da democracia liberal não é apenas um tipo de sociedade que permita ao Estado dirigir os seus assuntos e um tipo de Estado que também permita à sociedade dirigir os negócios dela, mas também um tipo de sociedade capaz de cuidar para que os assuntos do Estado sejam dirigidos corretamente e um tipo de Estado capaz de defender a sociedade contra os excessos que o governo dos interesses dela pode acarretar. A democracia liberal, em outras palavras, aspira à quadratura de um dos mais notórios círculos dentre os menos enquadráveis – para preservar simultaneamente a liberdade de agir do Estado, dos indivíduos e de suas associações, ao mesmo tempo que faz da liberdade de cada um condição para a liberdade dos outros.

Sobre a "sociedade civil" – para muitos pensadores políticos atuais, nome de código do "grande compromisso" entre o Estado e a sociedade que é o eixo do projeto e da prática liberal-democráticos – o falecido Ernest Gellner escreveu que

> [o] preço da liberdade pode ter sido outrora a eterna vigilância; o que há de magnífico na Sociedade Civil é que mesmo o distraído ou os que se preocupam com suas questões particulares ou por qualquer outra razão se sentem incompatibilizados com o exercício da eterna e intimidante vigilância podem pensar no desfrute da liberdade. A Sociedade Civil concede liberdade mesmo ao não-vigilante.[1]

Em outras palavras, a sociedade civil torna segura a liberdade individual – na verdade, segura ao ponto de na vida cotidiana achar-se que está garantida e não ser mais notada, quanto mais colocada como uma questão. É provável que o Estado respeite essa liberdade e se abstenha de interferir nas opções dos súditos, quer esses súditos fiscalizem o risco de tal interferência ou dêem as costas ao problema. Isso é ótimo; menos atraentes, no entanto, são os dois extremos que esse esplêndido isolamento mútuo da política e da vida cotidiana promovido pela sociedade civil pode estimular e propiciar. Um produto mal acolhido da separação são os súditos não mais estimulados pela situação política ou pela política de Estado, que não esperam nem condenação nem redenção para descer do topo – e assim como não pensam nos dentes depois que passa a dor de dentes, não vêem razão para questionar o significado de bem comum, quanto mais discuti-lo, contestá-lo ou ativamente buscá-lo. Outro é que o Estado é encorajado assim a supor que, como não há interferências contra a liberdade, o conteúdo do bem comum foi exaurido e o

Estado nada deve a seus súditos – nem tem responsabilidade pelos danos causados a todos os súditos pelo egoísmo, inépcia ou estreiteza com que alguns exercem sua liberdade. A sociedade civil, em outras palavras, tem seus esplendores e suas inclinações menos cativantes. Uns e outras são muito mais difíceis de separar do que o Estado e a sociedade se revelaram até aqui. A indiferença e apatia políticas dos cidadãos e a renúncia do Estado a sua obrigação de promover o bem comum são filhos desagradáveis mas legítimos da sociedade civil.

Isso não é conversa fiada sobre o que aconteceria se... As duas tendências incômodas revelam-se por toda a parte e de modo intenso o bastante para despertar a preocupação dos filósofos políticos e, mais importante ainda, para solapar a confiança depositada no Estado e provocar uma ansiedade generalizada com as fissuras cada vez mais fundas no tecido social.

Sete intelectuais franceses, dentre os quais Régis Debray, Max Gallo e Mona Ozouf, observaram recentemente (ver sua declaração conjunta com o comovente título "Republicanos, rejeitemos a nação de dois andares!", publicado no *Le Monde* de 20 de outubro de 1998) alguns perigosos indícios de uma progressiva deformação da democracia liberal "realmente existente", resultantes da crescente insegurança de uma ampla parcela da população, uma parcela cada vez maior.

> Se a República, que outrora fez um pacto de paz e segurança com suas classes populares, mostra-se incapaz de garantir ambas as coisas e, pior ainda, dá a impressão de que toda atenção por alguma ordem pública é por sua própria natureza reacionária, então há uma grande tentação de apelarmos para a autodefesa.

Quando o estado reconhece a prioridade e superioridade das leis do mercado sobre as leis da pólis, o cidadão transforma-se em consumidor – e o consumidor "demanda mais e mais proteção, enquanto aceita cada vez menos a necessidade de participar" no governo do Estado. O resultado global são as atuais "condições fluidas de anomia generalizada e rejeição das normas" em todas as suas versões. Aumenta, em vez de diminuir, a distância entre o ideal de democracia liberal e sua versão real, de fato existente. Temos um longo caminho a percorrer antes de sequer pensarmos em alcançar uma sociedade na qual "os indivíduos reconheçam sua autonomia junto com os laços de solidariedade que os unem". Como as coisas se apresentam no momento, com o Estado recusando sua responsabilidade pela segurança de todos e cada um, "[a]s leis do mais forte triunfam sobre os fracos"; a versão real e efetiva de democracia liberal parece gerar uma "sociedade de duas marchas, uma nação em duas camadas".

Há sinais de que estamos atualmente à beira do que pode ser definido como uma segunda Reforma, desta vez secular.

A segunda reforma e o surgimento do homem modulado

A primeira Reforma, religiosa, arrombou e destruiu uma jaula de ferro para que a congregação de crentes construísse as gaiolas que quisesse. Privatizando o negócio da salvação espiritual, fez de cada indivíduo um sacerdote e afrouxou o controle que o clero institucionalizado exercia sobre todos. A salvação foi o primeiro bem público a ser privatizado nos tempos modernos, enquanto o arrependimento e a redenção foram as primeiras atividades ritualizadas, sincronizadas e coordenadas a serem desregulamentadas. Depois desses primeiros atos de privatização e desregulamentação, seguir o caminho da salvação era decisão que cabia ao cristão fiel.

A Reforma atual, secular, desmantela o que a primeira evitou ou deixou de pé: a própria jaula de ferro, de qualquer formato ou coloração – os padrões e sanções supra-individuais de opções individuais; ou, em outras palavras, a visão controladora dos caminhos preferidos "de salvação", quanto mais de um só e exclusivo, seja qual for a forma que possa tomar o eterno sonho da redenção ao longo de uma vida centrada em si mesma, mais do que no seu impacto sobre a eternidade. A estrela guia da primeira Reforma foi a liberdade individual de tomar e trilhar o caminho que leva à salvação eterna através da sua própria obra em vida; a expressão chave da segunda Reforma é "direitos humanos", isto é, o direito de todo indivíduo usar sua liberdade de escolha para decidir que salvação deseja e escolher ou criar seu próprio caminho para alcançá-la (ou não, dependendo do caso). A segunda Reforma tenta concluir a obra que a primeira iniciou mas não completou; e ao fazê-lo ressalta o potencial oculto da primeira. Esse potencial oculto é o surgimento e predomínio do que Ernest Gellner chamou de "homem modulado".

Para descrever esse novo tipo de ser humano, Gellner tirou sua metáfora da indústria de móveis: a diferença entre o velho e o novo ser humano, diz ele, é como a diferença entre um guarda-roupa inteiriço, de uma só peça, e um armário modulado. O guarda-roupa antigo e outras peças de mobília costumavam ter uma forma definitiva, feita para ser sempre a mesma, impedindo qualquer mudança futura de tamanho ou estilo. Podiam ser desenhados com requinte ou desleixo, ser bem ou mal fabricados, mas a forma era aquela, única. Se as necessidades estéticas ou funcionais do usuário ultrapassassem as características do armário antigo, só havia uma solução: trocar o guarda-roupa por outro maior ou melhor adaptado à mudança do gosto. Com os móveis modulados não é assim: pode-se comprá-los aos poucos ou em pedaços ou módulos, aos quais poderão ser acrescentados outros mais tarde. Pode-se também remontar e rearrumar indefinidamente as partes para compor móveis sempre diferentes, segundo a fantasia ou as novas circunstâncias. Exceto pelo tamanho da sala, não há limites para esses acréscimos e mudanças. Mas isso significa que o processo de acrescentar e remontar nunca é concluído: não há um ponto em que se possa dizer com certeza que o móvel modulado chegou à sua forma final.

Poder-se-ia dizer praticamente o mesmo do "homem modulado", o mais notável produto da sociedade moderna. Assim como a mobília modulada não tem um formato "certo" predeterminado, mas um conjunto infinito de formas e expansões possíveis, o homem modulado não tem perfil nem função predeterminados. Ele não é o *Mann ohne Eigenschaften* [homem sem qualidades], de Musil; é antes um ser com *demasiados* aspectos e características que por essa abundância mesma só podem ser mantidos por algum tempo, sempre prontos para serem adotados ou dispensados segundo as necessidades. O homem modulado é uma criatura com *qualidades móveis, disponíveis e cambiáveis*, um remanescente do "homem proteano", esse celebrado ideal dos filósofos renascentistas. Resumindo: o homem modulado é, antes e acima de tudo, *um homem sem essência*. Ao contrário da mobília modulada, porém, o homem modulado faz por si mesmo o trabalho de montagem e remontagem. É modulado mas também *automodulante*. Se um guarda-roupa modulado é um conjunto de *possibilidades* a escolher, o homem modulado vive como um conjunto de *tarefas* a serem realizadas.

Tal condição, assinala Gellner, tem enorme importância para a natureza da sociedade civil ou liberal democrática.

> O homem modulado é capaz de se unir em associações e instituições efetivas, *sem* que estas sejam totalizantes, com muitas correntes presas pela norma e estabilizadas por toda uma série de ligações

> internas amarradas umas às outras e assim imobilizadas. Ele pode unir-se a uma associação limitada, *ad hoc*, com propósito específico, sem se obrigar a um pacto de sangue. Pode deixar uma associação a qualquer hora, quando discorda de sua política, sem por isso estar sujeito à acusação de alta traição...
>
> As associações do homem modulado podem ser efetivas sem serem rígidas.[2]

E assim os laços com que os homens (e mulheres) modulados se ligam a outros (e outras) *não são rígidos*, mas *ad hoc*. Isso tem efeitos notáveis: torna possível uma sociedade que é simultaneamente "bem integrada" – e costurada muitas e muitas vezes em todas as direções – e no entanto livre de uma forma rígida, da monotonia e homogeneidade impostas por uma tirania coerciva, pela vigilância tribal ou pela influência opressiva do passado que se auto-reproduz ritualmente. Paralela ao advento dos homens e mulheres modulados é a emergência do que Manuel Castells chama de "sociedade em rede", ou melhor, na minha opinião, uma sociedade em "multirrede" – uma sociedade que não é nem *segmentada* como suas remotas antecessoras pré-modernas nem *de classes* como sua imediata antecessora moderna e que, ao contrário delas, é capaz de viver com sua própria subdeterminação, sua ambivalência e contradições, absorvendo-as, reciclando-as e mesmo remodelando-as como recursos para a ação.

A emergência dos homens e mulheres modulados põe cobro a séculos de tentação dos governantes e de anseio dos filósofos em impor um conjunto fixo de comandos e normas como única maneira de manter a sociedade unida. Os homens e mulheres modulados podem se virar muito bem sem esse código fixo de regras – e ainda assim ficar longe do pesadelo hobbesiano de uma vida fadada a ser tola, estúpida e curta. Com homens e mulheres modulados tornam-se redundantes a tirania dos poderes coercivos e a pressão surda dos rituais. Além do mais, caso tentada, a tirania não encontraria "individuais totais" nos quais basear o seu "poder total". Na sociedade em multirrede de homens e mulheres modulados, o trabalho de integração e controle foi desregulamentado e privatizado.

Mas acontece que ganhamos alguma coisa para perder outras... Os laços flexíveis e *ad hoc* característicos das sociedades em multirrede e de seus membros modulados têm também seus aspectos menos atraentes. Tais laços são imbuídos de incerteza e risco. A maior parte do tempo ou talvez o tempo todo só se pode levar por encruzilhadas a vida que se apóia em tais laços. Seja qual for a via escolhida, há sempre riscos envolvidos: o de terminar num atoleiro ou de levar a lugares menos atraentes que outros aos quais poderiam ter conduzido estradas desprezadas ou abandonadas. Seja qual for o caso, não podemos evitar a suspeita de que jamais chegaremos a um julgamento final e inequívoco sobre as vantagens ou desvantagens do caminho escolhido e trilhado, de modo que a angústia da dúvida e a suspeita de estar dando ou ter dado um passo errado antecederá e seguirá cada movimento, agora e no futuro. Também somos inclinados a supor que tais julgamentos, quando vierem a ser feitos, serão muitos e diversos, talvez mesmo contraditórios. Ter liberdade para optar é liberador e gratificante. Mas ao mesmo tempo é estressante e o mais das vezes penoso, angustiante. Para citar Gellner de novo, o preço da "modularização" é "uma espécie de fragmentação que deixa cada atividade sem sustentação das outras, fria e calculada em função de sua própria finalidade claramente formulada, e não parte de uma cultura 'total', quente e integrada. Tal 'alienação' e 'desencanto' é um preço que alguns consideram alto demais."[3]

Em vez de "alienação", talvez fosse melhor falar hoje de "instabilidade" ou "desadaptação". Com efeito, "alienação" pressuporia um mundo totalizante e pessoas totalizantes que poderiam ser separadas umas das outras, mas nem a sociedade em multirrede dá muita chance de ser sentida como uma totalidade nem seus membros modulados têm muita oportunidade de desenvolver uma consciência totalizante. Para os habitantes "modulados" da sociedade "em multirrede", a "inclusão", a sensação de pertencer a um lugar ou grupo, é um grande problema: é sua preocupação diária, apesar de (ou justamente por) raramente encontrar solução satisfatória e quase nunca encontrar saída que se possa esperar duradoura, quanto mais definitiva. Como diz a famosa expressão de Niklas Luhmann, estamos todos, sempre e em toda a parte, "parcialmente deslocados". Não pertencemos "inteiramente" a nenhum dos grupos de que participamos; há partes das nossas pessoas moduladas que "sobressaem" e não podem ser absorvidas nem acomodadas em nenhum grupo específico, mas que se conectam e interagem com outros módulos. Cada ato de autoqualificação está portanto sujeito a pressões contraditórias, centrípetas e centrífugas.

Todas as formas de comunhão são na verdade frágeis e vulneráveis, enquanto os módulos permanecem mal integrados. Em nenhum grupo nos sentimos "inteiramente à vontade"; em qualquer grupo que eventualmente nos acolha sentimo-nos antes como que passando uma noite no hotel ou algumas horas num restaurante do que jantando em casa com a família. Mesmo essa alegoria, no entanto, preocupante como é, não explicita realmente o que implicitamente falta, porque as únicas casas de família que muitos homens e mulheres pós-modernos conhecem são cada vez mais parecidas com hotéis, isto é, locais de permanência temporária onde ninguém pretende ficar para sempre.

A condição "modular" é portanto de *Unsicherheit* – o tríplice veneno da insegurança, incerteza e instabilidade. A impressão de *Unsicherheit* tende a se projetar, e com razão, para o mundo exterior com suas muitas redes que se cruzam, descoordenadas, suas vias mal sinalizadas e seus sinais flutuantes. Mas a própria condição "modular" – a ausência de cintos, braçadeiras e rebites para segurar os módulos num formato permanente – é fonte constante de tensão. A tensão tende a aglutinar-se num desejo de grande simplificação, de uma ligação clara e direta entre desejos e oportunidades, entre ações e suas conseqüências – um desejo da *Eindeutigkeit* do mundo e o eu e a perfeita união dos dois. Esse desejo está embutido na idéia de "inclusão", idéia que sem dúvida por si só resiste a ser ancorada e está fadada a permanecer difusa e indefinida, uma vez que há pouca coisa na vida cotidiana para acomodá-la com segurança ou pelo menos utilizar seu modelo palpável.

Tribo, nação e república

A encarnação mais perfeita da idéia de inclusão é a tribo – a forma de união que dominou a maior parte da história humana. Com efeito, pertencer à tribo é algo abrangente e totalizante, que torna todas as outras alternativas invisíveis e portanto inexistentes, mais do que meramente denegri-las e combatê-las. O modo tribal de inclusão fornece o que só pode ser chamado de *compleat mappa mundi* – a totalidade do conhecimento sobre o mundo e o lugar do indivíduo nele. Nascemos na tribo e morremos dentro dela, vestindo e tirando repetidas vezes no intervalo entre esses dois eventos uma série de identidades estritamente definidas e inegociáveis em seqüência também estritamente definida e inegociável. Nada é exigido dos membros da tribo além de resignar-se a essa sucessão de acontecimentos e agir segundo as normas afixadas a cada sucessiva identidade. O que cada uma implica pode ser percebido simplesmente olhando ao redor os demais membros da tribo, não é necessária uma educação especial. As coisas podem dar certo ou errado na vida, mas quase nunca são ambíguas e confundem, pela simples razão de que o *Lebenswelt* não inclui a possibilidade da vida fora da tribo, de modo que ela está livre de opções existenciais. Na verdade, *il n'y a pas hors de tribu.*

A modernidade traz o fim para totalidades absolutas como a tribo e também, portanto, de um tipo de *Lebenswelt* tão coerente quanto a dos membros da tribo. As modernas totalidades sociais não têm a coesão da tribo por serem uma combinação de duas – e portanto inerentemente incompletas – totalidades, quais sejam a "república" e a "nação". Cada uma tem apetite para engolir ou subordinar a outra, mas só são mutuamente úteis enquanto preservam suas características distintas. O apetite, portanto, não chega a se satisfazer. Nos raros casos em que foi tentada a completa fusão das duas, como na Rússia comunista e na Alemanha nazista, o rebento foi natimorto ou autodestrutivo. Os dois mais conhecidos monstros híbridos tiveram vida curta pelos padrões históricos e eram inviáveis e fadados à morte desde o berço. Experiências fascista e comunista à parte, as sociedades modernas tendem a ser produtos da difícil coexistência de duas formações distintas guiadas por princípios diversos. A maior parte do tempo há um compromisso entre as duas, mas a convivência é entremeada de conflito aberto ou subterrâneo; a possibilidade de choque não pode ser descartada para sempre nem eliminada da complexa estrutura chamada sociedade moderna. Volta e meia após um longo período de coexistência pacífica ele ressurge em espaço aberto por uma razão ou outra; é o que acontece hoje, por exemplo, no velho continente, onde as repúblicas eminentemente expandíveis afluem à União Européia, enquanto as nações eminentemente inexpandíveis ficam para trás e fazem força para impedir o avanço das repúblicas que correm.

Há, em suma, uma relação de *Hassliebe* [ódio e amor] entre república e nação. Uma precisa da outra, mas acham difícil conviver em paz e irritantemente difícil negociar e reconciliar suas diferenças. Atraem-se mutuamente e se repelem ao mesmo tempo, com resultados semelhantes aos obtidos nas famosas experiências de Miller e Dollard com ratos, que se comportavam de modo incoerente sempre que divididos entre os impulsos opostos de aderência e separação, de atração e repulsa.

Fora a atuação no mesmo terreno e a aspiração a ser o principal adesivo que une e mantém junta a mesma população, a república e a nação diferem em praticamente todos os demais aspectos. Condenadas à companhia mútua, cada uma deve também usar meios outros que não meramente os utilizados pela tribo, que viveu um luxo fora do alcance de uma e de outra – o luxo de ser a única opção.

Cenário exclusivo da vida, de que a morte é a única alternativa, a tribo podia passar sem ideologia, doutrinação ou propaganda – coisas sem as quais a nação não pode viver. As tribos não precisavam de "tribalismo", mas a nação precisa de "nacionalismo", esse credo curioso, para não dizer incongruente, que ao mesmo tempo proclama que a essência precede a existência e que esta precede aquela, ou seja, que a nacionalidade é e não é simultaneamente uma questão de escolha. A nação do nacionalismo está dada antes que seus membros possam decidir qualquer coisa, mas é também um valor que seus membros devem acalentar, cultivar, promover e ostentar nas suas opções diárias. A tribo era uma realidade, não um valor; se a nação do credo nacionalista quiser ser uma realidade, deve tornar-se um valor.

A filiação à nação exige um esforço cotidiano. Como disse certa vez Ernest Renan, a nação é um plebiscito diário, uma totalidade que tem de ser diariamente renovada pelo voto de adesão. A doçura da inclusão que a nação oferece não é gratuita – tem que ser conquistada. A inclusão oferecida é doce porque, no caso da nação, dá uma chance de segurança; mas essa segurança é uma questão de talento, não uma conclusão prévia. Requer um domínio das tropas e uma ação concertada.

Se fosse apenas essa a exigência, não haveria nada a diferenciar a nação das inúmeras outras associações ou uniões voluntárias e não haveria por que dar precedência à nação sobre todas as demais fidelidades nem por que segui-la, ao contrário de todos os outros compromissos, de maneira cega, sem nada questionar, "ficando sempre do lado do país, esteja ele certo ou errado". Para reivindicar, ao contrário de outras associações, a fidelidade exclusiva e suprema acima de todos os demais compromissos, a nação explicitamente postula ser o que a tribo foi sem precisar colocar isso com muito palavreado, talvez mesmo sem saber: a questão do sangue e da terra, porém de forma ainda mais crucial (vivemos afinal numa época consciente de sua contingência) a questão da história comum.

Dizer a esta altura que toda narrativa histórica é seletiva é chover no molhado. O que, no entanto, se entende de forma menos imediata e é com freqüência obscurecido de propósito ou ferozmente negado é que a própria narrativa "faz" a história. Como Hannah Arendt e Paul Ricoeur assinalaram, cada um à sua maneira,[4] é a narrativa histórica que extrai os "eventos" da corrente da vida e então os remodela, desordenada e verdadeiramente "noumênicos" e contingentes, numa série significativa, pronta a ser interpretada, absorvida e memorizada. Arendt comparou o trabalho do historiador, que transforma a matéria-prima dos "meros acontecimentos" numa história que pode ser contada, compreendida e contida, ao trabalho do poeta que transfigura "dor em lamento" e "lamento em louvor". O nacionalismo é essa operação de seleção e transfiguração realizada coletivamente sobre o passado. Outra frase famosa de Ernest Renan é seu retrato da nação como um acordo para lembrar certas coisas do passado e esquecer outras. (Eu insistiria nesse ponto: o nacionalismo prescreve que todas as coisas que a gente não concorda em lembrar devem ser esquecidas.)

A idéia republicana raramente se rebaixa a discutir com seu adversário/associado as coisas que devem ser conservadas na memória e quais devem ser jogadas na lata de lixo do esquecimento. Ela faz mais do que questionar a seleção: nega a virtude, a autoridade e a necessidade da memória histórica, assim como desvaloriza o próprio passado. A idéia republicana em sua forma pura (que provavelmente encontrou sua expressão mais viva nos dias mais impulsivos da Revolução Francesa) é precisamente a do *destronamento do passado* (lembrem Marx, herdeiro espiritual da Revolução Francesa, descartando todo o passado como mera "pré-história" e anunciando que a história estava ainda para começar) e de um "novo começo". Na conferência[5] que pronunciou ao receber o Prêmio Marc Bloch, Mona Ozouf assinalou que ao menos na época da Revolução os republicanos se achavam capazes de decidir a reconstrução da totalidade da ordem política e social – e acreditavam que nada que pertencesse ao passado poderia servir a essa reconstrução. "A história não fornece nem precedentes nem alicerce, enquanto a duração nada tem a dizer sobre valor."

O nacionalismo proclamou a própria nação, legado vivo da longa e tortuosa história, como *um bem em si mesmo* – e não apenas um dentre muitos, mas o *supremo* bem, que faz encolher e subordina todos os demais. Os republicanos revolucionários, por outro lado, postularam a república como *a fábrica do bem comum* – e *única* fábrica capaz de produzi-lo. A boa sociedade dos republicanos estava toda no futuro, ainda não alcançada, e não era provável que chegasse a não ser por obra da república. Dito isso, porém, a idéia de república enredava-se desde o início em profunda contradição que a assombraria praticamente por todo o resto da história moderna.

A idéia de um "novo começo" (na verdade, não um simples começo, mas uma série interminável de novos começos) e a teimosa recusa de se submeter ao legado da história apenas em reconhecimento à sua longevidade deixaram a capacidade humana de criticar, raciocinar e julgar como único recurso disponível à república na sua produção do bem comum. E ela fez da trinca de liberdades – de discurso, de expressão e de associação – a condição *sine qua non* da vida republicana. Por outro lado, porém, a introdução do bem comum foi colocada no topo da lista de valores republicanos; a felicidade universal foi proclamada o propósito supremo da república. As pessoas deveriam ser livres para buscar a felicidade e negociar as formas de tornar essa felicidade universal; mas em algum ponto a causa da felicidade universal e a das liberdades individuais estavam fadadas a entrar em choque e uma ou outra seria forçada a abandonar o palco. Questões do tipo "o que é melhor, deixar as pessoas lerem livros ruins ou mantê-las no analfabetismo?" estavam fadadas a surgir e não haveria resposta infalível. A vida da república deveria ser um equilíbrio difícil entre dois conjuntos de princípios que se esperava cooperassem mas muito propensos à disputa, e estava destinada a oscilar para sempre entre dois extremos igualmente absurdos e simplesmente desastrosos.

O conflito dentro do modelo republicano está ali sempre e o perigo de fazer o compromisso errado ou de se aventurar longe demais em dar lugar a um princípio e indevidamente reprimir o outro está sempre a espreitar por trás do pano. E no entanto os dois princípios são como duas pernas – a república não andaria direito sem uma delas. Só juntas elas fazem a república ser o que é – uma instituição que vê a liberdade de seus cidadãos não exatamente como liberdade negativa face às coerções mas como um *poder capacitante*, como liberdade de participar; uma instituição que tenta, sempre de forma inconclusiva mas com zelo e vigor não abatidos, obter um equilíbrio entre *a liberdade individual contra a interferência* e *o direito do cidadão intervir*. O direito dos cidadãos intervirem, de participarem na feitura das leis que delineiam a ordem que a todos obriga, é a resposta republicana ao sangue, território e herança histórica da nação – a argamassa especificamente republicana que une os indivíduos em comunidade, a comunidade *republicana*. Cornelius Castoriadis batiza esse tipo de comunidade de "sociedade autônoma" e o define da seguinte maneira:

> Qual será a identidade coletiva, o "nós" de uma sociedade autônoma? Somos nós que fazemos as nossas próprias leis, somos uma coletividade autônoma feita de indivíduos autônomos. E somos capazes de tomar conta de nós mesmos, de nos reconhecermos e nos questionarmos na nossa obra e através dela.[6]

Democracia liberal e a república

A busca do bem comum, por si mesma, não garante que os cidadãos (ou melhor, nesse caso, os supostos cidadãos) serão de fato capazes de se comprometer a "tomar conta de si mesmos" e "se questionar", lançando um olhar crítico e julgando as leis que a todos governam. Mas sem aquela busca o apelo aos pretensos cidadãos para fazer exatamente isso soaria apenas vazio. É aí que o republicanismo e o liberalismo se separam: enquanto o liberalismo inclina-se a apear do trem republicano na estação do *laissez faire* – viver e deixar viver – o trem da república continua a rodar, para criar com a liberdade individual uma comunidade que se autofiscaliza e assim utilizar essa liberdade na busca comunitária do bem comum. Recusando-se a trilhar esse trecho da estrada, o liberalismo fica com um grupo de indivíduos livres mas solitários, livres para agir mas não tendo voz ativa no cenário em que atuam nem a mais vaga idéia do propósito a cujo serviço pode ser colocada sua liberdade e, sobretudo, nenhum interesse em cuidar para que outros sejam também livres para agir e em falar-lhes sobre os usos da liberdade de cada um. Em tal aglomeração de indivíduos solitários, absolutamente livres mas totalmente impotentes e indiferentes, as contradições imediatamente afloram entre a liberdade e a igualdade, entre o indivíduo e a sociedade, entre o bem-estar público e privado – o tipo de contradições de que o liberalismo é notoriamente incapaz de dar conta, mas também o tipo de contradição que só o próprio liberalismo, na medida em que continua relutante em endossar o princípio republicano, faz nascer.

É por isso, observa Castoriadis, que "a nação emerge como coelho da cartola" a partir de "teorias contemporâneas e 'filosofias políticas'" – na medida em que, acrescentaria eu, a maioria dessas teorias e filosofias continuam fascinadas pelo tipo de liberalismo que é preparado para fechar os olhos às conseqüências atomizantes da liberdade pessoal não complementada pela dedicação dos cidadãos à busca do bem comum e sua capacidade de agir como essa dedicação os instiga. O nacionalismo que a prática liberal, ainda que sem intenção, acende e instiga surge como uma promessa de remediar as falhas do liberalismo. Para manter o nacionalismo acuado, a sociedade liberal teria que acomodar o princípio da ética e da justiça como bem comum e não como questão pessoal, privada; em outras palavras, teria que erguer-se ao nível da república.

O liberalismo por si mesmo não resolve portanto o conflito entre nação e república, quanto mais decidir o litígio a favor da república. Há na democracia liberal um lugar para ambos. Podemos chegar a definir o cenário liberal democrático como a área em que o nacionalismo e a idéia republicana estão em constante competição. Eles se encontram face a face, oferecendo soluções radicalmente diferentes a um problema que é essencialmente o mesmo: reconciliar a liberdade individual e a segurança comunitária, questão inerente à sociedade moderna.

Como já dissemos, a solução oferecida pelo nacionalismo ao problema é ficar "com o país, esteja ele certo ou errado". A solução oferecida pela idéia republicana, se expressa com brevidade igualmente epigramática, seria algo como: "Uma vez que este é o meu país, devo cuidar para que se esforce em ser correto e desejoso de evitar o erro" ou – ainda mais exigente – "é meu país enquanto for correto, mas não o será se se recusar a corrigir os erros que comete".

O nacionalismo requer um cheque em branco e o cancelamento de feitos passados do registro de crimes. A maior virtude que espera de seus seguidores, os patriotas, é a fidelidade, enquanto declara como maior vício – na verdade, pecado mortal que merece o mais severo dos castigos – uma ampla gama de condutas desleais ou não fiéis o bastante que vão da dissensão aberta à mera indiferença. Algo que não se admite em hipótese alguma aos membros da nação é o questionamento da razão daquilo para o qual se espera lealdade e a moralidade da exigência de que os valores e normas sejam obedecidos sem questionamento. Parafraseando o famoso adágio de Hegel, podemos dizer que para o nacionalismo liberdade é "conhecer o próprio dever".

A idéia republicana, ao contrário, coloca o questionamento crítico no cerne da participação comunitária; os cidadãos fazem parte da república através da ativa preocupação com os valores promovidos ou desprezados pelo Estado. A declaração de fidelidade do cidadão poderia ser expressa nas seguintes palavras de Castoriadis: "Tenho um interesse ativo (e mesmo egoísta) em viver numa sociedade mais próxima da do *Banquete* do que da de *Godfather* ou *Dallas*."[7]

Se a escolha nacionalista é incondicional e torná-la condicional é um ato de traição, a república é considerada e avaliada pelo grau de liberdade que oferece e garante aos seus cidadãos ao estabelecer as condições de participação. O "plebiscito diário" de Renan pode ou não perceber a realidade da nação e várias vezes os que pregam o nacionalismo já o criticaram por isso, mas com toda certeza o "plebiscito diário" reflete tanto a realidade da república quanto a essência da idéia republicana.

Separando os caminhos

Em toda a história do Estado moderno, a "área de captura" da nação e da república costumaram se superpor. Isso foi uma constante fonte de conflito em potencial, mas também oferecia uma chance de correção mútua, de cada parceiro/concorrente proteger o outro das terríveis conseqüências de chegar a extremos, aliviando ou equilibrando os efeitos adversos que cada parceiro pode ter sobre a situação dos indivíduos. A república oferece uma via de escape *para a liberdade* quando o abraço amoroso mas insidioso e dominador da nação fica apertado demais. A nação oferece escape *da liberdade*: o calor da inclusão e o conforto de "não ter que escolher" quando o espaço público é frio e impessoal demais para dar tranqüilidade e as responsabilidades que a vida republicana exige parecem demasiadamente onerosas.

Tudo, no entanto, está mudando agora. A república está, por assim dizer, "emigrando" do Estado-nação que por alguns séculos partilhou com a nação. Não que os Estados contemporâneos tendam a se tornar menos democráticos e portanto menos alinhados aos aspectos essenciais do modelo republicano; mas a democracia tal como praticada dentro do Estado, por mais fielmente que se observem os seus procedimentos, está se tornando cada vez mais desdentada e impotente para preservar ou ajustar as condições vitais à vida dos cidadãos. Tendo perdido muito da sua antiga soberania e não sendo mais capazes de equilibrar as contas por si mesmos ou de emprestar autoridade ao tipo de ordem social escolhida, os Estados contemporâneos não conseguem satisfazer a outra condição necessária para viabilizar uma república: a capacidade dos cidadãos negociarem e juntos decidirem o que é "o bem público" e assim moldarem uma sociedade que estariam dispostos a chamar de sua e à qual prestariam com alegria o juramento de fidelidade constante.

É porque a república no Estado-nação perde rapidamente o seu potencial de definir e promover o bem-estar que o território do Estado-nação está passando cada vez mais às mãos do setor privado da nação. Restou pouco poder à república para garantir uma segurança duradoura à nação e portanto para curar ou mitigar seu complexo de "fortaleza sitiada" e desfazer ou reduzir sua belicosidade e intolerância. A nação já não parece mais seguramente estabelecida, seu futuro não parece mais garantido e a salvo – e portanto o fracasso da república se anuncia em tempos de um ressurgente, vigoroso, violento e desenfreado nacionalismo.

Os parâmetros mais decisivos da condição humana são agora forjados em áreas que as instituições do Estado-nação não podem alcançar. Os poderes que presidem a preservação e mudança dessas condições são cada vez mais globalizados, enquanto os instrumentos de controle e influência do cidadão, por mais poderosos que sejam, continuam limitados ao nível local.

A globalização do capital, das finanças e da informação significa antes e acima de tudo sua fuga ao controle e administração locais e, principalmente, do Estado-nação. No espaço em que operam não há instituições reminiscentes dos mecanismos que o Estado republicano desenvolveu para a participação e ação política eficiente do cidadão. E onde não existem instituições republicanas não há também "cidadania". O conceito de "poderes globais" capta a realidade emergente mas já firme, flexível e aparentemente insuperável, enquanto o conceito de "cidadania global" continua vazio, representando no máximo um postulado, mas na maioria dos contextos não muito mais que um desejo. Ser esmurrado por ondas poderosas, arrastado por ventos tremendos que sopram de lugares distantes e chegar sem aviso é uma situação exatamente oposta à de cidadania. Os súbitos altos e baixos na sorte coletiva adquirem hoje uma extraordinária semelhança com as catástrofes naturais, embora mesmo essa comparação pareça cada vez mais uma atenuante: acontece que temos hoje em dia melhores condições de prever um terremoto iminente ou a aproximação de um furacão do que a próxima quebra da bolsa de valores ou a evaporação de setores aparentemente seguros para o emprego de massa.

Em recente ensaio,[8] Jacques Attali explicou o sucesso fenomenal do filme *Titanic* com a notável semelhança que os espectadores vêem entre sua própria agonia atual e a parábola da vaidade humana chocando-se contra um iceberg que, devido à arrogância do capitão e à docilidade da tripulação do navio, não foi (nem poderia ser) levado a sério e notado a tempo.

> O *Titanic* somos nós, a nossa sociedade triunfalista, cega, autocongratulante, hipócrita, impiedosa com os pobres – uma sociedade em que tudo é previsto, exceto os meios de prever... [T]odos nós supomos que há um iceberg à nossa espera, escondido em algum lugar no futuro nebuloso, contra o qual nos chocaremos para em seguida afundarmos ao som de música.

Há, segundo Attali, não um mas vários icebergs à nossa espera, cada um mais duro e traiçoeiro do que o outro. Há o iceberg financeiro da especulação monetária desenfreada, os lucros subindo aos céus e as ações descaradamente supervalorizadas. Há o iceberg nuclear, com cerca de trinta países, cada um deles envolvido numa rede de contendas e disputas, que provavelmente serão capazes de lançar um ataque nuclear dentro de vinte anos. Há o iceberg ecológico, com o volume de dióxido de carbono na atmosfera e as temperaturas globais subindo sem cessar e dezenas de usinas atômicas que cedo ou tarde – segundo todos os especialistas – vão explodir, causando uma catástrofe de proporções globais. Por fim mas não menos importante, há o iceberg social, com a expectativa de que três bilhões de homens e mulheres se tornarão supérfluos – sem função econômica – ainda nesta geração. A diferença entre cada um desses icebergs e o que afundou o *Titanic*, comenta amargamente Attali, é que quando chegar a vez de atingirem o navio não haverá mais ninguém para filmar a cena ou escrever versos épicos ou líricos sobre o desastre.

Todos esses icebergs (e talvez alguns outros que até aqui não podemos sequer nomear) flutuam fora das águas territoriais de qualquer distrito eleitoral das "grandes potências"; não admira, portanto, que as pessoas que operam os controles políticos fiquem plácidas ou indiferentes ante a magnitude do perigo. Mas há uma razão ainda mais poderosa para não demonstrar senão a equanimidade que resulta da falta de interesse: "Os políticos não estão mais no comando do navio que singra a toda a velocidade." Mesmo se quisessem, haveria pouco a fazer.

A economia política da incerteza

Mas será que querem mesmo fazer algo? E com as armas da república desmanteladas, confiscadas pelas potências globais ou desativadas pelo Estado que se rendeu às pressões globais, onde estão as forças capazes de obrigá-los a agir?

Nas democracias não há força coerciva destinada a manter a dissensão à distância. No Estado democrático liberal dos dias de hoje não há campos de concentração nem departamentos de censura, enquanto as prisões, inchadas como são, não têm celas reservadas para heréticos ou opositores políticos. A liberdade de pensamento, de expressão e associação alcançou proporções inéditas e nunca esteve tão próxima de ser verdadeiramente ilimitada. O paradoxo, no entanto, é que essa liberdade sem precedentes chega num momento em que há pouca utilidade para ela e pouca chance de transformar a liberdade de restrições em liberdade para agir.

Pierre Bourdieu lembrou recentemente a velha regra universalmente impositiva: "[A] capacidade de prever o futuro é a condição de todo comportamento considerado racional... [P]ara conceber um projeto revolucionário, isto é, para ter uma intenção bem formulada de transformar o presente por referência a um futuro projetado, é necessário um mínimo de controle sobre o presente."[9]

O problema é que ter um "controle sobre o presente" é algo que evidentemente falta aos homens e mulheres contemporâneos. Nenhuma alavanca ou salvaguarda importante da sua situação atual está sob sua jurisdição, quanto mais sob seu controle, praticado individual ou coletivamente. Algumas alavancas já foram atingidas pelas forças misteriosas chamadas "recessão", "racionalização", "queda de demanda de mercado" ou "enxugamento". Mas os golpes repercutem muito além de seus alvos diretos e não são atingidos apenas os que da noite para o dia foram rebaixados, degradados e privados de sua dignidade e/ou de seu meio de vida. Cada golpe carrega uma mensagem para todos aqueles que (por algum tempo) foram poupados e instiga-os a avaliar o próprio futuro pela severidade da sentença provável, não pela duração (desconhecida) de sua suspensão temporária. A mensagem é simples: todo mundo é *potencialmente* supérfluo ou substituível e, portanto, todo mundo é vulnerável e qualquer posição social, por mais elevada e poderosa que possa parecer agora, é precária a longo prazo; mesmo os privilégios são frágeis e encontram-se ameaçados.

Os golpes podem ser direcionados, mas a devastação que causam não o é. O medo que geram torna-se difuso no ambiente. Como diz Bourdieu, esse medo "assombra a consciência e o subconsciente". Para galgar as alturas deve-se ter os pés firmemente no chão. Mas é o próprio chão que parece cada vez mais instável, pouco firme e confiável – não há rochas sólidas em que apoiar os pés para o salto. A confiança, condição indispensável de todo planejamento racional e de toda ação confiante, flutua procurando em vão um terreno firme o bastante para usá-lo como catapulta. O estado de precariedade, observa Bourdieu, "torna incerto todo o futuro, assim impedindo toda previsão racional – e especialmente desautoriza aquele mínimo de esperança no futuro necessária à rebelião, principalmente a rebelião coletiva, mesmo contra o presente menos tolerável."

É comum hoje em dia deplorar o crescente niilismo e cinismo dos homens e mulheres contemporâneos, a estreiteza ou ausência de projetos de vida, o mundanismo e egoísmo dos desejos, a tendência a fatiar a vida em episódios, cada um espremido até a última gota sem preocupação com as conseqüências. Todas essas acusações dispõem de amplas evidências a confirmá-las. O que a maioria dos pregadores morais que fulminam a decadência moral deixam porém de mencionar é que a condenável tendência que eles criticam extrai sua força do fato de ser uma reação racional ao mundo no qual somos compelidos a tratar o futuro como uma ameaça e não como um abrigo ou terra prometida. O que a maioria dos críticos deixa também de discutir é que este mundo, como qualquer outro mundo humano, foi feito pelo homem e que, longe de ser um produto de inescrutáveis e invencíveis leis da Natureza ou da pecaminosa mas irredimível natureza humana, é em grande medida produto do que só pode ser chamado de *economia política da incerteza*.

A economia política da incerteza é o conjunto de "regras para pôr fim a todas as regras" imposto pelos poderes financeiro, capitalista e comercial extraterritoriais sobre as autoridades políticas locais. Seus princípios encontraram expressão plena no mal-afamado Acordo Multilateral de Investimentos – nas restrições que impôs à liberdade dos governos de limitar a liberdade de movimentos do capital, como também na forma clandestina com que foi negociado e o segredo no qual foi mantido por consentimento comum dos poderes político e econômico – até serem descobertos e trazidos à luz por um grupo de jornalistas investigativos.[10] Os princípios são simples, pois são sobretudo negativos; não visam ao estabelecimento de uma nova ordem, mas apenas o afastamento das existentes, e impedir os governos atuais de substituir os regulamentos desfeitos por outros. A economia política da incerteza reduz-se essencialmente à proibição das normas e regulamentos politicamente estabelecidos e garantidos e ao desarmamento das instituições e associações defensivas que ficavam no caminho, impedindo que o capital e as finanças se tornassem realmente *sem fronteiras*. O resultado geral de ambas as medidas é o estado de permanente e generalizada incerteza, que substitui o governo coercitivo da lei e das fórmulas de legitimação como base para a obediência (ou melhor, como garantia da falta de resistência) aos novos poderes, agora supra-estatais e globais.

A economia política da incerteza é boa para os negócios. Ela torna supérfluos os pesados, desajeitados e caros instrumentos de disciplina, substituindo-os não tanto pelo autocontrole de objetos treinados e disciplinados, mas pela incapacidade dos indivíduos privatizados e inerentemente inseguros de agirem de modo concertado; incapacidade que se torna ainda mais profunda pela descrença deles de que qualquer ação desse tipo possa ser eficaz e de que as preocupações privadas possam ser refundidas em questões coletivas, quanto mais em projetos comuns de uma ordem de coisas alternativa.

A economia política da incerteza põe cobro à incômoda disciplina capital-intensiva e particularmente ao seu braço coercitivo e agências de doutrinação. No que concerne à submissão passiva às regras do jogo ou a um jogo sem regras, a incerteza endêmica de alto a baixo do escalão social é um substituto limpo, barato e altamente eficaz da regulação normativa, da censura e da vigilância. Fora os setores marginais dos excluídos e supérfluos, que têm bastante certeza de sua exclusão e inutilidade para serem receptivos às políticas da incerteza, os sistemas panópticos não são mais necessários, quer nas suas versões mais antigas e pesadas, quer nas novas, leves e atualizadas versões. Só a liberdade, na sua versão de mercado, pode ter a completa confiança para produzir toda a conduta humana necessária ao funcionamento normal da ecoconomia global.

No caminho para o domínio inconteste da economia política da incerteza, as instituições republicanas são as primeiras vítimas. Com efeito, tudo aquilo que a idéia da república representou range estridentemente face aos objetivos ou efeitos das políticas da incerteza. Ao tentar explicar o que custava ser um republicano como ele, o grande historiador francês Marc Bloch declarou-se convicto de que a forma do poder deveria (e poderia!) ser objeto da madura deliberação dos cidadãos, que não pode nem deveria ser imposta aos indivíduos sem que eles tivessem voz na decisão. Escrevendo numa época de modernidade em alta e sensível às feridas que as armas modernas da imposição costumavam infligir, Bloch considerou como maiores ameaças à fé e prática republicanas a insidiosa doutrinação comunitária a penetrar o mais recôndito ânimo dos sujeitos humanos e a tendência igualmente moderna de considerar um sacrilégio o exame dos méritos e defeitos do grupo a que pertencemos.[11] Tivesse Bloch composto a sua defesa da república meio século mais tarde, provavelmente focalizaria outros inimigos, primeiro e sobretudo o medo ambiente gerado pela incerteza existencial e que se condensa em medo de agir e, depois, a nova opacidade e impenetrabilidade política do mundo, o mistério que tolda os locais onde se originam os golpes, sedimentado como descrença na resistência ao destino e em qualquer proposta de um estilo alternativo de vida.

A causa da igualdade num mundo de incertezas

Livre das rédeas políticas e das restrições locais, a economia em rápida globalização e cada vez mais extraterritorial produz sabidamente diferenças sempre maiores de riqueza e de renda entre os setores abastados e depauperados da população mundial e em cada sociedade. É também sabido que relega parcelas cada vez mais amplas da população não apenas a uma vida de pobreza, miséria e destituição, mas também a uma permanente exclusão de todo trabalho reconhecido como economicamente racional e socialmente útil, de modo que essas camadas populacionais se tornam econômica e socialmente *supérfluas*.[12]

O mais recente informe da organização das Nações Unidas para o Desenvolvimento (segundo reportagem do *Le Monde* de 10 de setembro de 1998) mostra que o consumo global de bens e serviços foi duas vezes maior em 1997 do que em 1975 e se multiplicou por seis desde 1950, mas que mesmo assim um bilhão de pessoas "não podem satisfazer sequer suas necessidades básicas". Sessenta por cento dos 4,5 bilhões de habitantes dos países "em desenvolvimento" não têm acesso a infra-estruturas básicas: um terço não tem acesso a água potável, um quarto não tem moradia digna desse nome, um quinto não dispõe de serviços médicos e sanitários. Um quinto das crianças passa menos de cinco anos na escola e uma proporção semelhante vive em permanente subnutrição. Em 70 a 80 dos cerca de 100 países "em desenvolvimento", a renda média *per capita* é hoje inferior à de dez ou mesmo trinta anos atrás. Cerca de 120 milhões de pessoas vivem com menos de um dólar por dia.

Ao mesmo tempo, nos EUA, de longe o país mais rico do mundo e terra natal do povo mais abastado do planeta, 16,5 por cento da população vive na pobreza, um quinto dos homens e mulheres adultos não sabe ler nem escrever e 13 por cento têm uma expectativa de menos de 60 anos de vida.

Por outro lado, os três homens mais ricos da terra têm uma riqueza privada maior que o produto nacional bruto somado dos 48 países mais pobres; e a fortuna das quinze pessoas mais ricas do mundo excede o produto total de toda a África subsaariana. Segundo o informe da ONU, menos de 4 por cento da riqueza pessoal das 225 pessoas mais ricas do globo bastaria para garantir a todos os pobres do mundo os serviços médicos e educacionais elementares, além de alimentação adequada.

Os efeitos dessa tendência contemporânea sem dúvida super-preocupante foram e são amplamente estudados e discutidos, embora, por razões que a esta altura já deveriam ser bem compreendidas, poucas medidas além de algumas fragmentárias, *ad hoc* e irresolutas tenham sido tomadas para reverter tais efeitos, quanto mais para frear essa tendência. A história contínua de preocupação e inação foi e é contada e recontada muitas e muitas vezes, sem nenhum benefício visível até aqui. Não é minha intenção repetir a história mais uma vez, mas questionar a estrutura cognitiva e o conjunto de valores no qual em geral se encaixa, uma estrutura e um conjunto que impedem a plena compreensão da gravidade da situação e assim também a busca de suas alternativas possíveis.

A estrutura cognitiva em que comumente se situa a discussão da pobreza crescente é puramente econômica (no sentido dominante de "economia" como sendo primordialmente um agregado de transações mediadas pelo dinheiro) – a da distribuição da riqueza e da renda e do acesso ao emprego remunerado. O conjunto de valores que informa a escolha de dados relevantes e sua interpretação é em geral o da piedade, solidariedade e compaixão pelos pobres. Ocasionalmente, a preocupação com a segurança da ordem social é expressa também, embora – corretamente – raras vezes de forma clara, pois poucas mentes sensatas sentiriam na sina dos pobres e destituídos uma ameaça palpável de rebelião. Nem a estrutura cognitiva nem o conjunto de valores estão errados em si mesmos. Mais precisamente, não estão errados no que implicam, mas no que passam em silêncio e deixam no escuro.

Um fato que suprimem é o papel desempenhado pelos novos pobres na reprodução e fortalecimento do tipo de ordem global que é a causa de sua destituição e do medo ambiente que torna miserável a vida de todos os demais. Outro é até que ponto essa ordem global depende de tal destituição e desse medo geral para se perpetuar. Karl Marx disse certa vez – na época do capitalismo ascendente, selvagem e ainda indomado e analfabeto demais para decifrar a inscrição na parede – que os trabalhadores não podem se libertar sem libertar toda a sociedade. Poderíamos dizer agora – nesta época de capitalismo triunfante e não mais atento a inscrições em nenhuma parede (aliás, nem às próprias paredes) – que o resto da sociedade humana não pode se libertar do ambiente de medo[13] e impotência a não ser que a parte mais pobre da sociedade seja libertada da penúria. Tirar os pobres da miséria não é apenas uma questão de caridade, consciência e dever moral, mas condição indispensável (embora apenas preliminar) para reconstruir uma república de cidadãos livres a partir do deserto que é o mercado global.

Resumindo: a presença do vasto exército de miseráveis e a ampla notoriedade de sua situação são um fator contrapontístico de grande importância na ordem atual. Sua importância está em compensar os efeitos de outro modo revoltantes e repulsivos da vida que se leva à sombra da incerteza perpétua. Quanto mais destituídos e desumanizados se mostrarem e forem vistos os pobres do mundo e os da rua ao lado, melhor desempenharão seu papel num drama que não escreveram nem para o qual fizeram teste.

Houve uma época em que as pessoas eram induzidas a suportar humildemente a sua sina, por mais dura que fosse, com a exibição de quadros que pintavam vivamente o inferno pronto a engolir todos os que se rebelassem. Como todas as coisas eternas e do outro mundo, o mundo inferior também foi trazido agora à terra, para produzir efeito semelhante, e colocado firmemente nos confins da vida terrestre sob uma forma pronta para o consumo. Os pobre são o Outro dos assustados consumidores – o Outro que de uma vez por todas mostra clara e verdadeiramente o inferno. Num sentido vital, os pobres são o que os não-pobres gostariam muitíssimo de ser (embora não ousem tentar): são livres da incerteza. Mas a incerteza que receberam em troca vem sob a forma de doença, de ruas infestadas pelo crime e pelas drogas (se vivem em Washington) ou de uma morte lenta por subnutrição (se vivem no Sudão). A lição que se aprende ao ouvir falar dos pobres é que a certeza deve certamente ser temida mais do que a detestada incerteza; e que a punição da rebelião contra os desconfortos da incerteza cotidiana é rápida e impiedosa.

Ao ver os pobres, os não-pobres se mantêm afastados. Isso perpetua sua vida de incerteza. E os estimula a tolerar ou suportar resignadamente a interminável "flexibilização" do mundo. A visão do que se passa ao redor encarcera sua imaginação e tolhe seus braços. Não ousam imaginar um mundo diferente daquele em que vivem – são mesquinhos demais para tentar mudá-lo. E enquanto for essa a situação, as chances de uma sociedade autônoma e autoconstituinte, as chances da república e da cidadania são, para dizer o mínimo, exíguas e obscuras.

É razão boa o bastante para a economia política da incerteza incluir como um dos seus ingredientes indispensáveis a colocação do "problema do pobre", alternativamente, como uma questão da lei e da ordem ou objeto de preocupação humanitária – mas nada além e nada mais do que isso. Quando é usada a primeira representação, a condenação popular do pobre – depravado, não despojado – é quase tão concebível quanto a queima do medo popular em efígie. Quando a segunda representação é usada, a ira contra a crueldade e a dureza dos caprichos do destino pode ser canalizada com segurança para inócuos carnavais de caridade e a vergonha da indiferença pode evaporar em curtas explosões de solidariedade humana.

Dia a dia, porém, os pobres do mundo e do país fazem seu silencioso trabalho de solapar a confiança e determinação de todos aqueles que ainda trabalham e têm uma renda regular. A relação entre a pobreza dos pobres e a rendição dos não-pobres não tem nada de irracional. A visão dos destituídos é um lembrete oportuno para todos os seres sensíveis e sóbrios de que mesmo a vida próspera é insegura e que o sucesso de hoje não é uma garantia contra a queda de amanhã. Há uma bem fundada sensação de que o mundo é cada vez mais superpovoado, de que a única opção que se descortina aos governos nacionais é, no máximo, entre a pobreza generalizada com alto desemprego, como na maioria dos países europeus, e uma pobreza generalizada com um pouco menos de desemprego, como acontece nos EUA. A pesquisa acadêmica confirma essa sensação: há cada vez menos empregos remunerados. Agora o desemprego parece mais sinistro que antes. Não parece fruto de uma "depressão econômica" cíclica, não mais uma condensação temporária da miséria a ser dissipada e apagada pelo próximo *boom*.

Como argumenta Jean-Paul Maréchal,[14] durante os períodos de "pesada industrialização" a necessidade de construir uma forte infra-estrutura industrial e maquinaria pesada fez com que mais empregos fossem regularmente criados do que velhos empregos destruídos devido à aniquilação das artes e ofícios tradicionais; mas este evidentemente não é mais o caso. Até a década de 1970 ainda havia uma relação positiva entre aumento de produtividade e o nível do desemprego; desde então a relação torna-se mais negativa a cada ano. Um importante limiar parece ter sido transposto naquela década, mas por outro lado dentro de uma linha de desenvolvimento contínua que vem pelo menos de um século. Aprendemos, por exemplo, com a pesquisa comparada conduzida e confrontada por Olivier Marchands,[15] que na França a quantidade de trabalho disponível em 1991 era de apenas 57 por cento daquela em oferta em 1891: um total de 34,1 bilhões de horas, em vez de 60 bilhões. Durante esse período, o PNB foi multiplicado por dez, a produtividade/hora por dezoito, enquanto o número total de pessoas empregadas aumentou nesses cem anos de apenas 19 milhões para cerca de 22 milhões. Tendências em linhas gerais semelhantes foram registradas em todos os países que iniciaram a industrialização no século XIX. Os números apontam muitas razões para nos sentirmos inseguros mesmo no emprego mais estável e regular.

O volume decrescente do emprego não é, porém, a única razão para nos sentirmos inseguros. Empregos que ainda se podem ter não estão mais protegidos dos azares imprevisíveis do futuro; o trabalho é, hoje, pode-se dizer, um ensaio diário da superfluidade. A "economia política da insegurança" tratou de demolir as defesas ortodoxas e as tropas que as guarneciam foram postas em debandada. O trabalho tornou-se "flexível", o que em linguagem simples significa que agora é fácil para o empregador demitir empregados à vontade e sem indenização e que a ação sindical solidária – e eficaz – em defesa dos injustamente demitidos parece cada vez mais um castelo no ar. "Flexibilidade" também significa a negação da segurança: um número crescente dos empregos disponíveis é *part-time* e com prazo fixo, os contratos são na maioria *rolling* ou "renováveis" e com rotatividade alta o bastante para impedir que o direito a uma relativa estabilidade adquira força. "Flexibilidade" significa também que a velha estratégia de vida de investir tempo e esforço em habilidades especializadas na esperança de um influxo constante de juros faz cada vez menos sentido – e assim a outrora mais racional das opções de quem queria uma vida segura não está mais disponível.

O meio de vida, essa rocha em que se devem assentar todos os projetos de vida para ser viáveis, fazer sentido e reunir a energia necessária para se realizarem (ou, pelo menos, tentarem isso), tornou-se inseguro, errático e inconfiável. O que os advogados dos programas de "bem-estar para trabalhar" deixam de considerar é que a função do meio de vida não é apenas garantir o sustento diário para os empregados e seus dependentes, mas – e não menos importante – dar segurança existencial, sem a qual nem a liberdade nem a vontade de auto-afirmação são concebíveis e que é o ponto de partida de toda autonomia. O trabalho no seu formato atual não pode dar essa segurança, mesmo se consegue repetidamente cobrir os gastos com a sobrevivência. A estrada que parte do bem-estar para o trabalho leva da segurança à insegurança ou de uma menor para uma maior insegurança. Sendo essa estrada o que é, estimular o maior número possível de pessoas a tomá-la combina bem com os princípios da economia política da insegurança.

Permitam-me repetir: a instabilidade inerente à rotina da esmagadora maioria dos homens e mulheres contemporâneos é a causa última da atual crise da república – e, portanto, do enfraquecimento e definhamento da "boa sociedade" como objetivo e motivo da ação coletiva em geral e da resistência contra a progressiva erosão do espaço público/privado, único espaço em que as solidariedades humanas e o reconhecimento das causas comuns podem brotar e ser aproveitados. A insegurança alimenta mais insegurança; a insegurança perpetua a si mesma. Ela tende a se contorcer em um nó górdio que não pode ser desatado, mas apenas cortado.

O problema é encontrar um lugar em que a faca da ação política possa ser usada com maior eficácia. Talvez, também, encontrar coragem e imaginação iguais às de Alexandre, o Grande...

Argumento em prol da renda mínima

Foi Thomas Paine quem primeiro lançou a idéia de "renda básica" independente do trabalho feito e vendido. Sua idéia, tipicamente, nasceu bem antes de sua época; o século seguinte usurparia o trabalho sob a forma de uma mercadoria que se compra e vende. Não apenas o emprego se tornaria o único meio legítimo de obter renda, como o trabalho seria identificado como uma atividade vendável, condicionada à existência de compradores que quisessem pagar por ele; a demanda de mercado receberia o direito exclusivo de distinguir "trabalho" de "não-trabalho". Mais um século seria necessário para expor a limitação e tremenda insuficiência desse arranjo e para revelar as ameaças aos padrões sociais e ao tecido das relações humanas que tinha em estoque.

Dois séculos depois de Thomas Paine, a idéia de separar a subsistência básica do emprego despontou volta e meia por toda a parte na Europa: na França foi levantada por Jacques Duboin na década de 1930 e depois por seus seguidores; na Bélgica, pelo Círculo Charles-Fourier na década de 1980; e nos últimos anos pelos Verdes na Alemanha, na Holanda e na Espanha, enquanto na Irlanda era lema de ninguém menos que a Conferência Nacional dos Bispos.[16] A idéia aflora repetidas vezes sob nomes diversos e em versões ligeiramente diferentes. Por exemplo, Yoland Bresson e René Passet escrevem sobre a "renda de subsistência" (*revenu d'existence*), Philippe Van Parijs fala de "distribuição universal", Jean-Marc Ferry de "renda da cidadania", Jean-Paul Maréchal de "segundo cheque" (ver os artigos de Euzéby, Maréchal e Bresson em *Manière de voir*, 41/1998).

Todos os tipos de argumentos foram desenvolvidos em defesa da idéia. O argumento da necessidade (modalidade da argumentação "sem alternativa": simplesmente não há trabalho pago suficiente para garantir a sobrevivência de todos) assomou no fundo do palco, em vez de passar à frente do debate. Outros argumentos referiam a igualdade básica dos direitos humanos: é verdade que todo mundo tem o direito de fazer da sua vida o que achar melhor, e o dever de obter os meios para concretizar sua opção – mas o direito de continuar vivo ou viva, que precede e condiciona todas as opções, é um bem inalienável de todos os seres humanos, não algo a ser conquistado. A maioria dos argumentos comuns, porém, foram até aqui pragmáticos e não filosóficos – apontando os benefícios que as sociedades estão fadadas a tirar do fato de possibilitarem às pessoas garantir sua subsistência sem se submeter à definição de trabalho imposta pelo mercado de trabalho. Há muitas áreas cruciais para a vida em conjunto, para a qualidade de vida e as relações humanas que requerem um bocado de tempo e esforço mas que permanecem desassistidas ou mal atendidas por causa das pressões que surgem da submissão dos interesses humanos aos vereditos do mercado de trabalho. Tais áreas são, por exemplo, o cuidado com os velhos, os jovens, os inválidos e os enfermos; as responsabilidades que surgem da necessidade de manter a comunidade viva e a vida comunitária decente; manter o meio ambiente limpo e a paisagem agradável; trabalho voluntário pelo bem-estar social; ou simplesmente deliberar em conjunto sobre as maneiras de melhorar o bem comum. Todas essas áreas e muitas outras (também aquelas que são simplesmente impensáveis nas atuais condições, mas que estão fadadas a ser descobertas ou inventadas em condições mais propícias) são deixadas sem cultivo e logo viram deserto na medida em que a maioria das tentativas de aproveitá-las esbarram com a falta de dinheiro para pagar o trabalho necessário – e assim terminam antes de começar. Uma renda básica, sugerem tais argumentos, pouparia o tempo, trabalho e vontade necessários para tomar o cuidado devido com áreas atualmente negligenciadas – o que viria em evidente benefício da qualidade de vida de todos os envolvidos.

O argumento da necessidade de preservar ou restaurar as condições básicas da vida republicana e da cidadania não figurou, porém, com destaque no debate sobre a renda básica – pelo menos não da maneira central que mereceria. Não tenho intenção de questionar qualquer dos argumentos apresentados até agora; são todos válidos e merecem ser considerados seriamente. E uma vez seriamente considerados, certamente seriam convincentes e atraentes. No entanto, o argumento decisivo a favor da garantia social incondicional de uma subsistência básica pode ser encontrado não no dever moral para com os desfavorecidos e despossuídos (por mais redentora para a saúde ética da sociedade que a satisfação desse dever indubitavelmente seja) nem nas versões filosóficas da igualdade ou da justiça (por mais importante que seja despertar e manter acordadas as consciências humanas a esse respeito) ou nos benefícios para a qualidade de vida comunitária (por mais crucial que sejam para o bem-estar geral e a sobrevivência dos laços humanos), mas na sua importância *política* ou para a sociedade politicamente organizada: seu papel crucial na restauração do espaço público/privado perdido. Em outras palavras, no fato de ser uma condição *sine qua non* do renascimento da cidadania e da república plenas, ambas concebíveis apenas na companhia de pessoas confiantes, pessoas livres de medo existencial – pessoas seguras.

A defesa mais abrangente da adoção da renda básica até aqui foi feita por Claus Offe (com Ulrich Mückenberger e Ilona Ostner) em 1991.[17] Os autores precedem sua proposta com o seguinte raciocínio: "Neste capítulo queremos defender a tese de que uma renda básica garantida pelo Estado é uma necessidade em matéria de política social; que, dada a crise de emprego atual e previsível, sua adoção preenche as obrigações de um Estado social; e que, mesmo sob essas circunstâncias, uma garantia básica dessas para todos os cidadãos pode ser realizada e também financiada."

Os autores, em outras palavras, (1) apresentam sua proposta como uma medida de *política social*. Eles assinalam que em vista da decrescente oferta de trabalho, os métodos ortodoxos de alcançar os objetivos da política social não funcionarão, mas (2) ao mesmo tempo supõem, ainda que mais tacitamente, que há vontade e força políticas para implementar esses objetivos – por outros meios se necessário. E então (3) calculam os custos das medidas que propõem, com a intenção de mostrar que os custos são aceitáveis; esperam assim afastar e desautorizar o que supõem ser as grandes objeções que significam que tais medidas são lentas para ser aceitas pelas autoridades políticas vigentes ou reconhecidas como o programa certo a ser promovido por forças políticas significativas. Dificilmente se pode exagerar os méritos da proposta de Offe *et al.*; mas os argumentos usados para convencer o leitor da sua urgência parecem questionáveis em todos os três aspectos (quer dizer, supondo que os argumentos não eram, por razões táticas, deliberadamente inclinados *ad usum Delphini* – com formas reveladoras, compreensíveis e aceitáveis para os políticos, pelo menos para os políticos em busca de uma solução eficaz para o que sinceramente consideram um problema).

Primeiro, a importância da proposta é grandemente reduzida se a renda básica é apresentada como uma "medida de política social".

Tal apresentação sugere que a razão para recorrer à renda básica para todos é resolver "o problema dos pobres" – tirá-l.os da pobreza. Isso, sem dúvida, é um importante argumento em favor de uma renda básica; mas, se nada mais for dito, ele faz da medida proposta outra política de "uma só questão", uma política "focalizada", voltada para a "resolução do problema" e não para uma estratégia de política corrente guiada pela visão. Mas a renda básica é mais, muito mais do que uma forma de atacar o problema de uma categoria da população mas deixando o resto intacto. Por um lado, suas chances de implementação são consideravelmente diminuídas se for concebida como questão de interesse exclusivo dos próprios pobres e visando apenas ao seu bem e de ninguém mais. Por outro lado, se a renda básica fosse de fato adotada, não mudaria somente a sorte dos pobres. Reintroduziria padrões morais na vida social, substituindo o princípio da participação pelo da competição. Estabeleceria o princípio dos direitos fundados na circunstância de "maior precisão", portanto sujeito a um "teste de meios" divisivo e desqualificante. E mudaria radicalmente a natureza do Estado, transformando-o de agente da lei e da ordem e brigada do fogo da administração da crise em bem comum e arena em que os interesses individuais e de grupo são reformulados como questões públicas de interesse de todos os cidadãos. Em vez de meramente aliviar as divisões e evitar conflitos causados pela inflamação, o Estado deve mesmo se tornar a sementeira da solidariedade. Por fim mas não menos importante, tendo liberado os cidadãos da incerteza que cerca sua busca de sobrevivência, o Estado deve liberá-los para buscarem seus direitos e deveres republicanos.

Segundo, não é absolutamente evidente que a classe política do dia é motivada pelo desejo ou estimulada pela necessidade "de cumprir as obrigações do Estado social", e portanto não é óbvio que o apelo a essas motivações ou "necessidades" (nada é "necessário" em política a não ser que as forças políticas assim o façam) possa fazer grande coisa (tentei extensamente explicar por que essas suposições são duvidosas em *Trabalho, consumismo e os novos pobres*). O Estado do bem-estar social foi produto de uma conjuntura histórica única e não há nada para mantê-lo à tona uma vez cessada a "sobredeterminação" gerada por aquela situação. Com o Estado não mais inclinado à recomodificação de capital e trabalho e com a produtividade e lucratividade finalmente emancipadas do emprego, o *welfare state* perdeu grande parte da sua utilidade sociopolítica e particularmente aquela parte que sustentava um consenso geral. O apoio ao *welfare state* foi por longo tempo uma questão apartidária, de fato "para além da esquerda e da direita". O que hoje está para além da esquerda e da direita não é mais a necessidade de manter o "exército industrial de reserva" pronto para voltar à ativa; nem é a tarefa ética, que combina bem com o objetivo acima – o de aumentar o quinhão dos pobres. O novo consenso geral, para usar a frase enérgica de Löic Wacquant, não é para tornar mais leve o fado dos pobres, mas para nos livrarmos deles, apagá-los ou fazê-los desaparecer da agenda de preocupações públicas. É isso o que em última análise implica a idéia "do bem-estar para o trabalho" (na sua versão britânica) ou "do bem-estar para trabalhar" (na tradução americana mais deselegante). Provar que tal política resulta em menos pobreza é exagero. O que se espera que resulte é um número cada vez menor de "pessoas a viver da caridade pública" e talvez mesmo uma evaporação gradual da questão moralmente penosa dos "pobres dependentes". É improvável que os pobres fiquem mais ricos; passar os fundos dos salários para subsídios aos empregadores é, basicamente, uma operação contábil, mas uma com benefícios políticos potenciais: pode remover a questão da pobreza persistente do inventário de preocupações públicas (particularmente as preocupações éticas) e tornar mais difícil detectar os enormes custos sociais do tipo da modernização que é posta em movimento e orientada pelo preço das participações acionárias e dos interesses dos acionistas.

Terceiro, todos os argumentos sobre a "viabilidade" implicam forçosamente a aceitação do "Estado social" essencialmente como transferidor de dinheiro daqueles que o ganham para aqueles que não. Essa aceitação inevitavelmente apóia-se numa longa cadeia de outras suposições tácitas, das quais as mais fundamentais são a identificação do trabalho com o trabalho pago e a do ganho social com valor de mercado. Em vez de trazer essas suposições para o ar livre de modo a expor sua arbitrariedade (fazê-lo é condição necessária para o sucesso da "renda básica"), tal aceitação reconfirma indiretamente sua validade, ao mesmo tempo que evita contemplá-las sem rodeios. Pela mesma razão, argumentar em termos de "viabilidade" diminui em vez de aumentar as chances da "renda básica". Além disso, mais uma vez a verdadeira importância da reforma proposta é atenuada. Se, apesar de tal desvantagem, a renda básica for afinal aceita, o fato de ser adotada sob a égide do cálculo contábil vai marcá-la com uma mancha potencialmente fatal e tremendamente difícil de apagar, criando-se assim um problema para o futuro. A política de renda básica será condenada a uma vida de barganhas e conchavos; assim, em vez de se tornar a base de uma nova segurança social, será mais um fator de incerteza. Vista sob a perspectiva republicana, a adoção de uma renda básica essencialmente como uma nova forma de redistribuição, aceitável por ser financeiramente factível e acolhida e proclamada como medida de precaução contra o desperdício do dinheiro do contribuinte, é uma oportunidade que se desperdiça para renegociar o sentido do estado e da cidadania.

Estou defendendo aqui a proposta de Offe, Mückenberger e Ostner, fruto de intensa reflexão e defendida com argumentação cerrada contra as ameaças de ser vendida barato demais ou oferecida ao comprador errado... Quanto ao conteúdo, avança bastante rumo à composição de uma agenda pública capaz de ressuscitar ou rejuvenescer as instituições falidas da república e da cidadania. Mais importante ainda, tem antes de mais nada o potencial de cortar pela raiz as principais aflições contemporâneas que levam à falência da república e da cidadania e podar muito do seu fascínio. Se transformada em lei, a "renda básica" ou a *separação entre o direito de renda individual e a efetiva capacidade de criar renda* não conseguiria provavelmente erradicar todos os aspectos da insegurança existencial (certamente não de imediato e de uma vez só), mas parece de fato o meio mais radical de remover sua principal fonte atual.

Offe e seus colaboradores elaboraram o projeto em detalhe, cada uma das proposições sendo objeto de completa discussão. Os autores concordariam que muitos aspectos práticos da proposta ganhariam com um debate mais aprofundado e que nem tudo nela está livre de falhas. Provavelmente admitiriam também que as dificuldades para a adoção de uma renda básica podem revelar-se ainda mais sérias que as objeções que escolheram para contestar – a ausência de motivações políticas e dúvidas sobre questões contábeis – por mais desalentadoras que possam se tornar essas objeções uma vez finalmente inserida a proposta na agenda pública.

Por exemplo, a idéia de Offe e colegas de um direito garantido à renda (assim como minha discussão anterior dessa idéia em *Trabalho, consumismo e os novos pobres*) foi submetida a um completo exame crítico em recente edição do *Arena Journal*.[18] Trevor Hogan assinalou que a argumentação apresentada na proposta original e também nos meus comentários estava longe de ser completa; de fato, a medida crucial necessária não foi absolutamente mencionada. Na opinião de Hogan, a proposta na sua forma atual esquece o fato de que nossa sociedade é uma sociedade de consumo e a maneira como produz e continuará produzindo consumidores.

> A lógica do capitalismo de consumo é desencadear a busca de objetivos heterogêneos e induzir todo mundo a buscar a gratificação pessoal de desejos sem fim. As comunidades morais e coletividades de todo tipo são permanentemente minadas por uma ordem social consumista. Esquemas para aumentar a renda e deixar de lado a ética do trabalho não fazem cessar a luta da classe média por ganhos de posição nem evitam o seu medo de cair do estado de graça arduamente conquistado de consumidores para o abismo infernal dos condenados.

Isso, diz Hogan, não será mudado simplesmente com o direito universal à renda. A sociedade de consumo continuará fazendo o que a sua natureza determina: estimular desejos e expectativas e adicionar sempre às novas mercadorias em oferta o valor acrescido da *posição*, cobiçada não tanto por si mesma quanto pela distinção que promete conferir aos consumidores; a corrida ao consumo não deve parar, de modo que haverá sempre novos pobres e despossuídos, sempre mais "consumidores falhados". Para interromper a corrida é preciso mais do que oferecer a todos a chance de participar dela. Hogan lembra que a "maioria das sociedades pré-modernas dá grande ênfase à necessidade de disciplinar o desejo e à restrição coletiva da busca de riquezas materiais". Ele assinala que se não forem colocados alguns limites a desejos atualmente desenfreados, que se a noção de finitude não for reintroduzida na agenda da vida e se as sociedades não tentarem mais uma vez promover e defender a limitação coletiva, pouco se conseguirá, ainda que se adotem as medidas redistributivas mais radicais.

Não há medidas para resolver todos os problemas de um só golpe e a crítica de Hogan é correta ao assinalar que uma renda básica, por si só, deixaria intacto um bocado de efeitos colaterais desagradáveis da sociedade de consumo. De fato, é improvável que a questão da escassez e do esgotamento final dos recursos da terra venha a ser solucionada, o que não quer dizer, porém, que as chances de solução não vão aumentar.

Para início de conversa, o direito universal à renda vai baixar as apostas no jogo do consumo, uma vez que entrar nele não será mais uma questão de sobrevivência. A sociedade de consumo, na sua forma atual, luta para monopolizar o controle dos meios de vida; para os habitantes dessa sociedade, conquistar o ingresso no mercado, o acesso à aquisição e consumo de mercadorias, é a única maneira de continuar vivo. Essa circunstância aumenta enormemente a atração do jogo do consumo; também o investe de formidável gravidade, que ninguém já incluído nela ou que esteja batendo à porta tem muita chance de questionar. O consumismo implica mais opções, mas como questão de vida ou morte não parece ser ele mesmo uma opção. Uma vez resolvida a questão da vida e da morte fora e independente do mercado, o consumismo pode se reduzir a suas verdadeiras dimensões: pode ser visto como uma questão de estilo de vida, uma opção, não uma necessidade existencial. Uma vez dissipada a ilusão de óptica da inevitabilidade e da "falta de alternativa", que é a defesa mais firme da sociedade de consumo, a vida voltada para um consumo cada vez maior pode se tornar um valor dentre outros, um estilo de vida dentre tantos. Perdendo o aspecto de sina inevitável, pode ser comparada ao que hoje são suas alternativas realistas e analisada por seus méritos e vícios relativos, ser abraçada ou desprezada. A possibilidade de optar por sair do jogo consumista pode então virar mais do que uma realidade marginal, opção apenas para os excluídos à força ou para os vagabundos por opção. Só quando for removido o peso do "ser ou não ser" e que o jogo do consumo, seu valor e conveniência, poderá tornar-se uma questão de deliberação pública e de opção prática.

A "renda básica" não pretende ser uma medida contra a liberdade de escolha. Se sua eficácia tivesse que ser paga com uma imposição coletiva à opção individual (quanto mais legal e *coercitiva*), tal preço destruiria seus benefícios em potencial – na media em que consistem, afinal de contas, em estabelecer a base para uma sociedade integralmente autônoma. O propósito da república (se é que a república tem algum propósito substancial) não é a imposição de um modelo preconcebido de "vida correta", mas a capacitação dos ciddãos para discutirem livremente os modelos de vida de sua preferência e praticá-los. A república é uma ampliação, não uma redução de opções – seu objetivo é aumentar, não limitar as liberdades individuais. A separação entre direito de renda, trabalho remunerado e mercado de trabalho só pode ser útil à república num sentido, porém crucial: *pela remoção da horripilante mosca da insegurança do doce ungüento da liberdade.* Se algo deve ser limitado, são os riscos envolvidos na prática da liberdade. Mas essa limitação de riscos e prejuízos é precisamente o objetivo mais crucial de uma renda básica. Quando (se) esse objetivo for alcançado, homens e mulheres não mais temerosos de usar sua liberdade poderão encontrar tempo, vontade e coragem para construir sentidos cada vez mais humanos da sua humanidade, para examinar e selecionar formas de vida que sejam ao mesmo tempo satisfatórias e racionais.

A questão central da crítica de Geoff Sharp, como a de Trevor Hogan, é o impacto destrutivo do consumismo, que na sua opinião está fadado a cortar pela raiz os efeitos do direito universal à renda e, em especial, a resistir à substituição da ética do trabalho voltado para o mercado pelo impulso da artesania, da habilidade. Esse impulso, na visão de Sharp, só poderia desabrochar e orientar o esforço produtivo humano em condições de *reciprocidade.* Verdade, diz ele, que "por mais esquecida que esteja a nossa memória da reciprocidade como estilo de vida, ela visivelmente persiste na vida familiar, na amizade e mesmo na conversação". Porém – e que "porém" – "como estilo de vida a reciprocidade nunca enfrentou antes a ameaça de ser totalmente solapada em nome do progresso e da normalidade" como enfrenta hoje graças às desgastantes pressões do consumismo. Nada mais, portanto, é exigido do que a "desejada constituição de novas práticas".

> Idealmente isso exigiria uma capacidade de compreender como a troca de mercadorias é estruturada de modo a promover o individualismo e a ganância, tornando o outro da troca uma pessoa sem rosto e investindo as coisas trocadas de uma aura de valor interno, em si. Uma consciência ética mais perceptiva daquilo de que estaríamos nos desviando seria o necessário pano de fundo para qualquer comunidade de presença e reciprocidade.

Sem dúvida a opinião de Sharp é válida. Os consumidores da sociedade de consumo poderiam aprender um bocado com a reconstrução feita por Marcel Mauss de um tipo de sociedade de há muito desaparecido na qual o *presente*, a oferenda, longe de ser uma exceção (moribunda) praticada nas poucas fendas remanescentes de uma sociedade costurada para vestir um tipo de relação humana totalmente diferente, era a principal forma de troca. Mas sugerir que eles deveriam começar sua longa e tortuosa auto-reforma estudando Mauss, em vez de criar condições sociais para a autêntica opção (incluindo a possibilidade de renunciar à vida de perpétua opção de consumo) é colocar o carro adiante dos bois. Para ler Marcel Mauss como algo mais do que um colecionador de curiosidades etnográficas é preciso primeiro pôr o pé firme o bastante na vida para ousar nadar contra a corrente se necessário e continuar nadando até outros nadadores se juntarem ao esforço e então, pelo trabalho conjunto de todos os braços, mudarem o rumo da corrente.

Do jeito que as coisas estão atualmente, é de supor que dezenove dentre vinte habitantes do planeta estariam em melhor situação se a reciprocidade substituísse a troca de mercadorias – com estas se tornando tão marginais, ou quase, quanto os presentes e oferendas hoje em dia. As cifras não conseguirão grande coisa, porém, enquanto não passarem de cifras. Estas devem primeiro deixar de ser cifras para que se possam fazer opções realmente racionais – isto é, opções que incluam também na gama de alternativas o próprio sentido da racionalidade e das imagens de uma vida correta pelas quais se possa medir a racionalidade das escolhas. Elevar as cifras ao nível de seres racionais assim entendidos, ou empreender pelo menos a tarefa um pouco mais modesta de dar um primeiro passo nessa direção, é precisamente o objetivo (sem dúvida distante e apenas indiretamente atingível) da idéia de "renda básica".

Trazendo o universalismo do exílio

Um inconveniente complica talvez mais os prognósticos para a proposta de Offe do que qualquer outra objeção manifesta ou velada: nas atuais condições é difícil encontrar agente poderoso o bastante para levar a idéia adiante – mesmo se forem reconhecidas a sua viabilidade prática e a validade e urgência dos seus objetivos imediatos e a longo prazo. Como assinalado tantas vezes já, os poderes realmente poderosos de hoje são essencialmente extraterritoriais, ao passo que os lugares da ação política continuam locais – e assim a ação é incapaz de atingir os pontos em que se traçam os limites da soberania e são decididas – por inércia ou intencionalmente – as premissas essenciais do empenho político.

Essa separação entre poder e política é com freqüência referida com o nome de "globalização". Como assinalei alhures (em *Globalização: As conseqüências humanas*), o termo "globalização" entrou no discurso atual no lugar ocupado em toda a era moderna pelo termo "universalização" – e o fez basicamente porque "globalização" refere-se *ao que nos acontece* e não, como foi o caso com "universalização", *ao que precisamos, devemos ou pretendemos fazer*. "Globalização" assinala uma naturalização *sui generis* do curso que os assuntos do mundo estão tomando: o fato de estarem essencialmente fora dos limites e de controle, adquirindo um caráter quase elementar, não planejado, imprevisto, espontâneo e contingente. Assim como o usuário da *web* mundial só pode escolher dentre as opções oferecidas e dificilmente pode influenciar as regras pelas quais a Internet opera ou a gama de opções disponíveis dentro dessas regras, da mesma forma as nações-estados individuais lançadas num ambiente globalizado têm que jogar o jogo segundo as suas regras e arriscar-se, caso ignorem as regras, a um severo troco ou, na melhor das hipóteses, à total ineficácia dos seus empreendimentos.

Para encurtar a história, basta dizer que enquanto o Estado é o único agente legislativo tecnicamente capaz de empreeender a adoção de um salário básico (dentro do seu território de soberania, claro), ele é ao mesmo tempo singularmente incapaz de fazê-lo por si mesmo. Podemos facilmente adivinhar o que aconteceria se tentasse fazê-lo sozinho e não há dificuldade em descobrir uma profusão de fatos a sustentar a suposição. Pode-se aprender um bocado com um exemplo: quando o *welfare* deixou de ser uma questão federal, a "competição negativa" entre os estados decolou, cada um tentando superar os vizinhos em mesquinharia, com cortes nos serviços de assistência e tornando o acesso a eles mais oneroso e humilhante – cada estado temendo virar um "ímã assistencialista" se fosse mais generoso na sua legislação. Com as fronteiras estatais tão porosas como são, os controles de fronteiras reduzidos e as pessoas tendo permissão – na União Européia pelo menos – de procurar domicílio e emprego no país de sua escolha, o mesmo efeito deveria ser esperado em escala internacional se algum Estado europeu tentasse legislar para seus residentes condições de vida mais seguras e portanto mais atraentes que as dos países vizinhos. Só a ação concertada, a nível continental ou mesmo supracontinental ainda não suficientemente institucionalizado para isso, poderia afastar a ameaça real do *soi-disant* "ímã da renda básica".

Segue-se que uma vez se tenha tornado de fato global (ou pelo menos supra-estatal) o poder que preside sobre a crescente "flexibilidade" das condições de vida – e portanto a *Unsicherheit* cada vez mais profunda que satura todo o curso da vida humana –, a condição preliminar de uma ação efetiva visando a mitigar o nível de insegurança e incerteza é elevar a política a um nível tão genuinamente internacional quanto aquele em que operam os poderes atuais. A política deve emparelhar-se ao poder que se libertou para vaguear pelo espaço politicamente incontrolado – e para isso deve desenvolver instrumentos que lhe permitam alcançar os espaços em que esses poderes "fluem" (para usar o termo de Manuel Castells). Nada menos é necessário do que uma instituição republicana internacional em escala proporcional à escala de operação dos poderes transnacionais. Ou, como colocou Alain Gresh num recente artigo comemorativo dos 150 anos do *Manifesto comunista*,[19] o que é necessário é um "novo internacionalismo".

Há poucos sinais a indicar que algo como um novo espírito internacionalista esteja de fato surgindo. As eclosões de solidariedade internacional são notoriamente carnavalescas, esporádicas e curtas. A mídia cunhou a expressão "fadiga de ajuda", que diz tudo, para denotar a persistente tendência da solidariedade internacional a se esgotar e evaporar em questão de dias e não de semanas. Como assinala Gresh, a Bósnia não foi um *replay* tardio da Guerra Civil Espanhola, mas em relação à guerra de atrito que se trava atualmente na Argélia e a dezenas de outras guerras sangrentas ou massacres orquestrados por governos contra "estrangeiros", minorias étnicas ou tribais indesejadas e infiéis, só protestos frios se fazem ouvir nos salões de conferência, mas praticamente nenhuma ação é tomada *in loco*. Há nobres exceções como a Anistia Internacional ou o Greenpeace, mas no geral os poucos esforços idealistas para furar a muralha de indiferença conseguem no máximo um sinal ou apoio superficial de alguns governos (mas a hostilidade subterrânea ou aberta de muitos outros) e praticamente nenhum movimento popular apóia a atitude que altruisticamente eles promovem e exemplificam. Ativistas do movimento Médecins sans Frontières queixam-se amargamente de que sua iniciativa, apresentada pela mídia como "humanitária", foi cinicamente explorada pelos poderes instituídos para justificar sua própria inação, por exemplo na Bósnia ou em Ruanda, e para aliviar "por tabela" a consciência de seus súditos.

O espírito paroquial (*l'esprit de clocher*, como dizem os franceses) reina soberano. Os porta-vozes do capital e das finanças já extraterritoriais e "flutuantes" parecem ter sido os únicos até aqui a levantar a voz contra esse espírito, mas sua indignação é altamente seletiva. Eles protestam contra as barreiras comerciais, contra o controle do movimento de capitais e contra a colocação dos interesses coletivos locais acima daqueles da competição mundial, do livre comércio e da produtividade. Mas não se importam em absoluto com a fragmentação em curso das soberanias políticas – e por que deveriam? Quanto menores as unidades políticas (e, pois, quanto mais fracas), menos chance têm de opor uma resistência eficaz ao braço financeiro "internacionalista" e fazê-lo com uma ação coletiva própria. E os porta-vozes do capital "internacional" mantêm silêncio sobre as reações locais, equivocadas e xenofóbicas, a suas operações globais. Não fomentam (nem precisam fomentar) essas reações deliberadamente, mas só podem exultar quando a raiva causada pela crescente impotência dos governos e das comunidades para vingar os agravos pessoais é canalizada (e, com isso, dispersada) para uma inimizade contra os "intrusos" locais – estrangeiros e trabalhadores imigrantes. E assim os debates públicos sobre as maneiras e meios de aliviar o triste estado dos negócios locais concentram-se nos "estrangeiros em nosso meio", nos melhores meios de localizá-los, capturá-los e deportá-los para os "lugares de onde vieram", sem chegar assim nem perto da verdadeira raiz do problema.

Como exemplifica a versão popular do comunitarismo intelectual em moda, as reações daqueles ameaçados de perder sua identidade para forças globais homogêneas e homogeneizantes reforçam, quando nada, os efeitos da pressão. Como Phil Cohen colocou de forma vigorosa,[20] "[e]m recentes escritos, os lares longe do lar oferecidos pelas ideologias políticas, religiões, culturas populares ou novas filiações étnicas acabam parecendo mais orfanatos, prisões ou manicômios do que locais de potencial libertação".

O mais das vezes, os valores comunitários, supostamente a razão da luta, são reduzidos, como observou Benjamin R. Barber,[21] a encaixar ritmos latinos e *reggae* em meio aos sons da música pop ouvida nos *barrios* de Los Angeles, comer Big Macs regados a cerveja na França e feitos de carne búlgara na Europa Oriental ou pedir a Mickey Mouse na Disneylândia parisiense que fale francês – concessões que os comerciantes internacionais não só aceitam sem resistência como aplaudem de todo o coração. É preciso modificar as sementes de acordo com o tipo de solo se o objetivo for obter a mesma colheita em toda parte. O poder global dos impérios da MTV, do McDonalds e da Disney decorre de ajustes "comunitários amigáveis" revigorados e mais intratáveis que antes.

Sabendo disso ou não, os separatistas de todos os matizes e cores fazem uma aliança profana com as forças cruéis da globalização. É mais fácil esmagar, um por um, quatro ou cinco "estados soberanos" pequenos e fracos do que fazer dobrar os joelhos um único estado grande e forte. E assim os separatistas e particularmente os perpetradores da limpeza étnica (a medida visa a tornar duradoura e possivelmente irreversível a separação) podem contar com o apoio tácito dos poderes instituídos; podem confiantemente descartar a falsa adesão daqueles poderes e de seus porta-vozes aos nobres e grandiosos princípios humanitários e dos direitos humanos. O que os separatistas, afinal de contas, conseguem se têm êxito aumenta a fragmentação política do mundo, na qual repousa em última análise o domínio dos poderes extraterritoriais, sua liberdade face a qualquer controle político. Quanto menores e mais fracas as muitas e pretensas repúblicas locais, mais remotas as perspectivas de uma república global.

Fãs da limpeza étnica e da pureza tribal são casos extremos de apodrecimento do compromisso de segurança. Mas a defesa do reforço das leis de asilo, o fechamentom das fronteiras aos "migrantes econômicos" e um controle mais estrito dos estrangeiros já dentro do território representam a mesma tendência de recanalizar a energia gerada pelas ameaças reais à segurança para válvulas de segurança que deixam passar vapor retido mas são tributárias das mesmas correntes que corroem as bases da subsistência segura. O mais das vezes essa tendência é ajudada e estimulada pela inclinação facilmente compreensível das classes políticas a desviar-se da causa mais funda de ansiedade, ou seja, a experiência de insegurança individual, para a preocupação popular com ameaças à identidade coletiva. Há uma razão pragmática bem convincente para tal desvio ser politicamente atraente. Já foi dito que como as raízes da insegurança *individual* se projetam a lugares anônimos, distantes ou inacessíveis, não fica claro de imediato o que os poderes locais e visíveis poderiam fazer para estancar as atuais aflições; mas parece haver uma resposta óbvia e direta para o outro problema, aquele ligado à identidade *coletiva* – os poderes locais do estado podem ainda ser utilizados para intimidar e fazer os imigrantes voltarem a suas terras, colocar aqueles em busca de asilo sob lentes de aumento, prender e deportar os estrangeiros indesejados. Os governos não podem, com honestidade, prometer aos cidadãos uma existência e um futuro seguros, mas podem, por enquanto pelo menos, descartar parte da ansiedade acumulada (e mesmo tirar proveito eleitoral disso) demonstrando sua energia e determinação na guerra contra os estrangeiros à procura de emprego e outros invasores alienígenas, intrusos no terreno outrora limpo e tranqüilo, ordeiro e familiar do quintal doméstico.

E assim, na linguagem dos políticos à cata de votos, as complexas e disseminadas sensações de insegurança existencial são traduzidas como preocupações bem mais simples – com a lei e a ordem, isto é, com a segurança física pessoal e das residências e propriedades privadas – enquanto o problema da lei e da ordem é por sua vez misturado à problemática presença de minorias étnicas, raciais ou religiosas – e, de maneira mais geral, de estilos de vida estranhos.

Na Alemanha, Manfred Kanther, ministro do Interior do governo Helmut Kohl, ao antecipar as eleições de setembro declarou que 1998 era "o ano da segurança", prometendo de uma vez declarar guerra ao crime e severas medidas para estancar a imigração. Os social-democratas da oposição não ficaram atrás nem quiseram ficar. Gerhard Glogowski, ministro do Interior social-democrata da Baixa Saxônia, reivindicou em alto e bom som a restauração dos controles de fronteira do país, a seu ver frágeis e inadequados nas mãos dos signatários do acordo Schengen. Dos dois lados do espectro político alemão, a guerra ao crime fundia-se à retórica contra os estrangeiros (especificamente contra os imigrantes).

Nestas como em inúmeras outras ocasiões, os acordos de segurança da União Européia são invocados e paga-se tributo à memória da segurança administrada pelo Estado-nação. Os líderes políticos dos Estados-membros criticam-se uns aos outros por servirem de "ímã de estrangeiros" ao manifestarem uma atitude imperdoavelmente branda ou condescendente para com a dupla ameaça do influxo de imigrantes e do aumento da criminalidade – e exortam-se mutuamente a ter mais determinação na luta contra esse duplo risco.

Uma vez desencadeados, os sentimentos paroquiais tendem a ganhar força, não a perder impulso. Enredados num laço de reforço mútuo, o eleitorado em busca de culpados para sua ansiedade sem fim e os políticos que buscam meios para convencer o eleitorado da sua utilidade produzem juntos todas as provas que os sentimentos paroquiais podem precisar para serem corroborados ou, quando nada, exacerbados. A necessidade de ação global tende a desaparecer da vista do público e a persistente ansiedade produzida pelos poderes globais flutuantes em quantidade crescente e nas mais viciosas variedades não conquista seu reingresso na agenda pública. Uma vez desviada essa ansiedade para a demanda de trancar as portas e fechar as janelas, instalar sistemas eletrônicos de checagem nos postos de fronteira e de vigilância nas prisões, colocar patrulhas policiais nas ruas e alarmes contra roubo nas casas, as chances de serem atacadas as raízes da insegurança e controladas as forças que a alimentam simplesmente se evaporam. Focalizar a atenção na "defesa da comunidade" torna mais livre que nunca o fluxo global de poder. Quanto menos restrição sofre esse fluxo, mais funda é a sensação de insegurança. Quanto mais esmagadora a sensação de insegurança, mais intenso é o "espírito paroquial". Quanto mais obsessiva a defesa da comunidade instigada por esse espírito, mais livre é o fluxo de poderes globais... E assim por diante.

Em suma, a agenda pública mantém-se afastada da área em que se situam as ameaças ao interesse público e ao bem-estar individual. Mesmo os movimentos que tentam atacar as questões públicas nascidas evidentemente das tendências globais constatam que é extremamente difícil romper o círculo mágico da globalização desenfreada e os sentimentos tribais que desatam as mãos das forças globais. Por exemplo, o movimento ecológico, potencialmente um freio eficaz a pelo menos alguns dos efeitos mais repulsivos da desregulamentação global, degenera com demasiada freqüência numa política de "no meu quintal, não", minando na verdade a mesmíssima solidariedade global que deveria – e poderia – reforçar. As forças políticas que poderiam atacar a insegurança global na fonte não chegam nem perto do nível de institucionalização alcançado por aquelas forças econômicas (capital, finanças e comércio) que são a fonte da insegurança global. Não há nada que se compare à riqueza, determinação e eficácia do Fundo Monetário Internacional, o Banco Mundial e a rede cada vez mais cerrada do sistema mundial de bancos de investimento e compensação.

Por sua própria natureza, nem as tribos nem as nações (na verdade, nenhum dos modelos existentes de comunidade) são próprias para serem esticadas a dimensões globais. Em escala planetária foram e devem continuar sendo fatores de divisão e separação. A esperança de que se possa construir um esforço solidário mundial para impor o controle político às fontes globais de incerteza com o fechamento das escotilhas nacionais e o fortalecimento das comunidades é tão equivocada quanto generalizada. (Tratei mais detalhadamente desse assunto no capítulo "Sobre comunitarismo e liberdade humana ou como fazer a quadratura do círculo", em *O mal-estar da pós-modernidade*). O comunitarismo é uma resposta flagrantemente equivocada para questões evidentemente legítimas. Como remédio contra a praga da insegurança endêmica, o comunitarismo é mais do que um fracasso; uma parte cada vez maior dessa praga, atualmente, é do tipo *iatrogênico* – resultado de um tratamento imprudente com efeitos colaterais potencialmente letais.

A conceituação popular da insegurança atual como "problemas de identidade" é um caso flagrante de diagnóstico errado e prescrição potencialmente perigosa. Como tantos outros modelos sociológicos outrora em moda e hoje meio esquecidos, ela toma o contingente por fundamental, o fenômenos que pede explicação como sendo a própria explicação. Despejar ansiedade na fôrma das preocupações com a identidade já é resultado de longa e complicada série de fatores – um sintoma, não a causa da aflição. O fascínio popular com a questão da identidade – ajudado, instigado e estimulado pelos políticos que farejam capital político (eleitoral), como também pelas versões populares (sou tentado a dizer *volkisch*) da filosofia comunitária expurgada para consumo de massa – pode ser uma resposta racional *sui generis* às condições contemporâneas e mesmo "fazer sentido". Mas situa equivocadamente suas próprias causas e perde-as por completo nas suas conclusões terapêuticas. A afirmação militante da identidade do grupo (local, territorial, limitado) não conseguirá praticamente nada no sentido de remover a fonte de insegurança que a instigou. Jamais será satisfeita e não fará desaparecer as causas da inquietude. Convidando a uma inevitável frustração, irá, quando muito, fornecer mais razões para sua própria e continuada belicosidade.

Multiculturalismo... ou polivalência cultural?

Alain Touraine propôs recentemente uma distinção entre as duas *visões/programas*, comumente confundidas, de sociedade "multicultural" e sociedade "multicomunitária".[22]

A primeira refere-se a uma sociedade tolerante com as diferenças culturais, com o livre fluxo de propostas culturais e a liberdade de opções culturais; uma sociedade preparada para negociar continuamente a fronteira móvel entre diferenças aceitáveis de estilos de vida e crimes puníveis. Ela pertence à tradição republicana, embora só se tenha tornado factível depois de abandonada a visão da missão homogeneizante, "modernizante", outrora intimamente relacionada à idéia republicana. "Multiculturalismo" significa, em suma, a separação da cidadania da atribuição cultural e auto-afirmação dos cidadãos, fazendo destas últimas questões um assunto essencialmente privado que de forma alguma afeta os direitos públicos. Também implica a suposição de que a diferença cultural não é uma desvantagem e muito menos desqualifica o cidadão de participar da vida pública comum. O que o multiculturalismo não assume, porém (como o faz e tem que fazer o "multicomunitarismo"), é que manter intactas as diferenças culturais e impedir o livre intercâmbio cultural das comunidades é um valor que deve ser acalentado e politicamente defendido; nem assume que um debate intercultural significativo sobre a validade das diferentes soluções culturais e seus méritos ou defeitos relativos é perigosa ou arriscada e deveria por isso ser evitada ou mesmo proibida. Em outras palavras, o multiculturalismo é consistente na sua fidelidade à liberdade como valor supremo: para ser autêntica, a liberdade de opção cultural deve incluir o direito de optar por sair de "uma cultura", tanto quanto implica o direito de optar pelo ingresso (demanda contra a qual o "multicomunitarismo" se levanta em armas).

A segunda visão/programa proclama a preservação das diferenças culturais de grupo existentes como sendo um valor em si mesmo. Não apenas nega a existência de um "fundamento objetivo" sobre o qual pode repousar uma crítica da opção cultural (esse ponto poderia ser facilmente concedido sem o risco de um conflito com o valor da liberdade individual), como assevera além disso que toda crítica de uma opção cultural conduzida "de fora" e, portanto, toda discussão intercultural de valores é uma farsa e uma abominação – e que, se tal discussão de fato ocorrer, suas conclusões serão inválidas (em termos técnicos, por assim dizer, seja qual for seu conteúdo). O "multicomunitarismo", em outras palavras, elimina *a priori* a possibilidade de comunicação e intercâmbio culturais de modo mutuamente sensível e benéfico. Ele eleva a "pureza cultural" do grupo ao nível de valor supremo e encara toda manifestação da capacidade de absorção cultural como poluidora. Quer que as culturas se enclausurem em suas respectivas defesas comunais (visualizadas pelo padrão do gueto).

Em última análise, o "multiculturalismo" não pode, sem cair em contradição, reconhecer os cidadãos como o principal agente público (nem talvez mesmo, simplesmente, como *um* agente público). O domínio da lei, que deveria regular a coexistência das comunidades, é visto como um agregado de privilégios comunitários. (Will Kymlicka, por exemplo, defende na verdade as desigualdades de direitos públicos quando propõe que as comunidades menores ou mais fracas sejam compensadas por sua desvantagem competitiva.[23] O que toma como certo ao fazer essa proposta é precisamente o ponto que ainda precisa ser provado, não passando até o momento de um postulado ideológico dos líderes ou anciãos das minorias étnicas ou religiosas: a saber, que a "comunidade cultural" é o quadro natural para avaliar as despossessões relativas em prol de sua retificação coletiva.)

Por razões que Touraine expressa de modo impecável sem, no entanto, tirar a necessária conclusão, "multiculturalismo" não parece ser a mais feliz das palavras – virtualmente ela convida à confusão, prestando-se a usos contraditórios e mesmo incompatíveis. Sua separação da contraparte multicomunitária, que Touraine com razão reivindica, jamais seria radical ou à prova de erro; todas as tentativas de fazê-la assim apenas colocaria mais lenha na querela interminável e no geral improdutiva entre liberalismo e comunitarismo. É melhor, portanto, descartar o termo "multiculturalismo" e falar, em vez disso, em *sociedade policultural*.

"Multiculturalismo" é um termo que se presta a equívocos porque sugere não apenas *variedade* cultural, como variedade de *culturas*. Mais exatamente, sugere sistemas ou totalidades culturais, cada um mais ou menos completo e auto-sustentado, até certo ponto auto-suficiente e "integrado" – de modo que todos os ingredientes, como normas, valores e preceitos culturais, são interdependentes. O termo evoca uma visão de mundos culturais relativamente fechados e vivendo em proximidade – de certa forma dentro do modelo de áreas política ou administrativamente separadas; pode-se deixar uma cultura e passar a outra, ir e vir "entre" as culturas e até falar e ouvir transfronteiras, mas pode-se dizer com boa dose de precisão onde a pessoa está em dado momento e em que direção se move. O termo sugere também, embora de certo modo mais indiretamente, a não ser que isso seja deliberadamente ressaltado, que culturas são totalidades "naturais"; que ser de uma cultura específica é coisa do destino, não uma opção, que se pertence a esta e não àquela cultura por acaso, por se ter "nascido nela". Por fim, "multiculturalismo" implica tacitamente que estar encerrado numa totalidade cultural é a maneira natural e portanto presumivelmente saudável de ser-no-mundo, enquanto todas as demais situações – ser "transcultural", nutrir-se simultaneamente de "culturas diversas" ou simplesmente não se preocupar com a "ambigüidade cultural" de sua posição – são situações anormais, "híbridas" e potencialmente monstruosas, mórbidas e impróprias para viver. Todas essas entidades e o que sugerem e implicam são produto de uma moldura ou estrutura cognitiva – e esta moldura, legado do "pensamento sistêmico" outrora dominante no pensamento sociológico, é singularmente inadequada para apreender a experiência especificamente pós-moderna, fossem quais fossem os seus méritos no passado.

A razão dessa inadequação não é, como por vezes se sugere, a incrementada "heterogeneidade" ou "impureza" das culturas contemporâneas. O próprio termo "heterogeneidade" só faz sentido como oposição marcada ao caso mais comum da cultura "homogênea", entidade que supõe como mais natural a inclusão de certas normas, valores e símbolos do que outras, que a "pureza" dos compostos é uma característica dos ingredientes, não a maneira como foram classificados.

Há uma intenção ideológica por trás de cada visão de "cultura homogênea", e a idéia de heterogeneidade cultural paga tributo evidente a essa ideologia. Tal ideologia raramente foi ressaltada, quanto mais questionada em condições radicalmente diversas das nossas – quando refletia a *prática* moderna da homogeneização patrocinada pelo poder. Essa ideologia estava à vontade no mundo da construção nacional, das cruzadas culturais, da implantação de padrões uniformes sobre a variedade de estilos de vida, de assimilação forçada e de busca de harmonia cultural. Desde então, porém, o mundo mudou o suficiente para despojar essa ideologia de sua influência na prática política e assim solapar sua reivindicação sobre a realidade. Hoje é extremamente difícil representar qualquer sociedade como uma coleção de culturas integradas, coesas e coerentes, quanto mais "puras". Em prol de uma adequação à realidade cultural contemporânea, é mais do que hora, portanto, de evitar usar conceitos (outrora úteis do ponto de vista pragmático, mas hoje equivocados do ponto de vista cognitivo) como homogeneidade e heterogeneidade culturais, multiculturalismo ou comunicação e tradução intercultural.

Convivência num mundo de diferenças

Longe de ser um passatempo específico de um grupelho de especialistas, a "tradução" está entrelaçada à vida cotidiana e é praticada por todos diariamente, a todo momento. Todos somos tradutores; *a tradução é característica comum a todas as formas de vida*, como parte e parcela da modalidade de ser-no-mundo da "sociedade informática". A tradução está presente em cada encontro comunicativo, em cada diálogo. E deve ser assim porque a polifonia não pode ser eliminada do modo como existimos, o que equivale a dizer que as fronteiras que estabelecem sentidos continuam a ser traçadas de forma dispersa e descoordenada, à falta de um departamento cartográfico central e de uma versão oficialmente impositiva dos mapas de reconhecimento militar. Na matriz de significados possíveis chamada de "logosfera" por Bakhtin, a diversidade de trocas, associações e divisões possíveis é para todos os efeitos infinita e não há necessidade de que essas trocas se sobreponham na situação de cada usuário; ao contrário, há uma grande probabilidade de que tal sobreposição jamais ocorra.

As discrepâncias entre as trocas que têm lugar no ato do diálogo tendem a se localaizar em diferentes níveis de generalidade – a começar por aquelas que se apóiam na idiossincrasia da biografia individual, através de várias peculiaridades provavelmente partilháveis por pessoas classificadas na mesma classe, gênero, localidade etc. – e em todo o caminho até essas diferenças supostamente relacionadas à limitada comunicaácão entre "comunidades de sentido", comumente referidas como "culturas diferentes". Apresentam, conseqüentemente, problemas de tradução em vários níveis de generalidade – embora o leitor individualmente possa ser desculpado se, dando de cara com um texto de sentido estranho e impenetrável, não conseguir perceber em que medida a sua incompreensão se deve à própria trajetória pessoal de vida, às diferenças nas práticas de classe ou gênero ou ao que os teóricos da tradução chamam de "distância cultural" entre os cenários étnicos, religiosos e lingüísticos.

O próprio conceito da natureza "multicamadas" dos problemas de tradução é um derivativo analítico, um produto já do trabalho de tradução; deriva do esforço de assimilar intelectualmente a experiência da incompreensão, esforço ele mesmo moldado por práticas específicas dos profissionais – os especialistas da tradução. Mais do que isso: o que os especialistas formulariam como um caso de disfunção comunicativa, como uma falha de tradução, como erro ou um caso de completa incompreensão não precisa necessariamente ser sentido dessa forma pelo leigo. Em geral, na maioria dos encontros diários, na maioria das modalidades de convivência, conseguimos nos entender no sentido em que Wittgenstein via o entendimento – "saber como prosseguir", como enfrentar a tarefa de dar respostas corretas, adequadas ou passáveis a cada movimento do outro, ainda que um analista achasse tal entendimento falho, incompleto ou ilusório – a ilusão sendo causada por rotinas e hábitos mutuamente tolerados de evitamento, mais do que pela comunhão de significados.

Nessa capacidade comum de alcançar uma efetiva comunicação sem recorrer a significados já partilhados e uma interpretação acorde está investida a possibilidade do universalismo. A universalidade não é inimiga da diferença; ela não requer "homogeneidade cultural" nem precisa de "pureza cultural" e especificamente do tipo de práticas a que se refere esse termo ideológico. A busca da universalidade não envolve o sufocamento da polivalência cultural ou a pressão para alcançar consenso cultural. Universalidade significa nada mais nada menos que a capacidade da espécie se comunicar e alcançar entendimento mútuo – no sentido, repito, de "saber como prosseguir", mas também saber como prosseguir diante de outros que podem – têm o direito de – prosseguir por caminhos diferentes.

Tal universalidade que ultrapassa os confins das comunidades soberanas ou quase soberanas é condição *sine qua non* para a república ultrapassar os confins dos Estados soberanos ou quase soberanos – e essa é a única alternativa da república às forças cegas, elementares, erráticas, descontroladas, divisionistas e polarizantes da globalização. Parafraseando o estudante esperançoso e cheio de vida que se transformaria em Karl Marx, só as mariposas noturnas consideram a lâmpada doméstica um substituto satisfatório para o sol universal. Quanto mais cerradas as persianas, mais fácil será perder a alvorada. Além disso, o sol não pode deixar de se pôr mesmo sobre o mais poderoso dos impérios, mas com toda certeza nunca se põe sobre o planeta dos homens.

Notas

Em busca do espaço público

1. Decca Aitkenhead, "These women have found their cause, but they're not sure what it is", *The Guardian*, 24 de abril de 1998.

2. Ver Geoffrey Gibbs, "Demonstrators warn MPs: Get a move on and pass new laws", e Michael White, "Tighter controls promised as riot over child killer is condemned", *The Guardian*, 27 de abril de 1998. A reação das agências governamentais ao clamor público afinou com as prioridades e políticas que a essa altura não passavam de rotina. As projeções oficiais publicadas em 29 de janeiro de 1998 antecipam que vinte novas prisões serão construídas na Grã-Bretanha ao custo de 2 bilhões de libras e que a população carcerária aumentará em 50% nos próximos sete anos, alcançando um total de 92 mil pessoas no ano de 2005.

"O ritmo de crescimento nessa área é maior do que em qualquer outro setor da economia britânica... Apenas nas três semanas que antecederam a publicação da projeção, o número de pessoas encarceradas aumentou em mais de 1 mil. Mais duas prisões de administração privada foram inauguradas recentemente e outras quatro devem entrar em funcionamento antes do final do século – mas o diretor geral do Sistema Penal acha que as estimativas são conservadoras e que na verdade serão necessárias mais 24 prisões se continuar no ritmo atual a tendência de crescimento da população carcerária." (Ver Alan Travis, "Prison numbers to rise by 50pc", *The Guardian*, 29 de janeiro de 1998.)

"Por mais impressionante que seja boom de construção de presídios na Grã-Bretanha, não é nada comparado aos EUA, onde a desregulamentação da segurança e da custódia aconteceu antes do que em qualquer outro país do Ocidente. Lá, o total de pessoas na prisão, em condicional ou sursis em 1995 atingiu 5,4 milhões e continua crescendo a uma taxa anual de 8 por cento. Desde que Clinton se tornou presidente, 213 novas prisões estatais foram construídas, suplementadas pela explosão da indústria de prisões privadas. Loïc Wacquant calcula que "o aumento da população carcerária retira no mínimo 2 pontos percentuais das estatísticas americanas de desemprego." (Ver "L'imprisonnement des 'classes dangereux' aux États-Unis", *Le Monde Diplomatique*, julho 1998.)

3. Ver Jean-Paul Fitoussi, "Europe: le commencement d'une aventure", *Le Monde*, 29 de agosto de 1997.

4. Sobre a relação entre rapidez de movimento, estabilidade estrutural e efetividade do poder, ver o notável estudo de N.M. Lee, "Two speeds: how are real stabilities possible?", em *Organised Worlds*, org. R. Chia, Londres, Routledge, 1998.

5. Ver Hans Peter Martin e Harald Schumann, *The Global Trap*, Londres, Zed Books, 1997, e também Larry Elliott, "The weightless revolution", *The Guardian*, 10 de novembro de 1997.

6. Kenneth J. Gergen, "The self: death by technology", em *The Question of Identity*, org. James Davidson Hunter, University of Virginia Press, 1998, p. 12, 14.

7. Kenneth J. Gergen, *The Saturated Self: Dilemmas of Identity in Contemporary Life*, Nova York, Basic Books, 1991, p.150.

8. Harvie Ferguson, "Glamour and the end of irony", em *The Question of Identity*, org. James Davidson Hunter, p. 8-9.

9. John Seel, "Reading the post-modern self", em *The Question of Identity*, org. James Davidson Hunter, p. 39-40.

10. Alan Friedman, "Without structural changes, experts cautious on economic growth", *International Herald Tribune*, 2-3 de maio de 1998.

11. Sören Ambrose, "Challenging the IMF, intellectually and politically", *International Herald Tribune*, 29 de abril de 1996.

12. Michel Camdessus em entrevista a Babette Stern, "Nous avons changé de siècle", *Le Monde*, 24 de abril de 1998.

13. Tratei extensamente dessa questão em *Globalização: as conseqüências humanas*, Rio de Janeiro, Jorge Zahar, 1999.

14. Pierre Bourdieu, "L'éssence du néolibéralisme", *Le Monde Diplomatique*, março de 1998.

15. Entrevista com Margaret Thatcher, *Woman's Own*, 31 de outubro de 1988.

16. "Travelling 'The Hard Road to Renewal'", conversa com Stuart Hall na Universidade Aberta em dezembro de 1996, *Arena Journal*, agosto de 1997.

17. Ver John Carroll, *Ego and Soul: The Modern West in Search of Meaning*, Londres, HarperCollins, 1998, p.1.

18. Ver Cornelius Castoriadis, "Pouvoir, politique, autonomie", *Le Monde Morcelé*, Paris, Seuil, 1990, p.129.

19. Robert Johnson, *Death Work*, Pacific Grove, Brooks/Cole, 1999, p.153.

20. Ver Albert Camus, "Reflections on the guillotine", em *Resistance, Rebellion and Death*, Nova York, Knopf, 1969.

21. Eric Hobsbawm, "The nation and globalization", *Constellations*, 1/1998, p.4-5.

22. Ver Bernard Cassen, "La nation contre le nationalisme", *Le Monde diplomatique*, março de 1998, p.9. Cassen cita também Emmanuel Todd (*L'Illusion économique: Essai sur la stagnation des sociétés développées*, Paris, Gallimard, 1998),

segundo o qual "em crenças coletivas o 'longo prazo' não tem mais sentido". A vida das pessoas, das sociedades e das economias inscreve-se em perspectivas de "curto prazo".

23. Carroll, *Ego and Soul*, p.92 e 94.

24. Theodor Adorno, *Minima Moralia: Reflections from Damaged Life*, trad. E.F.N. Jephcott, Londres, Verso, 1991, p.65.

25. Decca Aitkenhead, "Fat is always a feminist issue", *The Guardian*, 23 de janeiro de 1998.

26. Ronald Hitzler, "Mobilisierte Bürger", *Ästhetik und Kommunikation*, 85/6 (1996). Citado aqui na tradução de Mark Ritter, apud Ulrich Beck, *Democracy without Enemies*, Cambridge, Polity Press, 1998, p.134.

27. Ver Manuel Castells, *The Information Age: Economy, Society and Culture*, 3 vols., Oxford, Blackwell, 1998.

28. Quando do clamor nacional provocado pela reportagem de Gita Sereny sobre Mary Bell – clamor prontamente endossado pelo primeiro-ministro –, Nicholas Timmins foi ácido ao comentar no *Financial Times*, segundo relata Patrice de Beer no *Le Monde* de 8 de maio de 1998, que o horror, a histeria, a hipocrisia e a política de linchamento se tornaram sintomas da impassível e "indiferente Britânia", onde não parecem contar muito valores como remorso, reabilitação e liberdade de expressão e pesquisa.

29. Phil Cohen, "Labouring under Whiteness", em *Displacing Whiteness*, org. Ronald Frenkenberg, Durham (Carolina do Norte), Duke University Press, 1997, p.268.

30. Ver *La Justice et le Mal*, org. Antoine Garapon e Denis Salad, Paris, Odile Jacob, 1997, p. 11, 192 e 208.

31. Criou-se logo um Partido Popular Dinamarquês, pronto para se aproveitar desses sentimentos. Sua líder de grande popularidade, Pia Kjaersgaard, que se define como "uma dona-de-casa da classe média, mulher de 50 anos com dois filhos crescidos", reagiu com raiva às acusações de racismo, para dizer no entanto em seguida que "os muçulmanos são um problema... Não se deve ter uma atitude negativa em relação às nossas tradições e é o que fazem, acho, os muçulmanos. Eles não gostam de mim." O Partido Popular por pouco não venceu uma eleição, mas o parlamento composto por seus adversários imediatamente arrebatou o martelo do trovão de Kjaersgaard para provar que outros partidos não são menos "duros com estrangeiros indesejados".

32. Ver Beck, *Democracy without Enemies*, p.147-8.

33. Ver Milan Kundera, *The Book of Laughter and Forgetting*, aqui citado a partir da tradução inglesa de Aaron Asher (Londres, Faber & Faber, 1996), p. 86-7. [Ed. bras.: *O livro do riso e do esquecimento*, Rio de Janeiro, Nova Fronteira.]

Em busca dos meios de ação

1. Ver Ken Hirschkop, "Fear and democracy: an essay on Bakhtin's theory of carnival", *Associations*, vol.1 (1997), p.209-34. Citação de Mikhail Bakhtin, *A*

arte de François Rabelais e a cultura popular na Idade Média e no Renascimento, Moscou, 1965, publicada em tradução inglesa com o título *Rabelais and his World*, Boston, MIT Press, 1968.

2. Theodor W. Adorno, *Negative Dialectics*, trad. E.B. Ashton, Londres, Routledge, 1973, p. 167.

3. Theodor W. Adorno, *Minima Moralia: Reflection from Damaged Life*, trad. E.F.N. Jephcott, Londres, Verso, 1991, p.65-6.

4. Ver entrevista no *Nouvel Observateur*, 18 de março de 1992.

5. Ver Alain Ehrenberg, *L'Individu incertain*, Paris, Calman-Lévy, 1995, seção intitulada "La Télévision, terminal relationnel" e particularmente o capítulo 4, "Le spectacle de réalité".

6. John Carroll, *Ego and Soul: The Modern West in Search of Meaning*, Londres, HarperCollins, 1998, p.146, 100-1, 142.

7. Ver Thomas Mathiesen, "The viewer society: Michel Foucault's 'Panopticon' revisited", *Theoretical Criminology*, 1997, pp. 215-34.

8. Theodor W. Adorno e Max Horkheimer, *Dialectics of Enlightenment*, trad. John Cumming, Londres, Verso, 1979, p.123.

9. Ibid., p.216.

10. Ver Cornelius Castoriadis, "L'individu privatisé", *Le Monde Diplomatique*, fevereiro de 1998, p.23.

11. Cornelius Castoriadis, "Democracy as procedure and democracy as regime", *Constellations*, 1/1997, p.4.

12. Ver Hans Jonas, "The burden and blessing of mortality", *Hastings Center Report*, 1/1992. Citado *apud* Carlo Foppa, "L'ontologie de Hans Jonas à la lumière de la théorie de l'évolution", em *Nature et descendance: Hans Jonas et le principe 'Responsabilité'*, Genebra, Labor et Fides, 1993, p.55-8.

13. Ver "Le délabrement de l'Occident", Cornelius Castoriadis entrevistado por Olivier Mongin, Joël Roman e Ramin Jahanbegloo, publicado originalmente em *Esprit*, dezembro de 1991. Citado da versão republicada em Cornelius Castoriadis, *La Montée de l'insignificance*, Paris, Seuil, 1996, p.65.

14. Castoriadis, "Democracy as procedure", p.4-5.

15. Cornelius Castoriadis, "Pouvoir, politique, autonomie" (primeira publicação, 1988), em *Le Monde morcelé*, Paris, Seuil, 1990, p.130.

16. Cornelius Castoriadis, "Fait et à faire", *Revue Européenne des Sciences Sociales*, dezembro de 1989. Citado da tradução de David Ames Curtis, "Done and to be done", em *The Castoriadis Reader*, Oxford, Blackwell, 1997, p.400.

17. Hannah Arendt, *The Origins of Totalitarianism*, Londres, André Deutsch, 1973, p.430, 472.

18. Ortega y Gasset, *The Revolt of the Masses* (a primeira edição espanhola é de 1930), Londres, Unwin, 1972, p.14.

19. Edward Timms, "Treason of the intellectuals? Benda, Benn and Brecht", em *Visions and Blueprints: Avant-garde Culture and Radical Politics in Early Twentieth-century Europe*, Manchester University Press, 1988, p.18-19.

20. Arendt, *The Origins of Totalitarianism*, p.328.

21. Ver Peter Reichel, *Der Schöne Schein des Dritten Reiches*, Frankfurt, Carl Hanser Verlag, 1991, cap.1.

22. Ver Renato Poggioli, *Theory of the Avant-Garde*, Cambridge, Mass., Harvard University Press, 1968, p.60-77.

23. Raymond Williams, "The politics of the avant-garde", em *Visions and Blueprints*, p.11.

24. Ibid., p.338-9.

25. Ver especialmente o seu esplêndido resumo das principais proposições no prefácio a Claus Offe, *Modernity and the State: East, West*, Cambridge, Polity Press, 1996, p.vii-x.

26. Ver Claus Offe, "The utopia of the zero option", trad. John Torpey, *Praxis International*, 7/1987. Citação extraída aqui de *Modernity and the State*, p.12, 22.

27. Umberto Eco, "Apocalyptic and integrated intellectuals", trad. Jenny Condie, em *Apocalypse Postponed*, org. Robert Lumley, Bloomington, Indiana University Press, 1994, p.18ss.

28. "Traveling the 'Hard Road to Renewal': a continuing conversation with Stuart Hall", *Arena Journal*, 8/1997, p.47.

29. Ver Pierre Bourdieu, *Sur la télévision*, Paris, Raison d'Agir, 1996, p.11, 31. [Ed. bras.: *Sobre a televisão*, Rio de Janeiro, Jorge Zahar, 1997.]

30. Castoriadis, "Democracy as procedure", p.11ss.

31. Offe, "The utopia of the zero option", p.20.

32. Ulrich Beck, "The renaissance of politics in reflexive modernity: politicians must make a response", trad. Mark Ritter, em *Democracy without Enemies*, Cambridge, Polity Press, 1998, p.113-4.

Em busca de uma perspectiva

1. Ernest Gellner, *Conditions of Liberty: Civil Society and its Rivals*, Londres, Penguin Books, 1996, p.80. [Ed. bras.: *Condições da liberdade*, Rio de Janeiro, Jorge Zahar, 1996.]

2. Ibid., p.98-100.

3. Ibid., p.104.

4. Ver Hannah Arendt, "Truth and Politics", em *Between Past and Future*, Londres, Penguin, 1968; Paul Ricoeur, *Time and Narrative*, vol.1, University of Chicago Press, 1983.

5. Mona Ozouf, "L'idée républicaine et l'interprétation du passé national", *Le Monde*, 19 de junho de 1998.

6. Cornelius Castoriadis, "Dilapidation of the West", trad. David Ames Curtis, *Thesis Eleven*, 41/1995, p.108.

7. Cornelius Castoriadis, "Democracy as procedure and democracy as regime", trad. David Ames Curtis, *Constellations*, 1/1997, p.6.

8. Jacques Attali, "Le 'Titanic', le mondial et nous", *Le Monde*, 3 de julho de 1998.

9. Pierre Bourdieu, "La précarité est aujourd'hui partout", em *Contre-feux: Propos pour servir à la résistance contre l'invasion néolibérale*, Paris, Liber-Raisons d'Agir, 1998, p.97, 96. [Ed. bras.: *Contrafogos: táticas para enfrentar a invasão neoliberal*, Rio de Janeiro, Jorge Zahar, 1998.]

10. Ver Pierre Bourdieu, "Le néo-libéralisme, utopie (en voie de réalisation) d'une exploitation sans limites", em *Contre-feux*, p.110.

11. Aqui referido a partir de citação em Mona Ozouf, "L'idée républicaine".

12. Ver meus livros *Work, Consumerism and the New Poor*, Milton Keynes, Open University Press, 1998, e *Globalização: As conseqüências humanas*, Rio de Janeiro, Zahar, 1999.

13. O termo cunhado por Marcus Doel e David Clarke: ver *Street Wars: Space, Politics and the City*, Manchester University Press, 1995, e também meu livro *O mal-estar da pós-modernidade*, Rio de Janeiro, Jorge Zahar, 1998, cap.2.

14. Ver Jean-Paul Maréchal, "Démain, l'économie solidaire", *Le Monde Diplomatique*, abril de 1998, p.19.

15. Ver Olivier Marchands, "Une comparaison international des temps de travail", *Futuribles*, maio-junho de 1992.

16. Ver Chantal Euzéby, "Pistes pour una révolution tranquille du travail", *Le Monde Diplomatique*, abril 1998.

17. Ver Claus Offe, com Ulrich Mückenberger e Ilona Ostner, "Das Staatlich garantierte Grundeinkommen – ein Sozialpolitisches Gebot der Stunde", em *Wege ins Reich der Freiheit: Festschrift für André Gorz zum 65. Geburtstag*, org. H.L. Krämer e Claus Leggewie, Berlim, 1991. Aqui citado da tradução de Charles Turner em Claus Offe, *Modernity and the State: East, West*, Cambridge, Polity Press, 1996, p.201-24.

18. Ver Trevor Hogan, "Dead Indians, flawed consumers and snowballs in hell", e Geoff Sharp, "After the poor: a future with the past", *Arena Journal*, 10/98.

19. Ver Alain Gresh, "Les aléas de l'internationalisme", *Le Monde Diplomatique*, maio de 1998.

20. Phil Cohen, "Welcome to the Diasporama", *New Ethnicities*, 3/1998, p.9.

21. Ver Benjamin R. Barber, "Culture MacWorld contre démocratie", *Le Monde Diplomatique*, agosto de 1998.

22. Alain Touraine, "Faux et vrais problèmes", em *Une Société fragmentée? Le multiculturalisme en débat*, Paris, La Découverte, 1997.

23. Ver Will Kymlicka, *Liberalism, Community and Culture*, Oxford, Clarendon Press, 1989, e *Multicultural Citizenship*, Oxford, Clarendon Press, 1995. Ver também a penetrante discussão de algumas de suas teses mais importantes em Joseph Heath, "Culture: choice or circumstance", *Constellations*, 2/1998.

Índice remissivo

Este livro foi composto por Textos & Formas, em Bodoni Old Face, e impresso por Cromosete Gráfica e Editora em junho de 2000.

Em Busca da Política